Deutsche Lyrik des Mittelalters

Deutsche Lyrik des Mittelalters

Zweisprachige Ausgabe
Mittelhochdeutsch - Neuhochdeutsch

Herausgegeben, übersetzt, mit Anmerkungen
und einem Nachwort versehen
von Manfred Stange

marixverlag

Bibliografische Information der Deutschen Nationalbibliothek
Die Deutsche Nationalbibliothek verzeichnet diese Publikation in der Deutschen Nationalbibliografie; detaillierte bibliografische Daten sind im Internet über http://dnb.d-nb.de abrufbar.

2., überarbeitete Auflage 2013

Covergestaltung: Nicole Ehlers, marixverlag GmbH
Bildnachweis: akg-images GmbH, Berlin
Satz und Bearbeitung: Pinkuin Satz und Datentechnik, Berlin
Gesetzt in der Bodoni Old Face
Gesamtherstellung: CPI books GmbH, Ulm
Printed in Germany

ISBN: 978-3-86539-319-7

www.marixverlag.de

Inhaltsverzeichnis

Melker Marienlied

1 Jû in erde
leit Aaron eine gerte.
diu gebar mandalôn,
nuzze alsô edile:
die suozze hâst du fure brâht,
muoter âne mannes rât,
Sancta Maria.

2 Jû in deme gespreidach
Moyses ein fiur gesach.
daz holz niene bran,
den louch sah er obenân,
der was lanc unde breit:
daz bezeichint dîne magetheit,
Sancta Maria.

3 Gedeon, dux Israel,
nider spraeit er ein lamphel.
daz himeltou die wolle
betouwet almitalle:
alsô chom dir diu magenchraft,
daz dû wurde berehaft,
Sancta Maria.

4 Mersterne, morgenrôt,
anger ungebrâchôt,
dar ane stât ein bluome,
diu liuhtet alsô scône:
si ist under den andern
sô lilium undern dornen,
Sancta Maria.

Melker Marienlied

1 **O**h, auf die Erde
legte Aaron einen Zweig.
Der brachte Mandeln hervor,
ganz edle Nüsse:
diese Eigenschaft hast du hervorgebracht,
Mutter ohne Mannes Zutun,
Sancta Maria.

2 Oh, in dem Gesträuch
sah Moses ein Feuer.
Das Holz brannte nicht,
die Flamme sah er darüber,
sie war lang und groß:
das bezeichnet dein Jungfräulichkeit,
Sancta Maria.

3 Gideon, Führer Israels,
nieder breitete er ein Lammfell.
Der Himmelstau beträufte
die Wolle vollkommen:
so kam dir die große Kraft,
daß du schwanger wurdest,
Sancta Maria.

4 Meerstern, Morgenrot,
Feld, unbeackertes,
darauf steht eine Blume,
die leuchtet wunderschön:
sie ist unter den andern
wie die Lilie unter den Dornen,
Sancta Maria.

5 Ein angelsnuor geflohtin ist,
dannen dû geborn bist:
daz waz diu dîn chunnescaft.
der angel was diu gotes chraft,
dâ der tôt wart ane irwogen:
der dir wart verborgen,
Sancta Maria.

6 Ysayas der wîssage
der habet dîn gewage,
der quot wie vone Jesses stamme
wuohse ein gerte imme.
dâ vone scol ein bluome varen:
diu bezeichint dich unde dîn barn,
Sancta Maria.

7 Dô gehît ime sô werde
der himel zuo der erde,
dâ der esil unde daz rint
wole irchanten daz vrône chint:
dô was diu dîn wambe
ein chrippe deme lambe,
Sancta Maria.

8 Dô gebære dû daz gotes chint,
der unsih alle irlôste sint
mit sînen heiligen bluote
von der êwigen nœte:
des scol er iemer gelobet sîn.
vile wole gniezze wir dîn,
Sancta Maria.

9 Du bist ein beslozzeniu borte,
entâniu deme gotes worte,
dû waba triefendiu,

5 Eine Angelschnur ist geflochten,
woraus du geboren bist.
Das war deine Sippe.
Der Angelhaken war die Gotteskraft,
als der Tod daran erstickt war:
der wurde von dir aufgehoben,
Sancta Maria.

6 Jesaias der Prophet,
der hält sich an deine Erwähnung,
der sagte, wie aus Jesse Stamm
ein Zweig herauswüchse.
Daraus soll eine Blume hervorgehen:
die bezeichnet dich und dein Kind,
Sancta Maria.

7 Da vermählte sich zur Freude
der Himmel mit der Erde,
wo der Esel und das Rind
ganz erkannten das heilige Kind:
da war dein Mutterleib
eine Krippe dem Lamm,
Sancta Maria.

8 Da gebarst du das Kind Gottes,
der uns alle erlöst hat
mit seinem heiligen Blut
von der ewigen Not.
Deshalb soll er immer gelobt sein.
Sehr wohl erfreust du uns,
Santa Maria.

9 Du bist eine verschlossene Pforte,
aufgetan dem Gotteswort,
du Honigwabe, triefende,

pigmenten sô volliu,
dû bist âne gallen
glîch der turtiltûben,
Sancta Maria.

10 Brunne besigelter,
garte beslozzener,
darinne fliuzzit balsamum
der wæzzit sô cinamomum,
dû bist sam der cêderboum,
den dâ flûhet der wurm,
Sancta Maria.

11 Cedrus in Libano,
rosa in Jericho,
dû irwelte mirre,
dû der wæzzest alsô verre,
dû bist uber engil al,
dû besountest den Even val,
Sancta Maria.

12 Eva brâht uns zwissen tôt:
der eine ienoch rîchsenôt;
dû bist daz ander wîp,
diu und brâhte den lîb.
der tiufel geriet daz mort:
Gabrihel chunte dir daz gotes wort,
Sancta Maria.

13 Chint gebære dû magedîn,
aller werlte edilîn.
dû bist glîch deme sunnen,
von Nazareth irrunnen,
Hierusalem gloria,

so voll von Würze,
du bist ohne Galle
gleich der Turteltaube,
Sancta Maria.

10 Quelle, versiegelte,
Garten, verschlossener,
darin Balsam fließt,
der duftet wie Zynamonium,
du bist wie der Zederbaum,
den der Wurm meidet,
Sancta Maria.

11 Zeder im Libanon,
Rose in Jericho,
du auserlesene Myrrhe,
die du duftest so weit und breit,
du stehst über allen Engeln,
du brachtest Evas Fall zur Sünde,
Sancta Maria.

12 Eva bescherte uns zweifachen Tod:
der eine noch immer herrscht;
du bist das andere Weib,
das uns das Leben brachte.
Der Teufel riet zur Untat Tod.
Gabriel verkündete dir das Gotteswort,
Sancta Maria.

13 Ein Kind gebarst du als Jungfrau,
der ganzen Welt Edelstes.
Du gleichst der Sonne,
aus Nazareth aufgegangen,
Jerusalem zum Ruhm,

Israel læticia,
    Sancta Maria.

14 Chuniginne des himeles,
porte des paradyses,
dû irweltez gotes hûs,
sacrarium sancti spiritus,
dû wis uns allen wegente
ze jungiste an dem ente,
    Sancta Maria.

Namenlos

1

Swaz hie gât umbe,
daz sint alle megede,
die wellent ân man
allen disen sumer gân.

2

1 Floret silva nobilis
floribus et foliis.
ubi est antiquus
meus amicus?
hinc equitavit!
eia! quis me amabit?
    Floret silva undique,
    nâh mîme gesellen ist mir wê!

2 Gruonet der walt allenthalben.
wâ ist mîn geselle alsô lange?

Israel zur Freude,
    Sancta Maria.

14 Königin des Himmels,
Pforte des Paradieses,
du erwähltes Gotteshaus,
Hort des Heiligen Geistes,
du seist uns allen zugetan,
zuletzt, an dem Ende,
    Sancta Maria.

Namenlos

1

Was hier herumgeht,
das sind alles Mädchen,
die wollen ohne Mann
diesen ganzen Sommer gehen.

2

1 Der Wald blüht prächtig
in Blumen und Blättern.
Wo nur ist mein
alter Freund ?
rotgeritten ist er!
Ach! wer wird mich lieben?
    Der Wald erblüht überall,
    Nach meinem Liebsten sehn ich mich!

2 Der Wald grünt über und über.
Wo aber ist mein Liebster so lange?

der ist geriten hinnen.
owî! wer sol mich minnen?

3

1 **I**ch wil trûren varen lân.
ûf die heide sul wir gân,
vil liebe gespilen mîn!
dâ seh wir der bluomen schîn.
  ich sage dir, ich sage dir,
  mîn geselle, chum mit mir!

2 Suoziu minne, reiniu minne,
mache mir ein chrenzelîn!
daz sol tragen ein stolzer man,
der wol wîben dienen chan!
  ich sage dir, ich sage dir,
  mîn geselle, chum mit mir.

4

Dû bist mîn, ich bin dîn:
des solt dû gewis sîn.
dû bist beslozzen in mînem herzen:
verlorn ist daz slüzzelîn:
dû muost ouch immer drinne sîn.

5

1 **W**ær diu werlt alliu mîn,
von deme mere unz an den Rîn,
des wolt ich mich darben,
daz diu künegîn von Engellant
læge an mînem arme.

Der ist von hier fortgeritten.
O Weh! Wer wird mich nun lieben?

3

1 **I**ch will das Trauern aufgeben.
Auf die Heide wollen wir gehen,
meine lieben Gesellen!
Dort sehen wir den Glanz der Blumen.
    Ich sage dir, ich sage dir,
    mein Geselle, komm mit mir!

2 Süße Minne, reine Minne,
mache mir ein Kränzlein!
Das soll ein stolzer Mann tragen,
der Frauen gut zu dienen versteht!
    Ich sage dir, ich sage dir,
    mein Geselle, komm mit mir!

4

Du bist mein, ich bin dein:
dessen sollst du gewiß sein.
Du bist eingeschlossen in meinem Herzen:
verloren ist das Schlüsselchen:
du mußt für immer darin bleiben.

5

1 **G**ehörte die ganze Welt mir,
vom Meer bis an den Rhein –
ich wollte darauf verzichten,
wenn die Königin von England
in meinem Arme läge.

2 Tougen minne diu ist guot,
si kan geben hôhen muot.
der sol man sich vlîzen.
swer mit triuwen der niht pfliget,
dem sol man daz verwîzen.

6

Mich dunket niht sô guotes noch sô lobesam
sô diu liehte rôse und diu minne mînes man
diu kleinen vogellîn
diu singent in dem walde: dêst manegem herzen liep.
mir enkome mîn holder geselle, ine hân der sumerwünne niet.

7

Diu linde ist an dem ende nu jârlanc lieht und blôz
mich vêhet mîn geselle. nu engilte ich des ich nie genôz
vil ist unstæter wîbe: die benement ime den sin.
got wizze wol die wârheit, daz ime diu holdeste bin.
si enkunnen niwan triegen vil manegen kindeschen man.
owê mir sîner jugende! diu muoz mir al ze sorgen ergân.

2 Heimliche Minne, die ist gut.
Die kann Hohen Mut verleihen,
um die soll man sich bemühen.
Wer sich ihr nicht aufrichtig hingibt,
dem soll man sie versagen.

6

Nichts scheint mir so gut, nichts so lobenswert
wie die leuchtende Rose und die Liebe meines Freundes.
Die kleinen Vögelchen
die singen im Wald: das ist vielen Herzen lieb.
Kommt mein holder Liebster nicht, habe ich nichts von der Sommerfreude.

7

Die Linde ist an der Krone nun ein Jahr lang licht und kahl.
Mich haßt mein Geliebter. Nun verbüße ich, was mir nie (an Glück) zuteil wurde.
Es gibt viele wankelmütige Frauen. Die rauben ihm den Verstand.
Gott mag sehr wohl die Wahrheit wissen, daß ich ihn am meisten liebe.
Sie können nichts anderes, als junge Männer betrügen
Weh mir ob seiner Jugendlichkeit. Sie bringt mir nichts als Sorgen ein.

Der von Kürenberg

1

Aller wîbe wünne diu gêt noch megetîn.
als ich an si gesende den lieben boten mîn,
jô wurbe ichz gerne selbe, wær ez ir schaden niet.
in weiz wiez ir gefalle: mir wart nie wîp alsô geliep.

2

1 ›Ich stuont mir nehtint spâte an einer zinne,
dô hôrt ich einen rîter vil wol singen
in Kürenberges wîse al ûz der menigîn.
er muoz mir rûmen diu lant ald ich geniete

2 »Nu brinc mir her vil balde mîn ros, mîn îsengewant
wan ich muoz einer frouwen rûmen diu lant.
diu wil mich des betwingen daz ich ir holt sî.
si muoz der mîner minne iemer darbende sîn.«

3

Jô stount ich nehthint spâte vor dînem bette,
dô getorste ich dich, frouwe, niwet wecken.
›des gehazze iemer got den dînen lîp!
jô enwas ich kein eber wilde‹, sô sprach daz wîp.

Der von Kürenberg

1

Die schönste aller Frauen, die ist noch ein Mädchen.
Wenn ich meinen lieben Boten zu ihr sende,
so würde ich doch lieber selber werben, wäre es nicht ihr Schaden.
Ich weiß nicht, wie es ihr recht ist: noch nie wuchs mir eine Frau so ans Herz.

2

1 ›Ich stand gestern abend spät allein auf der Zinne.
Da hörte ich einen Ritter wunderbar singen
in der Melodie des Kürenbergers, mitten aus der Menge.
Er muß mein Land verlassen, oder ich muß ihn für mich haben.‹

2 »Jetzt bring mir schnellstens mein Roß und meine Rüstung her,
denn ich muß einer Dame wegen die Lande verlassen.
Die will mich dazu zwingen, daß ich ihr ergeben sei.
Sie wird auf meine Liebe ewig verzichten müssen.«

3

Stand ich doch gestern abend spät vor deinem Bett,
da wagte ich dich, Herrin, nicht zu wecken.
›Dafür soll dich Gott für immer hassen!
War ich doch kein wilder Eber‹, sprach die Frau.

4

Swenne ich stân aleine in mînem hemede,
und an dich gedenke, ritter edele,
sô erblüet sich mîn varwe als der rôse an dem dorne tuot
und gewinnet daz herze vil mangen trûrigen muot.

5

1 Ich zôch mir einen valken mêre danne ein jâr.
dô ich in gezamete als ich in wolte hân
und ich im sîn gevidere mit golde wol bewant,
er huop sich ûf vil hôhe und flouc in anderiu lant.

2 Sît sach ich den valken schône fliegen,
er fuorte an sînem fuoze sîdîne riemen,
und was im sîn gevidere alrôt guldîn.
got sende sî zesamene, die gerne geliep wellen sîn!

6

Wîp unde vederspil diu werdent lîhte zam.
swer sî ze rehte lucket, sô suochent sî den man.
als warb ein schœne ritter umbe eine frouwen guot.
als ich daran gedenke, sô stêt wol hôhe mîn muot.

7

Der tunkele sterne sam der birget sich,
als tuo du, frouwe schœne, sô du sehest mich:
sô lâ du dîniu ougen gên an einen anderen man.
sôn weiz doch lützel ieman, wiez under uns zwein ist getân.

4

Wenn ich allein steh in meinem Hemd
und ich an dich denke, edler Ritter,
dann erglühe ich wie die Rose am Dorn,

und im Herzen werde ich sehr traurig.

5

1 **I**ch zog mir einen Falken länger als ein Jahr.
Als ich ihn so gezähmt hatte, wie ich ihn haben wollte
und ihm sein Gefieder mit Gold fein geschmückt hatte,
hob er sich hoch auf und flog davon in andere Lande.

2 Seitdem sah ich den Falken herrlich fliegen,
er trug an seinen Fängen seidene Bänder,
und sein Gefieder war ganz rotgolden.
Gott bringe die zusammen, die einander herzlich lieben wollen!

6

Frauen und Jagdvögel, die werden leicht zahm.
Wenn man sie richtig lockt, fliegen sie auf den Mann.
So warb ein schöner Ritter um eine edle Dame.
Wenn ich daran denke, erhebt sich mein Lebensgefühl.

7

So wie der dunkle Stern sich verbirgt,
so mache es auch, schöne Frau, wenn du mich siehst.
Laß dann deine Augen zu einem anderen Mann gehn.
Dann weiß gar niemand, wie es um uns beide steht.

8

Wîp vil schœne, nu var du sam mir.
liep und leide daz teile ich sant dir.
die wîle unz ich das leben hân sô bist du mir vil liep.
wan minnestu einen bœsen, des engan ich dir niet.

Dietmar von Aist

1

1 Ûf der linden obene dâ sanc ein kleinez vogellîn.
vor dem walde wart ez lût: dô huop sich aber daz herze min
an eine stat dâ ez ê dâ was. ich sach dâ rôsebluomen stân.
die manent mich der gedanke vil, die ich hin zeiner vrouwen hân.

2 ›Ez dunket mich wol tûsent jâr daz ich an liebes arme lac.
sunder âne mîne schulde fremedet er mich manegen tac.
sît ich bluomen niht ensach noch hôrte kleiner vogele sanc,
sît was mîn fröide kurz und ouch der jâmer alzelanc.‹

2

1 »Seneder friundinne bote, nu sage dem schœnen wibe

8

Du wunderschöne Frau, nun komm mit mir.
Lieb und Leid, die teile ich mit dir.
Solange ich lebe, so lange bist du mir herzlich lieb.
Aber wenn du einen Unedlen liebst, das mißgönne ich dir.

Dietmar von Aist

1

1 **A**uf der Linde oben sang ein feines Vögelchen.
Vor dem Wald erklang es laut. Da schwang sich mein Herz erneut auf
an eine Stätte, an der es früher war. Ich sah dort Rosenblüten stehn.
Die gemahnen mich an die vielen Gedanken, die ich einer Dame gegenüber habe.

2 ›Es scheint mir tausend Jahre her, daß ich im Arm des Liebsten lag.
Ganz ohne Schuld meidet er mich schon eine lange Zeit.

Seit ich keine Blumen sah und den Gesang feiner Vögel nicht hörte,
War meine Freude kurz und dafür der Jammer allzu lang.‹

2

»**B**ote meiner sich sehnenden Freundin, nun sage der schönen Frau,

daz mir âne mâze tuot wê, daz ich si sô lange mîde.
lieber hete ich ir minne
danne al der vogellîne singen.
nû muoz ich von ir gescheiden sîn.
trûrig ist mir al daz herze mîn.«

2 ›Nu sage dem ritter edele, daz er sich wol behüete
und bite in, schône wesen gemeit und lâzen allez ungemüete.
ich muoz ofte entgelten sîn,
vil dicke erkumet daz herze mîn.
an sehendes leides hân ich vil,
daz ich im selbe gerne klagen wil.‹

3 Ez getet nie wîp sô wol an deheiner slahte dinge,
daz al die werlt diuhte guot. des bin ich worden inne.
swer sîn liep darumbe lât,
daz kumet von swaches herzen rât
dem wil ich den sumer und allez guot
widerteilen durch sînen unstæten muot.‹

3

1 »**D**er winter wære mir ein zît
sô rehte wunneclîche guot.
wær ich sô sælic, daz ein wîp
getrœste mînen senden muot.
sô wol mich danne langer naht,
gelæge ich als ich willen hân!
si hât mich in ein trûren brâht,
des ich mich niht gemâzen kan.«

daß es mir unmäßig weh tut, daß ich so lange fern von ihr bin
Lieber wäre mir ihre Minne
als aller Vogelsang.
So aber muß ich von ihr getrennt sein.
Traurig ist mein ganzes Herz.«

2 ›Nun sage dem edlen Ritter, daß er gut auf sich achtgebe
und bitte ihn, sich höfisch zu benehmen und jeden Mißmut zu lassen.
Seinetwegen muß ich oft leiden,
sehr oft erschrickt mein Herz.
Viel Kummer erfahre ich,
den ich ihm lieber selber sagen will.

3 Nie handelte eine Frau in allem so richtig,
daß es allen Menschen gefiel. Das habe ich genau bemerkt
Wer darum von seiner Liebschaft läßt,
der befolgt den Rat eines armseligen Herzens.
Dem will ich den Sommer und allen Besitz
absprechen wegen seiner wankelmütigen Gesinnung.‹

3

1 »**D**er Winter wäre mir eine Jahreszeit
so recht freudvoll (und) gut,
(wenn) ich so glücklich wäre, daß eine Frau
meine verlangende Sehnsucht erfüllte.
Wie angenehm wäre dann eine lange Nacht,
läge ich ganz nach meinem Willen!
Sie hat mich in Melancholie versetzt,
der ich nicht Herr werden kann.«

2 ›Wie tuot der besten einer sô,
daz er mîn senen mac vertragen?
ez wære wol, und wurde ich frô,
sich kunde nieman baz gehaben.
ob mir nû leit von ir geschiht,
der mir ist nâhe an mîn herze komen,
was hilfet zorn? als er mich siht,
den hât er schiere mir benomen.‹

4

1 »Urloup hât des sumers brehen,
der wol was ze ruomen,
swaz mir leides ist geschehen,
sît ich den ersten bluomen
under einer grüenen linden flaht,
der winter und sîn langiu naht
diu ergetzent uns der besten zît,
swâ man bî liebe lange lît.«

2 ›Wir hân der winter langen naht
mit fröiden wol empfangen,
ich und ein ritter wol geslaht.
sîn wille, der ist ergangen,
als wir'z nû beide hân gedâht,
sô hât er'z an ein ende brâht,
mit maniger fröide und liebes vil.
er ist als in mîn herze wil.‹

3 »Ich solde zürnen, hulfe ez iet,
daz dû als lange wære.
dô ich aller næhest von dir schiet,
sît hât ich grôze swære,
betwungen was daz herze mîn.
nû wil ez aber mit fröiden sîn.

2 ›Wie schafft das einer der liebsten Menschen,
daß er meine Sehnsucht so einfach ertragen kann?
Es wäre gut, wenn ich froh würde,
niemand könnte sich wohler fühlen.
Wenn mir nun Leid durch ihn geschieht,
der mir nahe ans Herz gerückt ist –
was hilft da Zorn? – Wenn er mich (aber) ansieht,
hat er ihn mir schnell genommen.‹

4

1 »Abschied genommen hat der Glanz des Sommers,
der wahrlich zu rühmen war.
Was immer mir an Liebesleid widerfuhr,
seit ich den ersten Blumenkranz
unter einer grünen Linde flocht –
der Winter und seine lange Nacht
entschädigen uns nun in der schönsten Zeit,
wo man beim Lieben lange liegt.«

2 ›Wir haben die lange Winternacht
bestens mit Freuden aufgenommen,
ich und ein Ritter feiner Art.
Sein Wille ist (so) geschehen.
Wie wir uns beide es gewünscht haben,
so hat er es vollendet,
mit mancher Freude und viel Liebe.
Er ist so ganz nach meinem Herzenswunsch.‹

3 »Ich sollte zürnen – bewirkte es irgend etwas –,
daß du so lange abwesend warst.
Seitdem ich kürzlich von dir schied,
war ich von großer Wehmut betroffen;
mein Herz war bedrängt.
Nun will es aber wieder von Freude erfüllt sein.

habe ich dich gerne niht gesehen,
sô müeze leide mir geschehen.«

5

1 ›Waz ist für daz trûren guot, daz wîp nâch lieben manne hat?
gerne daz mîn herze erkande, wan ez sô betwungen stât.‹
alsô redete ein frouwe schœne. ›vil wol ichs an ein ende kœme, wan diu huote.
selten sîn vergezzen wirt in mînem muote.‹

2 »Genuoge jehent, daz grôziu stæte sî der besten frouwen trôst.«
›des enmac ich niht gelouben, sît mîn herze ist unerlôst.‹
alsô redeten zwei geliebe, dô si voneinander schieden. owê minne,
der dîn âne möhte sîn, daz wæren sinne.

3 Sô al diu werlt ruowe hât, sô mac ich eine entslâfen niet.
daz kumt von einer frouwen schœne, der ich gerne wære liep,
an der al mîn fröide stât. wie sol des iemer werden rât? joch waen ich sterben.
wes lie sî got mir armen man ze kâle werden?

6

1 Wie möchte mir mîn herze werden iemer rehte fruot
daz mir ein edeliu frouwe sô vil ze leide tuot!
der ich vil gedienet hân,
als ir wille was getân.

Wenn ich dich nicht mit Verlangen gesehen habe,
dann soll mir Übles widerfahren.«

5

1 ›**W**as hilft gegen die Sehnsucht, die eine Frau nach ihrem Geliebten empfindet?
Gern wüßte mein Herz das, da es so bedrängt ist.‹

So sprach eine schöne Dame. ›Ich käme schon zum Ziel, wenn's nur keine Aufpasser gäbe.
Nie vergesse ich ihn in meinem Sinn.‹

2 »Viele sagen, große Beständigkeit sei der edelsten Dame Hoffnung.«
›Das kann ich nicht glauben, weil meine Herz bedrückt ist.‹
So sprachen zwei Liebende, als sie voneinander schieden. O Weh, Liebe,
wer ohne dich leben könnte, das wäre klug.

3 Wenn alle Welt ruht, so kann allein ich nicht einschlafen.
Das macht die Schönheit einer Dame, deren Liebe ich gern hätte
und an der meine ganze Freude hängt. Wie soll mir da Rat werden? Ich glaube zu sterben.
Weshalb ließ Gott sie mir armem Mann zur Qual werden?

6

1 **W**ie könnte mein Herz je klug werden,
wenn mir eine edle Dame solche Schmerzen zufügt!
Lange habe ich ihr gedient,
so wie es ihr Wille war.

nû wil si gedenken niht der mangen sorgen mîn.
Sô hô ôwî! sol ich ir lange frömde sîn.

2 Nu ist ez an ein ende komen, dar nâch mîn herze ie ranc
daz mich ein edeliu frouwe hât genomen in ir getwanc.
der bin ich worden undertân,
als das schif dem stiurman,
swanne der wâc sîn ünde sô gar gelâzen hât.
sô hôh ôwî! si benimt mir mange wilde tât.

3 ›Jâ hœre ich vil der tugende sagen von eime ritter guot:
der ist mir âne mâze komen in mînen stæten
daz ich sîn ze keiner zît
mac vergezzen‹, redte ein wîp.
›nu muoz ich al der werlte haben dur sînen willen rât.
sô hôh ôwî! wie schône er daz gedienet hât!‹

7

›Sô wol dir sumerwunne!
daz vogelsanc ist gesunde,
als ist der linden loup.
jârlanc truobent mir ouch
mîniu wol stênden ougen.
mîn trût, du solt dich gelouben
anderre wîbe,
wan helt, die solt du mîden.
dô ich dich êrst sæhe,
dô dûhte ich dich zewâre
sô reht minneclîch getân.
des man ich dich lieber man.‹

Nun will sie nicht meiner vielen Sorgen eingedenk sein.
So hoh owi! wenn ich ihr lange gleichgültig bin.

2 Nun ist es dahin gekommen, wonach mein Herz immer strebte,
daß mich eine edle Dame in ihren Bann gezogen hat.
Der bin ich undertan geworden
wie das Schiff dem Steuermann,
wenn das Meer seine Wogen vollkommen beruhigt hat.
So hoh, owi! Sie bewahrt mich vor manch unbedachter Tat

3 ›Wahrlich höre ich viel Lobeswertes über einen edlen Ritter sagen:
der ist mir übermächtig in meinen beständigen Sinn gekommen,
daß ich ihn nie
vergessen kann‹, sprach eine Frau.
›Nun muß ich auf alle Menschen verzichten um seinetwillen.
So hoh owi! Wie schön er sich das erwirkt hat!‹

7

›Gepriesen seist du, Sommerwonne
Der Vogelsang ist (so) herzerfrischend
wie die Blätter der Linde.
Mir (aber) haben sich in diesem Jahr
meine schönen Augen getrübt.
Mein Herzallerliebster: du sollst dich anderen Frauen verweigern!
Denn, (mein) Held, die sollst du meiden.
Als du mich zum erstenmal erblicktest,
da schienst du mir wirklich
so recht für (unserer) Liebe geschaffen.
Daran mahne ich dich, lieber Mann.‹

8

Ez stount ein frouwe alleine
und warte uber heide
und warte ire liebe.
sô gesach si falken fliegen.
›sô wol dir, falke, daz du bist!
du fliugest, swar dir liep ist.
du erkiusest dir in dem walde
einen boum, der dir gevalle.
alsô hân ouch ich getân:
ich erkôs mir selbe einen man.
den erwelten mîniu ougen.
daz nîdent schœne vrouwen.
owê, wan lânt si mir mîn liep?
jô ›ngerte ich ir dekeiner trûtes niet!‹

9

1 ›Slâfest du, friedel ziere?
man weckt uns leider schiere.
ein vogellîn sô wol getan
daz ist der linden an daz zwî gegân.‹

2 »Ich was vil sanfte entslâfen:
nu rüefestû kint wâfen!
liep âne leit mac niht gesîn.
swaz du gebiutest, daz leiste ich, friundîn mîn.‹

3 Diu frouwe begunde weinen.
›du rîtst und lâst mich eine.
wenne wilt du wider her zuo mir?
owê, du füerst mîn fröide samt dir!‹

8

Es stand eine Frau alleine
und schaute übers Land
und schaute aus nach ihrem Geliebten.
Da sah sie einen Falken fliegen.
›Wie angenehm für dich, ein Falke zu sein!
Du fliegst, wohin dir lieb ist.
Du erwählst dir in dem Wald
einen Baum, der dir gefallen mag.
Genau so habe auch ich getan:
ich erwählte mir selbst einen Liebsten.
Den haben meine Augen ausgesucht.
Das neiden (mir) schöne Damen.
Ach, warum lassen sie mir nicht meinen Liebsten?
Ich begehrte doch auch keinen ihrer Freunde!‹

9

1 ›Schläfst du noch, mein schöner Geliebter?
Bald wird man uns leider wecken.
Ein Vöglein, so wunderschön,
ist auf den Zweig der Linde geflogen.‹

2 »Ich war sehr sanft eingeschlafen.
Da rufst du, Kind: ›wach auf!‹.
Liebe ohne Leid kann es nicht geben.
Was immer du verlangst, das tue ich, meine Freundin.«

3 Die Dame fing an zu weinen.
›Du reitest fort und läßt mich allein.
Wann wirst du wieder zu mir zurückkommen?
O Weh, du nimmst meine ganze Freude mit dir fort!‹

Herger

1

Wer sol ûf Steinsberc
würken Wernhartes werc?
hei, wie er gap und lêch!
des er dem biderben man verzêch,
des enmohte er niht gewinnen.
daz was der wille. kom diu stæte,
si schieden sich ze jungest mit minnen.

2

Dô der guote Wernhart
an dise werlt geborn wart,
dô begunde er teilen al sîn guot.
dô gewan er Rüedegêres muot,
der saz ze Bechelære
und pflac der marke mangen tac.
der wart von sîner frümekeit sô mære.

3

Steinsberc die tugende hât,
daz es sich nieman erben lât
wan ein, der ouch êren pfligt
dem strîte hât ez an gesigt.
nû hât ez einen erben:
der werden Oetingære stam;
der wil im sînen namen niht verderben.

Herger

1

Wer wird auf Steinsberg
Wernharts Tun fortführen?
Hei, wie freigebig er war und Lehen verteilte!
Was er dem angesehenen Mann nicht gab,
das besaß er selber nicht.
Das war die Übereinkunft. War man einig,
schied man in Freundschaft.

2

Sobald der großherzige Wernhart
geboren wurde,
verteilte er sein ganzes Vermögen.
Das machte er wie der edle Rüedeger,
der in Bechlarn lebte
und das Grenzland lange schützte.
Es wurde durch seine edle Gesinnung berühmt.

3

Steinsberg befolgt den Grundsatz,
daß man niemand erben lassen will,
es sei denn, dieser ist auch der Ehre verpflichtet.
Der Wettstreit ist jetzt entschieden.
Nun gibt es einen Erben:
aus dem Geschlecht der geachteten Oetinger;
der wird Steinsbergs Ruf nicht verkommen
lassen.

4

Er ist gewaltic unde starc,
der ze wîhen naht geboren wart.
daz ist der heilige Krist.
jâ, lobt in allez, daz dir ist,
niewan der tiuvel eine
dur sînen grôzen übermuot
sô wart im diu helle zuteil.

5

In der helle ist michel unrât.
swer dâ heimüete hât,
diu sunne schînet nie sô lieht,
der mâne hilfet in nieht
noch der liehten sterne.
jâ müet in allez, daz er siht.
jâ wær er dâ ze himel alsô gerne!

6

In himelrîch ein hûs stât,
ein guldîn wec dar in gât;
die siule die sint marmelîn,
die zieret unser trehtîn
mit edelem gesteine.
dâ kumpt nieman in,
ern sî vor allen sünden alsô reine.

7

Swer gerne zuo der kirchen gât
und âne nît dâ stât,
der mac wol frœlîchen leben.

4

Er ist gewaltig und stark,
der zu Weihnachten geboren wurde.
Das ist der heilige Christ.
Ja, lobt ihn für alles, was es gibt,
außer einzig dem Teufel.
Durch seinen großen Hochmut
wurde ihm die Hölle zugewiesen.

5

In der Hölle herrscht großes Unheil.
Wer dort seine Heimat hat,
dem leuchtet die Sonne nie hell,
der Mond hilft ihm nicht
noch der Morgenstern.
Ja, es quält ihn alles, was er sieht.
Ja, wie liebend gerne wäre er doch im Himmel!

6

Im Himmelreich steht ein Haus,
in das ein goldener Weg hineinführt;
die Säulen sind aus Marmor;
die schmückt unser Herr
mit Edelsteinen aus.
Da kommt niemand hinein,
wenn er nicht ganz rein von Sünden ist.

7

Wer bereitwillig in die Kirche geht
und ohne Neid ist,
der vermag froh zu leben.

dem wirt ze jungest gegeben
der engel gemeine.
wol im, daz er ie geborn wart!
ze himel ist daz leben alsô reine.

8

Ich hân gedienet lange
leider einem manne,
der in der helle umbe gât.
der brüevet mîne missetât.
sîn lôn der ist bœse.
hilf mir, heliger geist,
daz ich mich von sîner vancnisse erlœse.

9

Mich hungerte harte.
ich steic in einen garten.
dâ was obez innen;
des moht ich niht gewinnen.
daz kom von unheile.
dicke wegt ich den ast.
mir wart des obezes nie niht zeteile.

10

Swâ ein guot boum stât
und zweier hande obez hât,
beide süeze und sûr,
sô sprichet ein sîn nâchgebûr:
»wir suln das obez teilen.
wirt ir einez drunder vûl,
ez bringet uns daz ander zeleide.«

Dem wird am Jüngsten Tag
die Gesellschaft der Engel zuteil.
Wohl ihm, daß er je geboren wurde!
Im Himmel ist das Leben ganz ohne jeden Makel.

8

Ich habe nun lange
einem Manne gedient,
der in der Hölle die Macht hat.
Der stiftet mich zu Missetaten an.
Sein Lohn ist schrecklich.
Hilf mir, Heiliger Geist,
daß mir Erlösung von Gefangenschaft gelingt.

9

Mich hungerte sehr.
Ich stieg in einen Garten.
Dort gab es Obst;
davon konnte ich nichts haben.
Das bereitete mir Unglück.
Oftmals schüttelte ich den Ast.
Obst erhielt ich nicht.

10

Wo immer ein fruchtbarer Baum steht
und zwei Sorten Obst trägt,
süßes und saures,
sagt dann der Nachbar:
»Wir sollen das Obst teilen.
Wird eins faul,
steckt es auch noch das andere an.«

11

Swel man ein guot wîp hât
unde zeiner ander gât,
der bezeichent daz swîn.
wie möchte ez iemer erger sîn?
ez lât den lûtern brunnen
und leit sich in den trüeben pfuol.
den site hât vil manic man gewunnen.

12

Ein man sol haben êre
und sol iedoch der sêle
under wîlen wesen guot,
daz in dehein sîn übermuot
verleite niht ze verre,
swenne er urloubes ger,
daz ez im an dem wege niht enwerre.

13

Korn sæt ein bûman,
dô enwolde ez niht ûf gân.
im erzornte daz.
ein ander jâr er sich vermaz,
daz erz ein egerde lieze.
er solde ez im güetelîch geben,
der dem andern umb sînen dienst iht gehieze.

11

Wenn ein Mann eine gute Frau hat
und zu einer anderen geht,
so heißt man ihn ein Schwein.
Wie könnte es jemals ärger kommen?
Er geht weg vom klaren Wasser
und legt sich in den trüben Pfuhl.
Viele Männer verhalten sich so.

12

Ein Mann soll Ansehen und Achtung genießen;
er soll sich jedoch auch rechtzeitig
um sein Seeleheil kümmern,
damit ihn sein Übermut
nicht zu sehr auf Abwege bringt,
wenn er hier (auf Erden) Abschied nimmt,
damit ihm nicht der rechte Weg versperrt ist.

13

Ein Bauer säte Korn,
doch es wollte nicht aufgehen.
Das erzürnte ihn.
Im nächsten Jahr hatte er vor,
es brach liegen zu lassen.
Man sollte demjenigen freiwillig geben,
was man ihm für seinen Dienst versprach.

Von Wissenlo

1

Ein riter der het sînen lîp
gewâget durch ein schœne wîp.
bî der er slief vil tougen.
diu naht diu dûhte in niht ze lanc
diu reine süeze in zuo zir zwanc.
er was ir in den ougen
und in dem herzen niht ein dorn!
seht, an der zinne blies ein horn
der wahter; dâ von si erschrac
dâ sî dâ lac
an liebes arm: si wânde, ez wære tac.

2

1 Der wahter sanc von minnen wol:
»ich warne als ich von rehte sol:
nû wol ûf ritter, ez ist tac!
ein scheiden rât ich, herre, dir.
nû stânt ûf vil balde, volge mir
niht langer ich dîn pflegen mac.
nû wecke in, frouwe; jô'st ez an dem morgen.
sôn stên ich hie vor ime in alse grôzen sorgen.«
ir was leit daz er sô lange slief, der helt gemeit.

2 Diu reine süze sêre erschrac.
si sprach: ›owê geschehe dir, tac!
diu mîne leit hân ich von dir.
du hâst mir vröude vil benomen.
du kumst ê daz du soltest komen.

Von Wissenlo

1

Ein Ritter hatte sein ganzes Leben
gewagt um einer schönen Frau willen.
Bei ihr schlief er in aller Heimlichkeit.
Die Nacht schien ihnen viel zu kurz.
Die Schöne und Liebreizende zog ihn ganz nahe zu sich.
Er war ihr in den Augen
und im Herzen wahrlich kein Dorn!
Doch seht (und hört), von der Zinne blies ein Horn
der Wächter. Davon erschrak sie,
als sie da lag
an der Seite des Geliebten: sie ahnte, es sei nun Tag
geworden.

2

1 Der Wächter, erfahren in Liebesangelegenheiten, sang:
»Ich warne, wie es mir (kraft meines Amtes) zukommt:
Wacht auf, Ritter! Es ist Tag geworden!
Denkt ans Abschiednehmen, Herr.
Steht sogleich auf, befolgt meinen Rat.
Ich kann euch nicht mehr länger beschützen.
Nun weckt ihn, edle Dame; der Morgen naht unaufhaltsam.
Ach, ich stehe vor ihm in allergrößter Sorge.«
Ihr tat es weh, daß er so lange schlief, der schöne Held.

2 Die Schöne, Liebliche erschrak heftig.
Sie sprach: ›Ach und Weh komme über dich, Tag!
Mein ganzes Unglück habe ich von dir.
Du hast mir meine Lebensfreude vergällt.
Du kommst früher als du eigentlich kommen solltest.

du tagest vil selten liebe mir.
owê dir tac, wan hetist dich verborgen!
sô muoz ich aber umbe den werden süezen sorgen‹
  ir was leit, daz er sô lange slief, der helt gemeit.

3 Von dannen reit der küene degen.
diu frouwe sante im süezen segen
hin nach mit ir wol wîzen hant.
si sprach: ›her und geselle mîn,
du müezest gote bevolhen sîn.
der sî durch mich über dich gemant,
daz er dich, herre, mir behüeten müeze.‹
als rette ûz rôtem munt diu minneclîche süeze.
  ir was leit, daz er von dannen schiet, der helt gemeit.

Kaiser Heinrich

1

1 **I**ch grüeze mit gesange die süezen,
die ich vermîden niht wil noch enmac.
deich sie rehte von munde mohte grüezen,
ach leides, des ist manic tac.
swer nu disiu liet singe vor ir
der ich sô gar unsenfteclîch enbir,
ez sî wîp oder man, der habe si gegrüezet von mir.

2 Mir sint diu rîch und diu lant undertân,
swenne ich bî der minneclîchen bin.
unde swenne ich gescheide von dan,

Du bringst mir nie Angenehmes.
Weh dir, Tag! Hättest du dich nur verborgen!
So aber muß ich um meinen herrlichen Geliebten bangen.‹
Ihr tat es weh, daß er so lange schlief, der schöne Held.

3 Von dannen ritt der kühne Held.
Die Dame winkte ihm innige Segenswünsche
mit ihrer feinen, weißen Hand nach.
Sie sprach: ›O Herr und Herzallerliebster,
du mögest Gottes Schutz anbefohlen sein.
Ich flehe ihn (Gott) um deinetwillen an,
Er möge dich, Herr, für mich bewahren.‹
So redete mit ihrem roten Mund die von Liebe ergriffene Dame.
Ihr tat es weh, daß er von dannen ritt, der schöne Held.

Kaiser Heinrich

1

1 **I**ch grüße mit Gesang die Liebreizende,
die ich nicht meiden will noch vermag.
Daß ich sie höflich mündlich grüßen konnte,
o Unglück, ist (schon) einige Tage her.
Wer immer nun diese Strophen ihr – die ich so schmerzlich entbehre – vorträgt,
es sei Frau oder Mann, der soll sie damit von mir gegrüßt haben.

2 Mir sind die Reiche und Länder untertan,
immer wenn ich bei der Liebenswerten bin.
Wenn ich (aber) von ihr Abschied nehme,

sô ist mir aller mîn gewalt und mîn rîchtuom dâ hin,
wan senden kumber, den zele ich mir danne ze habe.
sus kan ich an fröiden stîgen ûf und ouch abe
und bringe den wehsel als ich wæne durch ir liebe ze grabe.

3 Sît daz ich si sô gar herzeclîchen minne
und si âne wenken zallen zîten trage
beide in herze und ouch in sinne,
under wîlent mit vil maniger klage,
waz gît mir darumbe diu liebe ze lône?
dâ biutet si mirz sô rehte schône.
ê ich mich ir verzige, ich verzige mich ê der krône.

4 Er sündet, swer des niht geloubet,
daz ich möhte geleben manigen lieben tac,
ob joch niemer krône kæm ûf mîn houbet,
des ich mich ân si niht vermezzen mac.
verlür ich si, waz het ich danne?
dâ tohte ich ze fröiden weder wîben noch manne,
und wær mîn bester trôst beide ze âhte und ze banne

2

1 ›**R**îtest du nû hinnen,
der aller liebste man,
den nâch mînen sinnen
ie dehein frouwe nie gewan.
kumest du mir niht vil schiere,
sô verliuse ich den mînen lîp.
den möchte mir in al den welten
got niemer vergelten,‹
sprach daz minneclîche wîp.

ist meine ganze Macht und mein Reichtum dahin.
Nichts als verlangende Sehnsucht ist dann auf meiner Habenseite
Auf diese Weise kann meine Freude steigen und fallen;
und ich setze diesen Wechsel um ihrer Liebe willen,
glaub ich, bis an mein Lebensende fort.

3 Seitdem ich sie so überaus herzlich liebe
und sie ohne Wanken zu allen Zeiten
im Herzen und auch in Verstand trage,
– zuweilen jedoch unter nicht geringen Klagen –
was gibt mir die Geliebte dafür zum Lohn?
Sie vergilt es mir auf so unnennbar schöne Weise.
Ehe ich auf sie verzichte, verzichte ich auf die Krone!

4 Der versündigt sich, der das nicht glaubt,
daß ich noch lange angenehm leben könnte,
wenn auch niemals eine Krone auf mein Haupt käme,
wozu ich mich ohne sie nicht erkühnen kann.
Verlöre ich sie – was blieb mir dann?
Dann hätten weder Frauen noch Männern an mir Freude
und es läge mein bester Trost in Acht und Bann.

2

1 ›**D**u reitest nun weg,
geliebtester Mann,
den nach meinen Erfahrungen
je ein Frau für sich gewann.
Kommst du nicht bald zu mir zurück,
so sterbe ich.
Das vermöchte mir auf Erden
Gott niemals zurückgeben‹,
sprach die liebenwerte Frau.

2 »Wol dir geselle guote,
daz ich ie bî dir gelac.
du wonest mir in dem muote
die naht und ouch den tac.
du zierest mîne sinne
und bist mir darzuo holt.
nû merkent, wie ich daz meine:
als edel gesteine
tout, dâ manz leit in daz golt.«

Heinrich von Veldeke

1

1 In dem aberellen,
sô die bluomen springen,
sô louben die linden
und grüenen die buochen.
sô haben ir wellen
dâ die vogel singen,
wan si minne finden
als dâ si si souchen,
reht an ir genôz;
wan ir blîdeschaft ist grôz,
der mich nie verdrôz,
doch si ir singen an den winter stellen.

2 Dô si an dem rîse
die bluomen gesâhen
bî den blaten springen,
dô wâren si rîche
ir manicvalten wîse,
der si verjâhen.

2 »Wohl dir, liebe Gefährtin,
daß ich je bei dir lag.
Du wohnst in meinem Denken und Fühlen
nachts und auch tagsüber.
Du veredelst meine Gedanken
und bist mir obendrein zugetan.
Nun merkt auf, wie ich das meine:
wie Edelstein,
wenn man es in Gold faßt.«

Heinrich von Veldeke

1

1 Im April,
wenn die Blumen sprießen,
dann belauben sich die Linden
und begrünen sich die Buchen.
So haben ihren Willen
dort die Vögel und singen,
weil sie Minne gerade dort
finden, wo sie sie suchen –
unter ihresgleichen;
denn ihre Fröhlichkeit ist groß.
Sie wurde mir nie zuviel,
da sie doch ihr Singen im Winter einstellen.

2 Als sie an dem Zweig
die Blumen
neben den Blättern sprießen sahen,
waren sie reich
an vielerlei Melodien,
die sie anstimmten.

si huoben ir singen
lûte unde frœlîche,
nider unde hô.
mîn muot stât alsô,
daz ich wil wesen frô.
reht ist, daz ich mîn glücke prîse.

3 Möht ich erwerben
mîner frouwen hulde,
könde ich die gesuochen
als ez ir gezæme.
ich sol verderben
al mîner schulde,
sine wolte ruochen,
daz si von mir næme
buoze sunder tôt,
ûf genâde und dur nôt,
wan ez got nie gebôt,
daz dehein man gerne solte sterben.

2

1 ›**D**er blîdeschaft sunder riuwe hât
mit êren hie, der ist rîche.
daz herze dâ diu riuwe inne stât,
daz lebet jâmerlîche.
er ist edel unde fruot,
    swer mit êren
    kan gemêren
    sîne blîdeschaft, daz ist guot.‹

2 Diu schœne, diu mich singen tuot,
si sol mich sprechen lêren,
dar abe daz ich mînen muot
niht wol kan gekêren.

Sie begannen ihr Singen
helltönend und fröhlich,
tief und hoch.
Mein ganzes Lebensgefühl ist so,
daß ich froh sein will.
Es ist nur recht, daß ich mein Glück preise.

3 Könnt' ich die Huld
meiner Herrin erwerben,
dann würde ich ihr so den Hof machen,
wie es ihr zukäme.
Ich werde zu Grunde gehen
allein durch meine Schuld –
es sei denn, sie bestünde darauf,
daß sie von mir eine Buße
– außer den Tod – annähme,
aus Gnade und durch Notwendigkeit,
denn Gott gebot es nie,
daß irgendein Mann gern sterben sollte.

2

1 ›Wer Fröhlichkeit ohne Reue hat
und dabei in Ehren (lebt), der ist reich.
Das von Reue geplagte Herz (aber)
lebt kläglich.
Der ist edel und klug,
    der mit Ehren
    seine Fröhlichkeit
    mehren kann – das ist gut.‹

2 Die Schöne, die mich zum Singen bringt,
soll mich vortragen lehren.
Davon kann ich mein Sinnen und Trachten
schwerlich abwenden.

si ist edel und fruot.
swer mit êren
kan gemêren
sîne blîdeschaft, daz ist guot.

3

1 Tristrant muose sunder sînen danc
stæte sîn der küneginne,
wan in der poysûn dar zuo twanc
mêre dan die kraft der minne.
des sol mir diu guote danc
wizzen, daz ich solhen tranc
nie genam und ich si doch minne
baz danne er und mac daz sîn.
wolgetâne
valsches âne,
lâ mich wesen dîn
und wis du mîn.

2 Sît diu sunne ir liehten schîn
gegen der kelte hât geneiget
und die kleinen vogellîn
ir sanges sint gesweiget,
trûric ist das herze mîn.
ich wæne ez wil winter sîn,
der uns sîne kraft erzeiget
an den bluomen, die man siht
in liehter varwe
erblîchen garwe.
dâ von mir beschiht
leit und anders niht.

Sie ist edel und klug.
Wer auf ehrenvolle Weise
seine Fröhlichkeit
mehren kann – das ist gut.

3

1 Tristan mußte gegen seinen Willen
der Königin treu sein,
denn der Liebestrank zwang ihn dazu –
mehr als die Macht der Minne.
Dafür soll mir die Gute Dank
erzeigen, daß ich solchen Trank
nie zu mir nahm und ich sie dennoch liebe
mehr als er, wenn das (überhaupt) sein kann.
Wohlgestalte,
ohne Falsch,
laß mich dein sein
und sei du mein.

2 Seit die Sonne ihre hellen Strahlen
vor der Kälte gesenkt hat
und die kleinen Vöglein
in ihrem Gesang verstummt sind,
ist mein Herz voll Trauer.
Ich glaube, es will Winter werden,
der uns seine Macht zeigt
an den Blumen, die man
in ihren (ehmals) leuchtenden Farben
vollkommen erbleichen sieht.
Dadurch geschieht mir
Leid und sonst nichts.

4

1 Swer mir schade an mîner frouwen,
deme wünsche ich des rîses,
dar an die diebe nement ir ende.
swer mîn dar an schône mit troewen,
dem wünsche ich des paradyses
unde valde im mîne hende.
frâg ieman, wer si sî,
der bekenne si dâ bî:
ez ist diu wolgetâne.
genâde, frouwe, mir.
der sunnen gan ich dir,
sô schîne mir der mâne.

2 Swie mîn nôt gefüeger wære,
sô gewunne ich liep nâch leide
unde fröide manicvalde,
wan ich weiz vil liebiu mære:
die bluomen entspringent an der heide,
die vogel singent in dem walde.
dâ wîlent lac der snê,
dâ stât nû grüener klê,
er touwet an dem morgen.
swer nû welle, der fröuwe sich.
nieman nœt ez mich;
ich bin unledic von sorgen.

4

1 **W**er immer mir schadet bei meiner Herrin,
dem wünsche ich den Strang,
an dem die Diebe enden.
Wer mich bei ihr (aber) aufrichtig lobt,
dem wünsche ich das Paradies
und bete für ihn.
Fragt jemand, wer sie sei,
der erkenne sie daran:
sie ist die Wunderschöne.
Gebe mir Gnade, Herrin.
Die Sonne gönne ich dir,
so scheine mir der Mond.

2 Wenn meine Not geringer wäre,
dann gewänne ich Liebe nach Leid
und mancherlei Freuden,
denn ich weiß äußerst angenehme Nachrichten:
die Blumen sprießen auf der Heide,
(und) die Vögel singen in dem Wald.
Wo früher der Schnee lag,
gibt es jetzt grünen Klee,
er ist Morgens betaut.
Wer immer jetzt will, der freue sich.
Niemand zwinge mich dazu;
ich bin nicht frei von Sorgen.

Rudolf von Fenis-Neuenburg

1

1 **M**it sange wânde ich mîne sorgen krenken,
darumbe singe ich, daz si mich wolte lân.
sô ich ie mêre singe und ir ie baz gedenke,
sô mugent si mit sange leider niht zergân,
wan minne hât mich brâht in sölchen wân,
dem ich sô lîhte niht enmac entwenken,
wan ich ime lange her gefolget hân.

2 Sît daz diu minne mich wolte alsus êren,
daz si mich hiez in dem herzen tragen,
diu mir wol mac mîn leit ze fröide kêren;
ich wære ein gouch, wolt ich mich der entsagen.
ich wil mînen kumber ouch minnen klagen,
wan diu mir kunde daz herze alsô versêren,
diu mac mich wol ze fröiden hûs geladen.

3 Mich wundert des, wie mich mîn frouwe
sô sêre, swenne ich verre von ir bin,
twinge, sô gedenke ich mir und ist mîn gedinge,
mües ich si sehen, mîn sorge wære dâ hin,
›sô ich bî ir bin‹ – des trœstet sich mîn sin
unde wæne des, daz mir wol gelinge –
alrêrst mêret sich mîn ungewin.

4 Sô ich bî ir bin, mîn sorge ist deste mêre,
alse der sich nâhe biutet zuo der gluot,

Rudolf von Fenis-Neuenburg

1

1 Mit Singen glaubte ich meine Sorgen zu mindern,
darum singe ich: weil ich sie loswerden will.
Doch je mehr ich singe und immer intensiver an sie denke,
um so weniger können sie mir leider mit Singen vergehen.
Denn die Minne hat mich in eine solch aberwitzige Hoffnung versetzt,
der ich so leicht mich nicht entziehen vermag,
denn ich bin ihr schon sehr lange gefolgt.

2 Seitdem die Minne mich so ehren wollte,
daß sie mich hieß, sie in dem Herzen zu tragen,
die mir mein Leid sehr wohl in Freude verwandeln könnte;
wäre ich ein Narr, wollt' ich auf sie verzichten.
Ich will meinen Kummer auch der Minne mitteilen,
weil sie, die mir das Herz so sehr betrüben konnte,
kann mich sehr wohl auch ins Haus der Freuden laden.

3 Mich wundert, wie meine Dame mich gefesselt hat,
so gewaltig, wenn ich fern von ihr bin,
dann denke ich mir – und meine Hoffnung besteht darin,
daß, wenn ich sie sähe, meine Sorge fort wäre.
Wenn ich bei ihr bin – so tröstet mich der Verstand
und ich hoffe darauf, daß mir Glück zuteil werde –,
verdoppelt sich zunächst mein Unglück.

4 Bin ich bei ihr, ist meine Sorge um so viel größer –
wie einem, der dem Feuer zu nahe kommt.

der brennet von rehte harte sêre.
ir grôziu güete mir das selbe tuot,
swenne ich bî ir bin, daz tœtet mir den muot;
und stirbe aber rehte, swenn ich von ir kêre,
wan mich daz sehen dunket alsô guot.

5 Ir schœnen lîp hân ich dâ vor erkennet:
er tuot mir als der fiurstelîn daz lieht.
diu fliuget daran, unze si sich gar verbrennet.
ir grôziu güete mich alsô verriet.
mîn tumbez herze, daz enlie mich alsô niht.
ich habe mich sô verre an si verwendet,
daz mir ze jungist rehte alsame geschiht.

2

Daz ich den sumer alsô mæzeclîchen klage,
walt unde bluomen die sint gar betwungen,
daz ist dâ von, daz sîn zît
mir noch her hât gefrumt harte kleine umb ein wîp
vil lîhte gefröuwent si die liehten tage,
den dâ vor ist nâch ir willen gelungen.
mac mir der winter den strît
noch gescheiden hin zir, der ie gerte mîn lîp,
sô ist daz mîn reht, daz ich in iemer êre,
wan mîner swære wart nie mêre.
owê, wie nû lât mich verderben diu hêre!

Der verbrennt sich (dann) folgerichtig sehr heftig.
Ihre große Vollkommenheit tut mir dasselbe an.
Bin ich bei ihr, so tötet das mein Herz;
ich sterbe aber erst richtig, wenn ich mich von ihr abwende
weil mir ihr Anblick doch so sehr gut tut.

5 Ihre Schönheit habe ich daran erkannt:
sie läßt mich wie die Motte zum Licht verhalten!
Diese fliegt hinzu, bis sie sich ganz verbrennt.
Ihre große Vollkommenheit verführte mich genau so.
Mein törichtes Herz gab mir keine Ruhe.
Ich habe mich ihr so sehr ausgeliefert,
daß es mir schließlich so ergehen muß.

2

Daß ich den (letzten) Sommer so sehr heftig beklage
– Wald und Blumen sind vollkommen verschwunden –,
kommt daher, daß er
mir bisher nichts bei einer Frau eingebracht hat.
Sehr wohl erfreuen sich jene der hellen Sommertage,
denen damals (in der Liebe) alles geglückt ist.
Wenn der Winter mir mein Bemühen
um sie, die ich schon immer begehrte, belohnen kann,
dann ist es nur richtig, wenn ich ihn dann immer preise,
denn mein (gegenwärtiger) Schmerz war nie größer.
O Weh, wie sehr läßt die Angebetete mich im Stich!

Friedrich von Hausen

1

In mînem troume ich sach
ein harte schœne wîp
die naht unz an den tac.
dô erwachete min lîp.
dô wart si leider mir benomen,
daz ich enweiz, wâ si sî,
von der mir fröide solte komen.
daz tâten mir die ougen mîn,
der wolte ich âne sîn.

2

1 **W**âfenâ, wie hât mich Minne gelâzen!
diu mich betwanc, daz ich lie mîn gemüete
an solhen wân, der mich wol mac verwâzen,
ez ensî daz ich genieze ir güete,
von der ich bin
alsô dicke âne sin.
mich dûhte ein gewin unde wolte die guote
wizzen die nôt, diu wont in mînem muote.

2 Wâfenâ, waz habe ich getân sô ze unêren,
daz mir diu guote ir gruozes niht engunde?
sus kan si mir wol das herze verkêren.
daz ich in der werlt bezzer wîp iender funde,
seht, dêst mîn wân.
dâ für sô wil ichs hân
unde wil dienen mit riuwen der guoten,
diu mich dâ bliuwet vil sêre âne ruoten.

Friedrich von Hausen

1

In meinem Traum sah ich
eine hinreißend schöne Frau
die Nacht hindurch bis zum Morgen.
Da erwachte ich.
Da zerfloß mir leider das (schöne) Bild,
so daß ich nicht weiß, wo sie sein mag,
die mich erfreuen sollte.
Das taten mir meine Augen an,
die ich gerne los wäre.

2

1 Weh, wie hat mich Minne behandelt!
Die bezwang mich, daß ich mein Gemüt
solch verwegener Hoffnung hingab, die mich ins Unglück stürzen kann –
es sei denn, daß mir ihre Güte aufhilft,
von der ich
sonst so oft von Besinnung bin.
Mir scheint es ein Vorteil, wenn die Gute
die Not kennt, die in mir haust.

2 Weh, was habe ich so Unehrenhaftes getan,
daß mir die Gute ihren Gruß nicht gönnt?
So kann sie mir sehr wohl das Herz umkehren.
Daß ich nirgends in der Welt eine bessere Frau fände,
seht, das ist meine irrsinnige Hoffnung.
(Aber), ich will es so haben
und will der Guten treulich dienen,
die mich da ohne Ruten heftig schlägt.

3

1 **M**în herze und mîn lîp diu wellent scheiden,
diu mit einander wâren nû manige zît.
der lîp wil gerne vehten an die heiden,
iedoch dem herzen ein wîp sô nâhen lît
vor al der werlt. daz müet mich iemer sît,
daz si ein ander niht volgent beide.
mir habent die ougen vil getân ze leide.
got eine müeze scheiden noch den strît.

2 Sît ich dich, herze, niht wol mac erwenden,
dune wellest mich vil trûreclîchen lân,
sô bite ich got, daz er dich geruoche senden
an eine stat, dâ man dich wol welle enpfân.
owê, wie sol ez armen dir ergân!
wie getorstest du eine an solhe nôt ernenden?
wer sol dir dîne sorgen helfen wenden
mit triuwen, als ich hân getân?

3 Ich wânde ledic sîn von solher swære,
dô ich daz kriuze in gotes êren nam.
ez wær ouch reht, daz ez alsô wære,
wan daz mîn stætekeit mir sîn verban.
ich solte sîn ze rehte ein lebendic man,
ob ez den tumben willen sîn verbære.
nû sihe ich wol, daz im ist gar unmære,
wie ez mir süle an dem ende ergân.

4 Nieman darf mir wenden daz zunstæte,
ob ich die hazze, die ich dâ minnet ê.
swie vil ich si geflêhte oder gebære,

3

1 **M**ein Herz und mein Leib wollen sich trennen,
die schon lange Zeit beieinander waren.
Der Leib will gerne gegen die Heiden kämpfen,
aber dem Herzen liegt vor der ganzen Welt
eine Frau sehr nahe. Seitdem bedrückt mich,
daß sie beide nicht mehr zusammengehen.
Mir haben (meine) Augen viel zuleide getan.
Gott allein möge den Streit noch beilegen.

2 Da ich dich, Herz, nicht davon abbringen kann,
mich allein zu lassen in meiner großen Betrübnis,
so bitte ich Gott, daß er darauf bedacht sei, dich
an eine Stätte zu senden, wo man dich freundlich aufnimmt.
O Weh, wie wird es dir ergehen, armes Herz!
Wie konntest du dich allein einer solchen Gefahr aussetzen?
Wer soll dir deine Sorgen beenden helfen
mit Treue, so wie ich es getan habe?

3 Ich glaubte frei zu sein von solchem Konflikt,
als ich das Kreuz zu Gottes Ehre nahm.
Es wäre auch richtig, daß es so geschehe,
wenn nur nicht meine Beständigkeit mir das nicht gönnte.
Ich sollte zu Recht ein ganz lebendiger Mann sein,
wenn es auf seinen törichten Wunsch verzichtete.
Nun sehe ich, daß es ihm vollkommen gleichgültig ist,
wie es mir am Ende ergehen soll.

4 Niemand darf mir das als Untreue auslegen,
wenn ich (jetzt) die hasse, die ich früher liebte.
Wie oft ich sie auch anflehte oder bat,

sô tuot sie rehte als ob siz niht verstê.
mich dunket rehte wie ir wort gelîche gê,
rehte als ez der sumer von Triere tæte.
ich wær ein gouch, ob ich ir tumpheit hæte
für guot. ez engeschiht mir niemer mê.

4

1 **D**ô ich von der guoten schiet
und ich zir niht ensprach
als si mir wære liep,
als mir diu minne wider riet,
des lîde ich ungemach.
daz liez ich durch die falschen diet,
von der mir nie lieb beschach.
ich wünsche ir anders niet,
wan der die helle brach,
der vüege ir wê und ach.

2 ›Si wænent hüeten mîn,
diu sîn doch niht bestât,
und tuon ir nîden schîn,
daz wênic si vervât.
si möhten ê den Rîn
gekêren in ein Pfât,
ê ich mich iemer sîn
vertrœste, swiez ergât,
der mir gedienet hât.‹

sie tut gerade so, als ob sie's nicht verstehe.
Mir scheint wirklich, ihr Wort ist dem ähnlich,
wie der Sommer von Trier sich verhält.
Ich wäre ein Narr, wenn ich ihre Beschränktheit
für gut hielte. Das wird mir niemals mehr geschehen.

4

1 Als ich von der Edlen schied,
und ich ihr nicht sagte,
wie lieb sie mir wäre –
wie mir die Minne wiederholt riet –,
das verursachte mir Kummer.
Ich unterließ es der falschen Leute wegen,
die mir noch nie Angenehmes bescherten.
Ich wünsche ihnen nichts anderes,
als daß derjenige, welcher die Hölle aufbrach,
ihnen Weh und Ach zufüge.

2 ›Sie glauben mich zu behüten,
– was sie doch nichts angeht –
und zeigen ihren Neid,
der ihnen (jedoch) wenig nützt.
Sie könnten eher den Rhein
in den Po umleiten,
ehe ich jemals auf ihn
– wie's auch komme – verzichte,
der mir gedient hat.‹

Albrecht von Johannsdorf

1

1 **W**ie sich minne hebt, daz weiz ich wol;
wie si ende nimt, des weiz ich niht.
ist daz ichs inne werden sol,
wie dem herzen herzeliep geschiht,
sô bewar mich vor dem scheiden got,
daz wæn bitter ist.
disen kumber fürhte ich âne spot.

2 Swâ zwei herzeliep gefriundent sich,
und ir beider minne ein triuwe wirt,
die sol nieman scheiden, dunket mich,
al die wîle unz si der tôt verbirt.
wær diu rede mîn, ich tæte alsô:
verlüre ich mînen friunt,
seht, sô wurde ich niemer mêre frô.

3 Dâ gehœret manic stunde zuo,
ê daz sich gesamne ir zweier muot.
dâ daz ende danne unsanfte tuo,
ich wæn des wol, daz ensî niht guot.
lange sî ez mir vil unbekant.
und ich werde iemen liep,
der sî sîner triuwe an mir gemant.

4 Der ich diene und iemer dienen wil,
diu sol mîne rede vil wol verstân.
spræche ich mêre, des wurde al ze vil.
ich wil ez allez an ir güete lân.
ir genâden, der bedarf ich wol,
und wil sî, ich bin frô,
und wil sî, sô ist mîn herze leides vol.

Albrecht von Johannsdorf

1

1 Wie Minne beginnt, weiß ich sehr wohl;
Wie sie endet, weiß ich nicht.
Sollte ich erfahren,
wie dem Herzen großes Glück widerfährt,
so bewahre mich Gott vor der Trennung,
die – fürcht' ich – bitter ist.
Diesen Kummer fürchte ich wirklich.

2 Wo zwei für die Liebe Bestimmte sich anfreunden,
und ihrer beider Minne zu e i n e r Treue wird –
die soll niemand trennen, scheint mir,
so lange sie der Tod verschont.
Beträf es mich, ich würde so handeln:
wenn ich meine Freundin verlöre,
seht, ich würde dann niemals mehr froh.

3 Dazu bedarf es vieler Stunden,
bis sich beider Sinn zusammenfindet.
Wenn das Ende dann schmerzlich wird,
so weiß ich genau, das sei nicht gut.
Lange sei mir dies noch unbekannt.
Und werde ich jemandem lieb –,
der sei seiner Treueverpflichtung mir gegenüber gemahnt.

4 Der ich diene und immer dienen will,
wird meine Worte sehr gut verstehen.
Spräche ich mehr, dann wäre das zu viel.
Ich will alles ihrer Güte überlassen.
Ihrer Gnade bedarf ich sehr wohl.
Und will sie, dann bin ich froh.
Und will sie (es anders), dann ist mein Herz leiderfüllt.

2

1 **I**ch vant si âne huote,
die vil minneclîche eine stân.
jâ, dô sprach diu guote:
›waz welt ir sô eine her gegân?‹
»frouwe, ez ist alsô geschehen.«
›sagent, warum sint ir her? daz sult ir mir verjehen!‹

2 »Mînen senden kumber
klage ich, liebe frouwe mîn.«
›wê, waz sagent ir tumber?
ir mugent iuwer klage wol lâzen sîn.‹
»frouwe, ich enmac ir niht enbern.«
›sô wil ich in tûsent jâren niemer iu gewern.‹

3 »Neinâ, küneginne!
daz mîn dienst sô iht sî verlorn!«
›ir sint âne sinne,
daz ir bringet mich in solhen zorn!‹
»Frouwe, iuwer haz tuot mir den tôt.«
›wer hât iuch, vil lieber man, betwungen ûf die nôt?‹

4 »Daz hât iuwer schœne,
die ir hânt, vil minneclîchez wîp.«
›iuwer süezen dœne
wolten krenken mînen stæten lîp!‹
»frouwe, niene welle got!«
›wert ich iuch, des hetet ir êre; sô wær mîn der spot.‹

5 »Sô lânt mich noch geniezen,
daz ich iuch von herzen ie was holt.«
›iuch mac wol verdriezen,

2

1 Ich fand sie ohne Aufpasser,
die überaus Liebenswerte, ganz allein.
Doch da sprach die Gute:
›Was wollt ihr so allein vor mir?‹
»Herrin, es ist nun einmal so geschehen.«
›Sagt, warum seid ihr hier? Das sollt ihr mir erklären!‹

2 »Mein sehnsüchtiges Liebesverlangen
klag ich, meine liebe Herrin.«
›Weh, was sagt ihr Törichter da?
Eure Klage müßt ihr besser bleiben lassen.‹
»Herrin, ich kann niemals auf sie verzichten.«
›Dann werde ich euch auch in tausend Jahren nicht erhören.‹

3 »O nein, Königin!
daß mein Dienst so vergebens sein soll!«
›Ihr seid von Sinnen,
daß ihr mich in solchen Zorn versetzt!‹
»Herrin, eure Ablehnung wird mich töten.«
›Wer hat euch, lieber Mann, in diese Notlage gebracht?‹

4 »Eure Schönheit
tat das, allerliebste Frau.«
›Euer verführerischer Singsang
sollte mich in meiner Beständigkeit schwach machen!‹
»Herrin, das verhüte Gott!«
›Erhörte ich euch, hättet ihr Ehre; und mir bliebe nur Verachtung.‹

5 »Laßt mir doch ein wenig zugute kommen,
daß ich euch schon immer von Herzen mochte.«
›Euch wird noch schwer ankommen,

daz ir iuwer wortel gegen mir bolt.‹
»dunket iu mîn rede niht guot?«
›jâ, si hât beswæret dicke mînen stæten muot.‹

6 »Ich bin ouch vil stæte,
ob ir ruochent mir der wârheit jehen.«
›volgent mîner ræte,
lânt die bete, diu niemer mac beschehen.‹
»sol ich alsô sîn gewert?«
›got der wer iuch anderswâ, des ir an mich dâ gert.‹

7 »Sol mich dan mîn singen
und mîn dienst gegen iuch niht vervân?«
›iu sol wol gelingen,
âne lôn sô sult ir niht bestân.‹
»wie meinet ir daz, frouwe guot?«
›daz ir deste werder sît und dâ bî hôchgemuot.‹

3

1 **G**uote liute, holt
die gâbe, die got unsere herre selbe gît,
der aller dinge hât gewalt.
verdienet sînen solt,
der den sældehaften dort behalten lît
mit fröiden iemer manecvalt.
lîdent eine wîle willeclîche nôt
vür den iemermêre wernden tôt.
got hât iu beide sêle und lîp gegeben.
gebt im des lîbes tôt, daz wirt der sêle dort ein iemer leben.

daß ihr eure Wörtlein gegen mich schießt.‹
»Scheinen euch meine Worte nicht angenehm?«
›Ja ja, sie haben meine Standhaftigkeit aufs Äußerste bedrängt.‹

6 »Auch ich bin sehr beständig,
wenn ihr beabsichtigt, mir die Wahrheit zu sagen.«
›Folgt meinem Rat,
unterlaßt euer Verlangen, das niemals erfüllt werden kann.‹
»Soll ich so erhört werden?«
›Gott möge euch anderswo gewähren, was ihr hier von mir begehrt.

7 »Soll mir denn mein Singen
und mein Dienst euch gegenüber keinen Erfolg haben?«
›Ihr sollt schon Erfolg haben,
ohne Lohn sollt ihr nicht bleiben.‹
»Wie meint ihr das, edle Herrin?«
›Daß ihr noch edler werdet und obendrein froh und heiter.‹

3

1 **L**iebe Leute, erwerbt
die Gabe, die Gott, unser Herr, selbst vergibt,
der über alles herrscht.
Verdient (euch) seinen Lohn,
der den Glückhaften dort bereit liegt
mit so vielen Freuden.
Erleidet eine Zeitlang bereitwillig Beschwernisse
zur Abwendung des ewig währenden Todes.
Gott hat euch beides, Seele und Leib, gegeben.
Riskiert den irdischen Tod; das wird der Seele ein ewiges Leben bescheren.

2 Minne lâ mich frî!
du solt mich eine wîle sunder liebe lân.
du hâst mir gar den sin benomen.
kumst du wider bî,
swenne ich die reinen gotes vart volendet hân,
sô wis mir aber willekomen.
wilt aber du ûz mînem herzen scheiden niht,
- daz vil lîhte unwendic doch beschiht –,
vüere ich dich danne mit mir in gotes lant,
sô sî er der guoten dort umb halben lôn gemant.

3 ›Owê‹ sprach ein wîp,
›waz mir doch von liebe leides ist beschert!
waz mir diu liebe leides tuot!
fröidelôser lîp,
wie wilt du nû gebâren, swenne er hinnen vert,
dur den du wære ie hôchgemuot?
wie sol ich der werlte und mîner klage geleben?
dâ bedorfte ich râtes zuo gegeben.
kunt ich mich beidenthalben nû bewarn.
des wart mir nie sô nôt. ez nâhet, er wil hinnen varn.‹

4 Wol si, sælic wîp,
die mit ir wîbes güete daz gemachen kan,
daz man si vüeret über sê.
ir vil guoten lîp
den sol er loben, swer ie herzeliep gewan,
want ir heime tuot sô wê,
swenne si gedenket an sîne nôt.
›lebt mîn herzeliep od ist er tôt‹
sprichet si, ›sô müeze sîn pflegen,

2 Minne, laß mich frei!
Du sollst mich eine Zeitlang ohne Freude sein lassen.
Du hast mir vollkommen den Verstand geraubt.
Kommst du wieder (zu mir) zurück,
wenn ich die herrliche Kreuzfahrt abgeschlossen habe,
so sei mir dann (herzlich) willkommen.
Willst du aber nicht aus meinem Herzen gehen,
– was wahrscheinlich doch geschieht –,
nähme ich dich dann mit mir ins Heilige Land,
so sei der halbe Lohn Gottes für die Kreuzfahrt der Geliebten zugerechnet.

3 ›Ach und Weh‹, sprach eine Frau,
›was mir doch die Liebe Leid beschert!
Was mir die Liebe Schmerzen zufügt!
Freudloses Ich,
wie willst du dich nun verhalten, wenn er fort fährt,
der dich immer in so freudige Stimmung versetzt hat?
Wie soll ich mit der Gesellschaft und mit meiner Klage leben?
Dazu bedürfte ich eines guten Ratschlags.
Könnt' ich doch mich von beidem fernhalten.
Nie war mein Kummer so groß. Es naht der Tag, er geht auf (Kreuz-) Fahrt‹

4 Wohl ihr, der herrlichen Frau,
die mit ihrer weiblichen Güte bewirken kann,
daß man sie mit über See führt.
Ihr außerordentliches Wesen
soll loben, wer immer eine Geliebte gewann,
denn zu Hause tut es ihr so weh,
wenn sie an seine (fernen) Beschwernisse denkt.
›Lebt mein Herzallerliebster – oder wenn er tot ist‹,
spricht sie, ›muß der ihm anbefohlen sein,

dur den sîn süezer lîp sich dirre werlte hât bewegen.‹

4

1 Ich wil gesehen, die ich von kinde
her geminnet hân für elliu wîp.
und ist, daz ich genâde finde,
sô gesach ich nie sô guoten lîp.
obe aber ich ir wære
vil gar unmære,
sô ist si doch, diu tugende nie verlie.
fröide und sumer ist noch allez hie!

2 Ich hân alsô her gerungen,
daz vil trûreclîche stuont mîn leben.
dicke hân ich ›wê‹ gesungen,
dem will ich vil schiere ein ende geben.
›wol mich‹, singe ich gerne,
swenne ichz gelerne.
des ist zît, wan ich gesanc sô nie.
fröide unde sumer ist noch allez hie!

Heinrich von Morungen

1

1 Ich hôrte ûf der heide
lûte stimme und süezen sanc.
dâ von wart ich beide
fröiden rîch und an trûren kranc.
nach der mîn gedanc sêre ranc und swanc,

um dessentwillen sein wunderbarer Leib auf diese Welt
verzichtet hat.‹

4

1 Ich will die sehen, die ich von Kindheit an
geliebt habe vor allen anderen Frauen.
Und geschieht's, daß ich erhört werde,
wäre ich nie einer so liebenswürdigen Frau begegnet.
Wenn ich ihr aber
völlig gleichgültig wäre,
bleibt sie doch (für mich) die ständig Tugendhafte.
Freude und Sommer sind noch immer da!

2 Ich habe bisher mich so abgequält,
daß mein Leben ungemein traurig verlief.
Oft habe ich ›Weh (mir)‹ gesungen,
das soll nun schnellstens vorbei sein.
›Wohl mir‹, will ich mit Freuden singen,
wann immer ich's noch lerne.
Zeit dazu ist's, denn ich habe es bisher versäumt!
Freude und Sommer sind noch immer da!

Heinrich von Morungen

1

1 Ich hörte auf der Heide
helle Stimmen und lieblichen Gesang.
Davon wurde ich
reich an Freuden und frei von Betrübnis.
Sie, nach der mein Sinn heftig hinstrebte und schwebte,

die vant ich ze tanze, dâ si sanc.
âne leide ich dô spranc.

2 Ich vant si verborgen
eine und ir wengel von trehen naz,
dâ si an dem morgen
mînes tôdes sich vermaz.
der vil lieben haz tuot mir baz danne daz,
dô ich vor ir kniewete, dâ si saz
und ir sorgen gar vergaz.

3 Ich vant si an der zinne
eine, und ich was zuo zir gesant.
dâ mehte ich's ir minne
wol mit vuoge hân gepfant.
dô wânde ich diu lant hân verbrant sâ zehant,
wan daz mich ir süezen minne bant
an den sinnen hât erblânt.

2

1 In sô hôher swebender wunne
sô gestuont mîn herze ane fröiden nie.
ich var, als ich vliegen kunne,
mit gedanken iemer umbe sie,
sît daz mich ir trôst enpfie,
der mir durch die sêle mîn
mitten in das herze gie.

2 Swaz ich wunneclîches schouwe,
daz spile gegen der wunne, die ich hân.
luft und erde, walt und ouwe
suln die zît der fröide mîn enpfân.
mir ist komen ein hügender wân

fand ich singend beim Tanze.
Ohne Beschwernis tanzte ich da mit.

2 Ich fand sie abseits,
allein und ihre Wangen (waren) von Tränen naß,
da sie an dem Morgen
mit meinen Tode rechnete.
Der Hochverehrten feindselige Haltung ist mir lieber
als jene Situation, da ich vor ihr kniete, wo sie saß
und ihre Fürsorge (um mich) ganz vergessen hatte.

2 Ich fand sie auf der Zinne
allein, und man hatte mich zu ihr gerufen.
Dort hätte ich ihre Liebe
leicht mit dem nötigen Anstand gewinnen können.
Da hätte ich sofort die Länder verbrennen können,
wenn mir nicht das betörende Band ihrer Liebe
die Sinne blind gemacht hätte.

2

1 **I**n so hoch auffliegender Glückseligkeit
befand sich mein Herz, im Zuwachs an Freude,
Ich kreise, als wenn ich fliegen könnte, | noch nie.
mit meinen Gedanken stets um sie,
seitdem mich ihre Ermutigung traf,
die mir durch meine Seele
mitten ins Herz drang.

2 Was immer ich an Beglückendem schaue,
leuchte der Herrlichkeit, die ich erfahre, entgegen.
Luft und Erde, Wald und Aue
sollen die Zeit meiner Freude mitempfinden.
Mir ist eine erwartungsvolle Hoffnung

und ein wunneclîcher trôst.
des mîn muot sol hôhe stân.

3 Wol dem wunneclîchen mære,
daz sô suoze durch mîn ôre erklanc,
und der sanfte tuonder swære,
diu mit fröiden in mîn herze sanc.
dâ von mir ein wunne entspranc,
diu vor liebe alsam ein tou
mir ûz von den ougen dranc.

4 Sælic sî diu süeze stunde,
sælic sî diu zît, der werde tac,
dô daz wort gie von ir munde,
daz dem herzen mîn sô nâhen lac,
daz mîn lîp von vröide erschrac
und enweiz von liebe joch,
waz ich von ir sprechen mac.

3

1 Von den elben wirt entsehen vil manic man;
sô bin ich von grôzer liebe entsên
von der besten, die ie dehein man ze friunt gewan.
wil aber sî da rumbe mich vên
und ze unstæten stên,
mac si danne rechen sich
und tuo, des ich si bite. sô freut si sô sêre mich,
daz mîn lîp vor wunnen muoz zergên.

2 Si gebiutet unde ist in dem herzen mîn
frouwe und hêrer, dann ich selbe sî.
hei wan muoste ich ir alsô gewaltic sîn,
daz si mir mit triuwen wære bî

und eine beglückende Ermutigung zuteil geworden.
Daher wird meine Lebensfreude sich aufschwingen.

3 Gepriesen sei die beglückende Nachricht,
die so angenehm in meinem Ohr erklang,
und die milde wirkende Beschwernis,
die mit Freude in mein Herz drang.
Davon entsprang eine Glückseligkeit,
die wie der Tau vor Freude
mir aus den Augen strömte.

4 Gepriesen sei die wunderbare Stunde,
gepriesen die (Jahres-) Zeit, der kostbare Tag,
an dem das Wort aus ihrem Munde kam,
das meinem Herzen so nahe ging,
daß ich vor Freude erschrak
und vor Glück doch nicht weiß,
was ich von ihr sagen soll.

3

1 Von den Elfen wird so mancher Mann bezaubert;
so bin (auch) ich von großer Liebe bezaubert,
von der Besten, die je ein Mann je zur Geliebten ge-
Will sie (aber) mich darum hassen | wann.
und mir mit Untreue begegnen,
(ja,) will sie sich an mir gar rächen,
dann tue sie das, ich bitte darum. Sie erfreut mich damit
daß ich vor Freude sterben muß. | so sehr,

2 Sie gebietet und ist in meinem Herzen
Herrin und mächtiger als ich selbst bin.
O, daß ich doch einmal so Macht über sie hätte,
daß sie treu ergeben bei mir wäre

ganzer tage drî
unde eteslîche naht!
sô verlür ich niht den lîp und al die maht.
Jâ ist si leider vor mir alze vrî.

3 Mich entzündet ir vil liehter ougen schîn,
same daz viur den durren zunder tuot,
und ir fremeden krenket mir daz herze mîn
same daz wazzer die vil heize gluot;
und ir hôher muot
und ir schœne und ir weredecheit
und daz wunder, daz man von ir tugenden seit,
daz wirt mir vil übel – oder lîhte guot?

4 Swenne ir liehten ougen sô verkêrent sich,
daz si mir aldur mîn herze sên,
swer dâ enzwischen danne gêt und irret mich,
dem muoze al sîn wunne gar zergên!
ich muoz vor ir stên
unde warten der fröiden mîn
rehte alsô des tages diu kleinen vogellîn.
wenne sol mir iemer liep geschehen?

4

1 Sach ieman die frouwen,
die man mac schouwen
in dem fenster stân?
diu vil wolgetâne
diu tuot mich âne
sorgen, die ich hân.
si liuhtet sam der sunne tuot
gegen dem liehten morgen.

drei ganze Tage
und manche Nacht!
Dann verlöre ich nicht das Leben und alle Kraft.
Ja, sie ist leider allzu unabhängig von mir.

3 Mich entflammt der Glanz ihrer strahlenden Augen,
wie das Feuer den dürren Zunder,
und ihr Fernsein erdrückt mein Herz
wie das Wasser die Glut.
Und ihre feine Gesinnung,
ihre Schönheit und ihr Ansehen
und das Ausergewöhnliche, das man von ihrer Vollkommenheit sagt,
das schlägt mir sehr übel aus – oder gar zum Glück?

4 Wenn immer ihre strahlenden Augen sich so wenden,
daß sie mir ganz durch mein Herz dringen –
wer dann dazwischen steht und mich verwirrt,
dem soll seine Freude ganz vergehen!
Ich muß vor ihr stehen
und mein Glück erwarten,
gerade so wie die kleinen Vögelchen den Tag.
Wann wird mir jemals Freude zuteil?

4

1 Sah jemand die Herrin,
die man betrachten kann,
wie sie am Fenster steht?
Die so herrlich Schöne
befreit mich von
meinen Sorgen, die mich beschweren.
Sie leuchtet auf wie die Sonne
am hellen Morgen.

ê was si verborgen.
dô muost ich sorgen.
die wil ich nû lân.

2 Ist aber ieman hinne,
der sîne sinne
her behalten habe?
der gê nach der schônen,
diu mit ir krônen
gie von hinnen abe.
daz si mir ze trôste kome,
ê daz ich verscheide!
diu liebe und diu leide
die wellen mich beide
vürdern hin ze grabe.

3 Man sol schrîben kleine
reht ûf dem steine,
der mîn grap bevât:
wie liep sî mir wære
und ich ir unmære;
swer danne über mich gât,
daz der lese dise nôt
und ir gewinne künde,
der vil grôzen sünde,
die sî an ir vründe
her begangen hât.

5

1 **E**s tuot vil wê, swer herzelîche minnet
an sô hôher stat, dâ sîn dienst gar versmât.
sîn tumber wân vil lützel dar ane gewinnet,
swer sô vil geklaget, daz ze herzen nicht engât.
er ist vil wîse, swer sich sô wol versinnet,

Vorher war sie verborgen.
Da mußte ich mir Sorgen machen.
Die will ich nun sein lassen.

2 Ist aber jemand hier drinnen,
der seinen Verstand
bisher behalten hat?
Der folge der Schönen,
die mit ihre Krone
von hier wegging.
Daß sie mir zu Hilfe komme
ehe ich sterbe!
Freude und Schmerz
wollen mich beide
noch ins Grab bringen.

3 Man soll zierlich schreiben,
(und) ohne Umschweife auf dem Stein,
der mein Grab bedeckt:
wie lieb sie mir gewesen sei
und wie gleichgültig ich ihr.
Wer immer dann über mich schreitet,
lese von diesem Kummer
und nehme Kenntnis
von der großen Sünde,
die sie an ihrem Geliebten
seither begangen hat.

5

1 **Es** schmerzt sehr, wenn jemand Herzensliebe
an so überhöhter Stätte sucht, wo sein Dienst ganz und gar verschmäht wird.
Seine törichte Hoffnung gewinnt davon nichts,
wer so viel klagt, daß es nicht die Herzen erreicht.

daz er dient, dâ man sîn dienst wol enpfât,
und sich dar lât, dâ man sîn genâde hât.

2 Ich bedarf vil wol, daz ich genâde vinde,
wan ich hab ein wîp ob der sunnen mir erkorn.
dêst ein nôt, die ich niemer überwinde,
sîn gesæhe mich ane, als si tæt hie bevorn.
sî ist mir liep gewest dâ her von kinde,
wan ich wart durch sî und durch anders niht geborn.
ist ir daz zorn, daz weiz got, sô bin ich verlorn.

3 Wâ ist nu hin mîn liehter morgensterne?
wê, waz hilfet mich, daz mîn sunne ist ûfgegân?
sî ist mir ze hôh und ouch ein teil ze verne
gegen mittem tage unde wil dâ lange stân.
ich gelebte noch den lieben âbent gerne,
daz si sich her nider mir ze trôste wolte lân,
wand ich mich hân gar verkapfet ûf ir wân.

6

Frouwe, mîn swære sich,
ê ich verliese mînen lîp!
ein wort du spræche wider mich.
verkêre daz, du sælic wîp!
du sprichest iemer : ›neinâ neinâ nein,
neinâ neinâ nein.
daz brichet mir mîn herze enzwein.
maht du doch eteswenne sprechen: ›ja
jâ jâ jâ jâ jâ jâ jâ?‹
daz lît mir an dem herzen nâ.

Der (aber) ist sehr klug, der sich genau überlegt,
daß er dort dient, wo man seinen Dienst sehr schätzt
und sich dort hinbegibt, wo man Empfänglichkeit für
ihn übrig hat.

2 Ich habe es sehr nötig, daß ich Gnade finde,
denn ich habe mir eine Frau über der Sonne auserwählt.
Das ist ein Elend, das ich niemals überwinde,
Es sei denn, sie sähe mich nicht mehr so an wie früher.
Von Kind an ist sie mir lieb gewesen.
Denn ich wurde nur um ihretwillen und um sonst nichts
geboren.
Zürnt sie darüber, so bin ich – das weiß Gott – verloren.

3 Wo ist nun mein helleuchtender Morgenstern hin ?
Ach, was hilft's mir, daß meine Sonne aufgegangen ist?
Sie steht mir zu hoch und auch beträchtlich ferne
mittags, und sie wird dort noch lange stehen.
Ich würde den angenehmen Abend noch gerne erleben,
an dem sie sich mir zur Freude hier niederlassen wollte,
denn ich habe mich vollkommen in ihr Wunschbild
verloren

6

Herrin, sieh doch meine Kümmernis,
bevor ich mein Leben verliere!
Ein Wort sprachst du gegen mich.
Nimm das zurück, du glückbringende Frau!
Du sprichst immer: ›neinnein, neinnein, nein
neinnein, neinnein, nein.‹
Das bricht mir das Herz entzwei.
Kannst du nicht irgendeinmal sagen: ›Ja,
ja ja ja ja ja ja ja?‹
Das liegt mir (so) nahe am Herzen.

7

1 **Mir** ist geschehen als einem kindelîne,
daz sîn schœnez bilde in einem glase gesach
unde greif dar nâch sîn selbes schîne
sô vil, biz daz ez den spiegel gar zerbrach.
dô wart al sîn wunne ein leitlich ungemach.
alsô dâhte ich iemer vrô ze sîne,
dô ich gesach die lieben vrouwe mîne,
von der mir bî liebe leides vil geschah.

2 Minne, diu der werelde ir fröide mêret,
seht, diu brâhte in troumes wîs die frouwen mîn,
dâ mîn lîp an slâfen was gekêret
und ersach sich an der besten wunne sîn.
dô sach ich ir liehten tugende, ir werden schîn,
schœn unde ouch für alle wîp gehêret,
niuwan daz ein lützel was versêret
ir vil fröiden rîchez rôtez mündelîn.

3 Grôz angest hân ich des gewunnen,
daz verblîchen süle ir mündelîn sô rôt.
des hân ich nu niuwer klage begunnen,
sît mîn herze sich ze sülher swære bôt,
daz ich durch mîn ouge schouwe sülhe nôt
sam ein kint, daz wîsheit unversunnen
sînen schaten ersach in einem brunnen
und den minnen muoz unz an den tôt.

4 Hôher wîp von tugenden unde sinnen,
die enkan der himel niender ummevân
sô die guoten, die ich vor ungewinne
fremden muoz und immer doch an ir bestân.

7

1 **Mir** ist geschehen wie einem kleinen Kind,
das sein schönes Bild in einem Spiegel erblickte
und nach seinem eigenem Bild
so heftig griff, bis es den Spiegel ganz zerbrach.
Da wurde all seine Freude zum schlimmen Ungemach.
Deshalb war ich darauf bedacht, immer froh zu sein,
wenn ich die edle Herrin erblickte,
von der mir bei aller Liebe auch viel Leid zugefügt wurde.

2 Minne, die die Freude der Menschen mehrt,
seht, die brachte mir im Traum meine Herrin näher,
als ich im Schlafe lag
und mich satt sah an meiner größten Freude.
Da sah ich ihre strahlenden Tugenden, ihre edle Erscheinung,
schön und über alle Frauen erhöht –,
nur daß ein wenig versehrt war
ihr liebreizendes rotes Mündchen.

3 Große Angst habe ich darüber empfunden,
daß ihr rotes Mündchen (einmal) verbleichen solle.
Darüber bin ich in neuerliche Klage verfallen,
seitdem mein Herz sich solchen Kummer zuzog,
daß ich mit meinem Auge solche Not erblickte
wie (jenes) Kind, das unerfahren
sein Ebenbild in einem Brunnen erblickte
und nun es nun lieben mußte bis an seinen Tod.

4 Frauen, die höher sind an Vollkommenheit und Sinnen,
die kann selbst der Himmel nicht umfassen
so wie die Gute, die ich aus Sorge vor Schaden

owê leider, jô wande ichs ein ende hân
ir vil wunneclîchen werden minne.
nû bin ich vil kûme an dem beginne.
des ist hin mîn wunne und ouch mîn gerender wân.

8

1 **Owê** –
sol aber mir iemer mê
geliuhten dur die naht
noch wîzer danne ein snê
ir lîp vil wol geslaht?
der trouc die ougen mîn:
ich wânde, ez solde sîn
des liehten mânen schîn.
dô tagte ez

2 Owê –
sol aber er iemer mê
den morgen hie betagen?
als uns diu naht engê,
daz wir niht durfen klagen:
›owê, nu ist ez tac!‹
als er mit klage pflac,
dô er jungest bî mir lac.
dô tagte ez.‹

3 Owê –
si kuste âne zal
in dem slâfe mich.
dô vielen hin ze tal
ir trehene nider sich.

meiden – und doch immer wieder an ihr festhalten muß.
Aber ach des Leids, ich hoffte doch am Ziel zu sein
im Erlangen ihrer edlen Minne.
Und nun stehe ich fast am Anfang meiner Bemühungen.
Deshalb ist meine Freude dahin und auch meine sehnsuchtsvolle Hoffnung.

8

1 **O** Weh!
Soll mir denn nie mehr
durch die Nacht leuchten
noch heller als Schnee
ihre so wunderbar geschaffene Gestalt?
Die täuschte meine Augen:
ich glaubte, es sei
der Schein des hellen Mondes.
Da tagte es.

2 ›O Weh!
Wird er denn nimmermehr
den Morgen hier erleben?
Möge uns die Nacht so vergehen,
daß wir nicht klagen dürfen:
›o Weh, jetzt ist es Tag!‹
wie er es klagend tat,
als er jüngst bei mir lag.
Da tagte es.‹

3 O Weh!
Sie küßte unzählige Male
mich im Schlafe.
Da flossen
ihre Tränen von ihr hernieder.

iedoch getrôste ich si,
daz si ir weinen lie
und mich al umbevie.
dô tagte ez.

4 Owê –
daz er sô dicke sich
bî mir ersehen hât!
als er endahte mich,
sô wolt er sunder wât
mîn arme schouwen blôz.
ez was ein wunder grôz,
daz in des nie verdrôz.
dô tagte ez.

9

Vil süeziu senftiu tœterinne,
war umbe welt ir tœten mir den lîp,
und ich iuch sô herzeclîchen minne,
zwâre, frouwe, vür elliu wîp?
wænet ir, ob ir mich tœtet,
daz ich iuch iemer mêr beschouwe?
nein, iuwer minne hât mich des ernœtet,
daz iuwer sêle ist mîner sêle frouwe.
sol mir hie niht guot geschehen
von iuwerm werden lîbe,
sô muoz mîn sêle iu des verjehen,
dazs iuwerre sêle dienet dort als einem reinen wîbe.

Doch tröstete ich sie,
daß sie ihr Weinen ließe
und mich fest zu umarmen.
Da tagte es.

4 O Weh!
Daß er sich so oft
an meinen Anblick geweidet hat!
Als er mich aufdeckte,
wollte er ohne Bekleidung
meine Arme, nackt, sehen.
Es war ein großes Wunder,
das ihm nie zuviel wurde.
Da tagte es.

9

Süße, sanfte Mörderin,
warum wollt ihr mein Leben zerstören,
wo ich euch doch so innig liebe,
wahrlich, Herrin, v o r allen anderen Frauen?
Glaubt ihr, wenn ihr mich tötet,
daß ich euch nie mehr anschauen werde?
Nein, eure Minne hat mich dazu bezwungen,
daß eure Seele die Herrin meiner Seele ist.
Soll mir hier auf Erden nichts Gutes
von euerm edlen Leib zuteil werden,
so muß meine Seele euch das versichern,
daß sie eurer Seele dort im Himmel dienen wird wie
einer in die Schar der Seligen aufgenommenen Frau.

Hartmann von Aue

1

1 Swes fröide an guoten wîben stât,
der sol in sprechen wol
und wesen undertân.
das ist mîn site und ouch mîn rât,
als ez mit triuwen sol.
daz kan mich niht vervân
an einer stat,
dar ich noch ie genâden bat.
swaz si mir tuot, ich hân mich ir ergeben
und wil ir iemer leben.

2 Möht ich der schœnen mînen muot
nâch mînem willen sagen,
sô liez ich mînen sanc.
nu ist mîn sælde niht sô guot,
dâ von muoz ich ir klagen
mit sange, daz mich twanc.
swie verre ich sî,
sô sende ich ir den boten bî,
den sî wol hœret und eine siht:
der enmeldet mîn dâ niht.

3 Ez ist ein klage und niht ein sanc,
daz ich der guoten mite
erniuwe mîniu leit.
die swæren tage sint alze lanc,
die ich sî genâden bite
und sî mir doch verseit.
swer selhen strît,
der kumber âne fröide gît,

Hartmann von Aue

1

1 Wessen Lebensglück von edlen Frauen abhängt,
der soll nur gut von ihnen sprechen
und ihnen untergeben sein.
Das ist auch meine Gewohnheit und mein Ratschlag,
wie es aufrichtig zu geschehen hat.
Doch kann mir das nichts nützen
an einem Ort,
wo ich schon immer um Erhörung flehte.
Was sie auch mir gegenüber tut – ich habe mich ihr | ergeben.
und will immer für sie leben.

2 Könnte ich doch der Schönen mein Innerstes
ganz nach meinem Willen offenbaren,
dann ließe ich meinen Sang.
Nun steht es aber mit meinem Glück nicht so gut,
so daß ich ihr
mit Sang beklagen muß, was mich bedrückt hat.
Wie fern ich auch immer von ihr bin –
ich schicke ihr (meinen) Boten,
den sie bestimmt anhört und ganz alleine trifft:
der verrät mich dort nicht.

3 Es ist eine Klage und nicht ein (Freuden-) Gesang,
mit der ich der Holden
erneut mein Leid vortrage.
Allzu lang sind die trüben Tage,
in denen ich sie um Erhörung bitte
und sie mir diese dennoch versagt.
Wer aus solcher Anstrengung,
die Leid ohne jede Freude einbringt,

verlâzen kunde, des ich niene kan,
der wære ein sælic man.

2

1 Sît ich den sumer truoc riuwe unde klagen,
sô ist ze fröiden mîn trôst niht sô guot,
mîn sanc ensüle des winters wâpen tragen,
daz selbe tuot ouch mîn senender muot.
wie lützel mir mîn stæte liebes tuot!
wan ich vil gar an ir versûmet hân
die zît, den dienst, darzu den langen wân.
ich wil ir anders ungefluochet lân
wan alsô: si hât niht wol ze mir getân.

2 Wolte ich den hazzen, der mir leide tuot,
sô moht ich wol mîn selbes vîent sîn.
vil wandels hât mîn lîp und ouch der muot,
daz ist an mînem ungelücke worden schîn.
mîn frouwe gert mîn niht: diu schulde ist mîn.
sît sinne machent sældehaften man,
und unsin stæte sælde nie gewan,
ob ich mit sinnen niht gedienen kan,
dâ bin ich alterseine schuldic an.

3 Ich hân daz reht, daz mîn lîp trûric sî,
wan mich twinget ein vil sendiu nôt.
swaz fröiden mir von kinde wonte bî,
die sint verzinset, als ez got gebôt:
mich hât beswæret mînes herren tôt.
dar zuo sô trüebet mich ein varende leit:
mir hât ein wîp genâde widerseit,

ausbrechen könnte – was ich niemals kann –,
der wäre ein glücklicher Mann.

2

1 **Da** ich im Sommer Schmerz und Klage zu ertragen hatte,
ist meine Zuversicht an Freude so gering,
daß mein (Minne-) Sang und auch meine sehnsüchtigen Gedanken
nicht die Zeichen des Winters tragen sollte.
Wie wenig bringt mir meine Beständigkeit Erfolg ein!
Denn ich habe an ihr vollkommen vergebens aufgewendet
die Zeit, den Minnedienst und allzu lange Hoffnung.
Ich will sie weiter nicht anklagen,
außer: sie hat sich mir gegenüber nicht richtig verhalten.

2 Wollte ich den hassen, der mir weh tut,
so müßte ich mein eigener Feind sein.
Viel Unbeständigkeit hat mein Leben und mein Inneres.
Das ist an meinem Unglück deutlich geworden.
Meine Herrin begehrt mich nicht: das ist meine Schuld.
Da verständiges Verhalten einen Mann glücklich macht
und Unvernunft noch nie stetes Glück gewinnen ließ,
bin ich – wenn ich nicht vernünftig zu dienen weiß –
ganz allein daran schuld

3 Ich habe allen Grund, traurig zu sein,
denn mich plagt eine überaus bedrückende Not.
Was ich immer schon von Kindheit an an Glück besaß,
das ist – wie Gott es gebot – aufgebraucht:
mich hat der Tod meines Herren zutiefst betrübt.
Dazu kommt ein allerdings vorübergehendes Unglück:
mir hat eine Frau ihre Gunst entzogen,

der ich gedienet hân mit stætekeit,
sît der stunde, daz ich ûf mîme stabe reit.

4 Dô ir mîn dienest niht ze herzen gie,
dô dûhte mich an ir bescheidenlîch,
daz sî ir werden lîbes mich erlie.
dar an bedâhte sî vil rehte sich.
zürne ich, daz ist ir spot und altet mich.
grôz was mîn wandel. dô si den entsaz,
dô meit si mich, vil wol geloube ich daz,
mêre dur ir êre danne ûf mînen haz.
si wænet des, ir lop stê deste baz.

5 Sî hât mich nâch wâne unrehte erkant,
dô sî mich von êrste dienen liez:
dur daz sî mich sô wandelbæren vant,
mîn wandel und ir wîsheit mich verstiez.
sî hât geleistet, swaz sî mir gehiez;
swaz sî mir solde, des bin ich gewert.
er ist ein tump man, der iht anders gert.
sî lônde mir, als ich sî dûhte wert.
michn sleht niht anders wan mîn selbes swert.

3

1 **M**aniger grüezet mich alsô
– der gruoz tuot mir ze mâze frô –:
›Hartman, gên wir schouwen
ritterlîche frouwen!‹
mac er mich mit gemache lân
und île er zuo den frouwen gân!
bî frouwen triuwe ich niht vervân,
wan daz ich müede vor in stân.

der ich mit Beständigkeit gedient habe,
seitdem ich mein Steckenpferdchen ritt.

4 Da ihr mein Dienst nicht zu Herzen ging,
schien es mir verständlich zu sein,
daß sie sich mir versagte.
Darin hat sie sich völlig richtig entschieden.
Wüte ich darüber, ist das für sie Belustigung und mich
macht es alt.
Groß war meine Unbeständigkeit. Als sie darüber
mied sie mich – glaube ich sicher – | erschrak,
mehr ihrer Ehre als des Hasses wegen auf mich.
Sie meint wohl, ihr Ansehen sei dadurch noch größer.

5 Sie hatte mich auf bloße Vermutung hin falsch
erkannt,
als sie mich zunächst Minnedienst ausüben ließ:
weil sie mich so unbeständig fand,
haben mich meine Unbeständigkeit und ihre Vernunft
Sie hat gehalten, was sie mir versprach; | verstoßen.
was sie mir schuldig war, hat sie erfüllt.
Töricht ist, wer jemals anderes erwartet.
Sie belohnte mich, wie ich es ihr wert erschien.
Mich schlägt nichts anderses als mein eigenes Schwert.

3

1 **M**ancher macht mich in folgender Weise an
– was mich allerdings nur mäßig erfreut –:
›Los Hartmann, laß uns in Augenschein nehmen
vornehme Damen!‹
Soll er mich doch damit in Ruhe lassen
und flugs zu den Damen eilen!
Bei Damen traue ich mir nichts zu erreichen,
als daß ich elend vor ihnen stehe.

2 Ze frouwen habe ich einen sin:
als sî mir sint, als bin ich in,
wand ich mac baz vertrîben
die zît mit armen wîben.
swar ich kum, dâ ist ir vil,
dâ vinde ich die, diu mich dâ wil.
diu ist ouch mînes herzen spil.
waz touc mir ein ze hôhez zil?

3 In mîner tôrheit mir beschah,
daz ich zuo zeiner frouwen gesprach:
›frouwe, ich hân mîne sinne
gewant an iuwer minne.‹
dô wart ich twerhes an gesehen.
des wil ich, des sî iu bejehen,
mir wîp in solher mâze spehen,
diu mir des niht enlânt beschehen.

4

1 **D**em kriuze zimt wol reiner muot,
und kiusche site:
sô mac man sælde und allez guot
erwerben dâ mite.
ouch ist ez niht ein kleiner haft
dem tumben man,
der sînem lîbe meisterschaft
niht halten kan.
ez wil niht, daz man sî
der werke dar under frî.
waz touget ez ûf der wât,
der sîn an dem herzen nienen hât?

2 Damen gegenüber habe ich eine klare Einstellung:
wie sie zu mir sind, bin ich zu ihnen,
denn ich kann meine Zeit besser vertreiben
mit Frauen einfacher Herkunft.
Wohin ich auch komme, dort treffe ich sie häufig an.
Dort finde ich diejenige, die auch mich begehrt.
Die ist dann auch die Freude meines Herzens.
Was nützt mir schon ein viel zu hochgestecktes Ziel?

3 In meiner Torheit widerfuhr es mir einmal,
daß ich zu einer Dame sagte:
›Herrin, ich habe mich vollkommen
eurer Minne verschrieben.‹
Darauf wurde ich schief angesehen.
Deshalb will ich – das sei euch versichert –
mein Augenmerk nur auf solche Frauen richten,
die mir solches nicht antun.

4

1 **D**em Kreuz geziemt reine Gesinnung
und keusche Lebensart:
nur so kann man Heil und Glück
damit erwerben.
Es ist aber eine große Fessel
für den Törichten,
der sich
nicht in Zaum halten kann.
Das Kreuz will nicht, daß man
unter ihm tatenlos ist.
Was nützt es auf dem Kleid,
wenn es nicht im Herzen sitzt?

2 Nu zinsent, ritter, iuwer leben
und ouch den muot
durch in, der iu dâ hât gegeben:
beidiu lîp und guot.
swes schilt ie was zer werlte bereit
ûf hôhen prîs,
ob er den gote nû verseit,
der ist niht wîs.
wan swem daz ist beschert,
daz er dâ wol gevert,
daz giltet beidiu teil,
der werlte lop, der sêle heil.

3 Diu werlt lachet mich triegende an
und winket mir.
nu hân ich als ein tumber man
gevolget ir.
der hacchen hân ich manigen tac
geloufen nâch.
dâ niemen stæte vinden mac
dar was mir gâch.
nu hilf mir, herre Krist,
der mîn dâ vârende ist,
daz ich mich dem entsage
mit dînem zeichen, daz ich hie trage.

4 Sît mich der tôt beroubet hât
des herren mîn,
swie nû diu werlt nâch im gestât,
daz lâze ich sîn.
der fröide mîn besten teil
hât er dâ hin;
und schüefe ich nû der sêle heil,
daz, wær ein sin.
mac ich ime ze helfe komen,

2 Nun, Ritter, setzt euer Leben
und auch eure Gesinnung ein
um seinetwillen, der euch beides gegeben hat:
Leben und Besitz.
Wessen Schild jemals in der Welt ausgerichtet war
im Streben nach hohem Ruhm
und ihn nun Gott verweigert,
der ist nicht klug.
Denn wem es geglückt ist,
daß er dort (auf dem Kreuzzug) sich bewährt,
bringt das beide Teile ein:
die Anerkennung der Welt, das Heil der Seele.

3 Die Welt lacht mich trügerisch an
und winkt mir.
Bisher bin ich ihr als Törichter
gefolgt.
Den Dirnen bin ich manchen Tag
nachgelaufen.
Wo niemand Beständigkeit finden kann,
dorthin drängte es mich schnell hin.
Nun hilf mir, Herre Christ,
daß ich mich von dem (Teufel) lossage,
der mich da bedrängt,
mit deinem Zeichen des Kreuzes, das ich hier trage.

4 Seitdem der Tod mir
meinen Herren geraubt hat,
interessiere ich mich nicht,
wie es nun um die Welt nach ihm bestellt ist.
Den besten Teil meiner Freude
nahm er mit sich;
sorgte ich mich nun um mein Seelenheil –,
das wäre sinnvoll.
Wenn ihm meine (Kreuz-) Fahrt

mîn vart, die ich hân genomen,
ich wil ime ir halber jehen:
vor gote müeze ich in gesehen.

5 Mîn fröide wart nie sorgelôs
unz an die tage,
daz ich mir Kristes bluomen kôs,
die ich hie trage.
die kündent eine sumerzît,
diu alsô gar
in süezer ougenweide lît.
got helfe uns dar
hin in den zehenden kôr,
dar ûz ein hellemôr
sîn falsch verstôzen hât
und noch den guoten offen stât.

6 Mich hât diu werlt alsô gewent,
daz mir der muot
sich zeiner mâze nâch ir sent.
dêst mir nu guot:
got hât vil wol ze mir getân,
als ez nu stât,
daz ich der sorgen bin erlân,
diu menigen hât
gebunden an den vuoz,
daz er belîben muoz,
swanne ich in Kristes schar
mit fröiden wunneclîche var.

5

1 Ich var mit iuweren hulden, herren und mâge:
liut unde lant die müezen sælic sîn!
ez ist unnôt, daz ieman mîner verte frâge;

zu Hilfe käme,
so will ich ihm gerne die Hälfte des Ertrags zusprechen:
vor Gott möge ich ihn einst wiedersehen.

5 Meine Lebensfreude war nie ohne Sorgen
bis zu der Zeit,
da ich mir Christi Blumen wählte,
die ich hier trage.
Die zeigen eine Sommerzeit,
die einen Anblick
vollkommener Freude bietet.
Gott helfe uns,
in den zehnten Engelschor zu gelangen,
aus dem die eigne Niederträchtigkeit
den Höllemohr (Teufel) verstoßen hat,
während er nur noch den Guten offen steht.

6 Mich hat die Welt dahin gebracht,
daß ich mich
nach ihr nur sehr mäßig sehne.
Das ist nun gut für mich:
Gott hat so, wie es jetzt um mich steht,
nur gut gehandelt,
daß ich von Sorgen frei bin,
die manchem
die Füßen so fesselt,
daß er zu Hause bleiben muß,
während ich in der Schar Christi
in größter Freude zur Kreuzfahrt ausziehe.

5

Ich ziehe mit eurer Gunst, Herren und Verwandte:
Land und Leute mögen gesegnet sein!
Es ist nicht nötig, daß man nach meiner Reise frage;

ich sage wol vür wâr die reise mîn.
mich vienc diu minne und lie mich varn ûf mîne sicherheit.
nu hât si mir enboten bî ir liebe, daz ich var.
ez ist unwendic: ich muoz endelîchen dar.
wie kûme ich bræche mîne triuwe und mînen eit!

2 Sich rüemet maniger, waz er dur die minne tæte.
wâ sint diu werc? die rede hœre ich wol.
doch sæhe ich gern, daz sî ir eteslîchen bæte,
daz er ir diente, als ich ir dienen sol.
ez ist geminnet, der sich durch die minne ellenden muoz.
nu seht, wie sî mich ûz mîner zungen ziuhet über mer
und lebt mîn herre, Salatîn und al sîn her,
dien bræhten mich von Franken niemer einen vuoz.

3 Ir minnesinger, iu muoz ofte misselingen.
daz iuch den schaden tuot, daz ist der wân.
ich wil mich rüemen, ich mac wol von minnen singen,
sît mich diu minne hât und ich si hân.
daz ich dâ wil, seht, daz wil alse gerne haben mich.
sô müest aber ir verliesen underwîlen wânes vil:
ir ringet umbe liep, daz iuwer nicht enwil.
wan müget ir armen minnen solhe minne als ich?

ich erkläre genau meine Reise.
Mich fing die Minne und ließ mich gegen meine Zusicherung frei.
Nun hat sie mir bei ihrer Liebe geboten, daß ich fahre.
Es ist unabwendbar: ich muß rasch dahin.
Keinesfalls könnte ich mein Treuegelöbnis und meinen Eid brechen.

2 Es rühmt sich mancher, was er um der Liebe willen alles tun würde.
Wo sind die Taten? Die Worte höre ich wohl.
Doch sähe ich gern, daß sie manchen darum bäte,
Ihr so zu dienen, wie ich ihr dienen werde.
Das ist Minnedienst, wenn einer um der Minne willen sich in die Fremde begeben muß.
Nun seht, wie sie mich aus meiner Heimat übers Meer treibt.
Und lebte mein Herr noch – Saladin und sein ganzes Heer
hätten mich keinen Fuß breit aus dem Land der Franken gebracht.

3 Ihr Minnesänger, ihr müßt oft Mißerfolg haben.
Was euch Schaden zufügt, ist die vergebliche Hoffnung.
Ich kann mich rühmen, in richtiger Weise von Minne zu singen,
weil die Minne mich hat und ich sie habe.
Was ich da haben will, seht, das will genauso gern auch mich haben.
Dagegen geht Euch immer wieder viel von eurer vergeblichen Hoffnung verloren:
ihr müht euch um Liebe, die nichts von euch wissen will.
Warum könnt ihr Armseligen nicht solcher Liebe nachstreben wie ich?

Reinmar der Alte

1

Ich wæn mir liebe geschehen wil.
mîn herze hebet sich ze spil,
ze fröiden swinget sich mîn muot,
alse der falke enfluge tuot
und der are ensweime.
joch liez ich vriunde dâ heime.
wol mich, unde vinde ich die
wol gesunt, alse ich sî lie.
vil guot ist das wesen bî ir.
herre got, gestate mir,
daz ich sî sehen müeze
und alle ir sorge büeze;
obe sî in deheinen sorge sî,
daz ich ir die geringe
und sî mir die mîne dâ bî.
sô mugen wir vröide niezen.
ô wol mich danne langer naht!
wie kunde mich der verdriezen?

2

1 ›Si koment underwîlen her,
die baz dâ heime möhten sîn.
ein ritter, des ich lange ger,
bedæht er baz den willen mîn,
sô wære er ze allen zîten hie,
als ich in gerne sæhe.
Ôwê, waz souchent die,
die nîdent daz, ob ieman guot geschæhe.‹

Reinmar der Alte

1

Ich glaube, Liebe wird mir zuteil.
Mein Herz erhebt sich frei,
zu Freuden schwingt sich mein Gemütszustand empor,
wie der Falke im Flug es tut
und der Adler im (stolzen) Schweben.
Gewiß, ich ließ (m) eine Geliebte daheim zurück.
Wohl mir, finde ich sie
so unversehrt, wie ich sie verließ.
Überaus angenehm ist es, bei ihr zu sein.
Herr Gott, gestatte mir,
daß ich mit ihr zusammentreffen werde
und all ihre Sorgen nehmen möge;
wenn sie irgendwelche Sorgen hat:
daß ich ihr diese gering mache
und sie mir gleichzeitig die meinen.
Auf diese Weise können wir (Liebes-) Freuden genießen.
O wohl mir dann der langen Nacht!
Wie könnte ich der überdrüssig werden?

2

1 ›Sie kommen zuweilen hierher,
die besser daheim geblieben wären.
(Aber) ein Ritter, den ich schon lange begehre –
nähme er genauer meinen Willen wahr,
dann wäre er immer hier,
wenn ich ihn gerne sehen würde.
O Weh, was suchen die (hier),
die es mit Neid erfüllt, wenn jemand Gutes widerfährt.‹

2 Mir ist beschehen, daß ich niht bin
langer vrô, wan unz ich lebe.
si wundert, wer mir schœnen sin
und daz hôchgemüete gebe,
daz ich ze der werlte niht getar
ze rehte alsô gebâren.
nie genam ich vrouwen war,
ich was in holt, die mir ze mâze wâren.

3 Genâde suochet an ein wîp
mîn dienest nû vil mangen tac.
durch einen alsô guoten lîp
die nôt ich gerne lîden mac.
ich weiz wol, daz sî mich lât
geniezen mîner stæte.
wâ næme sî sô bœsen rât,
daz sî an mir missetæte?

4 ›Gnâden ich gedenken sol
an ime, der mînen willen tuot.
sît er mir getriuwet wol,
sô wil ich hœhen sînen muot.
wes er mit rehter stæte vrô!
ich sage im liebiu mære:
daz ich in gelege alsô,
mich dûhte vil, ob ez der keiser wære!‹

3

1 ›Sage, daz ich dirs iemer lône,
hâst du den vil lieben man gesehen?
ist es wâr und lebt er schône,
als si sagent und ich dich hœre jehen?‹

2 Mir ist etwas widerfahren, daß ich
bis an mein Lebensende nicht mehr froh sein kann.
Sie (die Gesellschaft) verwundert es, wer mir so viel
und das Hochgefühl gebe, | Anstand
daß ich vor der Welt nicht wage,
mich auch danach zu benehmen.
Nie trat ich mit Damen in Verbindung,
denen ich nicht zugetan war und die sich mir gegenüber
nicht angemessen vehielten.

3 Mein Minnedienst sucht schon lange Zeit
Erhörung bei einer Frau.
Um einer so edlen Frau willen
kann ich (meine) Not leicht ertragen.
Ich weiß genau, daß sie mir
meine Beständigkeit lohnen wird.
Woher nähme sie (auch) so üblen Rat an,
daß sie an mir schlecht handelte?

4 ›Erhören muß ich ihn,
der meinen Willen tut.
Da er mir so treu dient,
will ich sein Lebensgefühl steigern.
Sei er in rechtschaffener Beständigkeit froh!
Ich gebe ihm angenehme Botschaft:
daß ich ihn so bette
– mir scheint das viel –, wenn es der Kaiser wäre!‹

3

1 ›Sage – ich werd's dir ewig vergelten:
hast du den herzallerliebsten Mann gesehen?
Ist es wahr, daß er vorbildlich lebt,
wie sie sagen und wie ich dich berichten höre?‹

»vrouwe, ich sach in: er ist vrô.
sîn herze stât, ob irz gebietent, iemer hô.«

2 ›Ich verbiute im vröide niemer.
lâze eht eine rede, sô tuot er wol,
des bit ich in hiut und iemer:
deme ist alsô, daz mans versagen sol.‹
»vrouwe, nû verredent iuch niht.
er sprichet: allez daz geschehen sol, daz geschiht.«

3 ›Hât aber er gelobt, geselle,
daz er niemer mê gesinge liet,
ez ensî ob ich ins biten welle?‹
»vrouwe, ez was sîn muot, dô ich von ime schiet.
ouch mugent irz wol hân vernomen.«
›owê, gebiute ichz nû, daz mac ze schaden komen.

4 Ist aber, daz ich's niene gebiute,
sô verliuse ich mîne sælde an ime
und vervluochent mich die liute,
daz ich al der werlte ir vröide nime.
alrêst gât mir sorge zuo.
owê, nu enweiz ich, obe ichz lâze oder ob ichz tuo?

5 Daz wir wîp niht mugen gewinnen
vriunt mit rede, si enwellen dannoch mê,
daz müet mich, ich enwil niht minnen!
stæten wîben tuot unstæte wê.
waer ich, des ich niene bin,
unstaete, liez er danne mich, sô liez ich in.‹

»Herrin, ich sah ihn: er ist heiter.
Sein Herz ist, wenn ihr es gebietet, immer in Hochstimmung.«

2 ›Ich verbiete ihm Freude niemals.
Unterläßt er nur das eine Thema, dann handelt er recht.
Darum bitte ich ihn heute und für immer:
die Sache ist so, daß man hier nein sagen muß.‹
»Herrin, redet nicht übereilt.
Er sagt: alles, was geschehen soll, das geschieht.«

3 ›Hat er aber nicht gelobt, Bote,
daz er niemals mehr ein Lied singen werde,
es sei denn, daß ich ihn darum bitte?‹
»Herrin, das war seine Absicht, als ich von ihm schiet.
Ihr habt es ja wohl auch schon vernommen.«
›O Weh, erlaube ich's nun – das kann schlimme Folgen haben.

4 Wenn ich es aber nicht erlaube,
so verliere ich mein Glück an ihm
und es verfluchen mich die Leute,
weil ich allen ihre Freude raube.
Nun bin i c h vor allem im Dilemma.
O Weh, ich weiß nicht; tu ich's oder laß' ich's?

5 Daß wir Frauen nicht einen Freund gewinnen können
mit trauter Rede, ohne daß sie noch mehr wollen,
das betrübt mich. Ich will nicht minnen!
Treuen Frauen tut Untreue weh.
Wäre ich – was ich nicht bin – untreu:
und verließ er mich, würde auch ich ihn verlassen.‹

4

1 ›Lieber bote, nu wirp alsô,
sich in schiere und sage im daz:
vert er wol und ist er vrô,
ich lebe iemer deste baz.
sage ime durch den willen mîn,
daz er iemer solhes iht getuo,
dâ von wir gescheiden sîn.

2 Vrâge er, wie ich mich gehabe,
gich, daz ich mit vröuden lebe,
swâ du mügest, dâ leit in abe,
daz er mich der rede begebe.
ich bin im von herzen holt
und saehe in gerner denne den liehten tac.
daz aber du verswîgen solt.

3 Ê daz du iemer ime verjehest,
daz ich im holdez herze trage,
sô sich, daz dû alrêst besehest,
und vernim, waz ich dir sage:
mein er wol mit triuwen mich,
swaz ime danne muge zer vröiden komen,
daz mîn êre sî, daz sprich.

4 Spreche er, daz er welle her,
– daz ichs iemer lône dir –,
sô bit in, daz ers verber
die rede, dier jungest sprach zuo mir,
ê daz ich in an gesehe.
wê, wes wil er dâ mit beswæren mich,
daz niemer doch an mir geschehe?

4

1 ›Lieber Bote, nun mach es so,
such ihn bald auf und sage ihm dies:
geht es ihm gut und ist er fröhlich,
dann geht es mir auch immer besser.
Sage ihm – um meinetwillen –,
daz er niemals solches tue,
wodurch wir getrennt werden könnten.

2 Fragt er, wie ich mich befinde,
sag', daß ich fröhlich lebe.
Wo immer du kannst, da halte ihn davon ab,
daß er mich mit seinen Worten belästige.
Ich bin ihm von Herzen zugeneigt
und sähe ihn lieber als den hellen Tag.
Das aber sollst du verschweigen.

3 Bevor du ihm je gestehst,
daß ich ihm von Herzen zugeneigt bin,
so sieh genau zu
und vernimm, was ich dir sage:
liebt er mich wirklich aufrichtig –
was immer ihm Freude macht
und zu meiner Ehre gereicht, das sage (ihm).

4 Sagt er, daß er herkommen wolle
– daß ich dirs immer lohnen könnte –,
so bitte ihn, daß er die Worte,
die er kürzlich mir sagte, unterlasse
bevor ich ihn (wieder) sehe.
Weh, mit was will er mein Leben schwer machen,
das doch niemals bei mir geschehen kann?

5 Des er gert, daz ist der tôt
und verderbet manigen lîp.
bleich und eteswenn rôt,
alsô verwet ez diu wîp.
minne heizent ez die man
unde mohte baz unminne sîn.
wê im, ders alrêst began!

6 Daz ich alsô vil dâ von
geredete, daz ist mir leit,
wande ich was vil ungewon
sô getâner arbeit,
als ich tougenlîchen trage –
dûn solt im niemer niht verjehen
alles, des ich dir gesage!‹

5

1 **I**ch wil allez gâhen
zuo der liebe, die ich hân.
sô ist ez niender nâhen,
daz sich ende noch mîn wân.
doch versuoche ich ez alle tage
und gediene ir sô, daz si âne ir danc
mit fröiden muoz erwenden kumber, den ich trage.

2 Mich betwanc ein mære,
daz ich hôrte von ir sagen:
wie sî ein frouwe wære,
diu sich schône kunde tragen.
daz versuoche ich und ist wâr.
ir kunde nie kein wîp geschaden –
daz ist wol kleine – sô groß als umb ein hâr.

5 Was er begehrt, das ist der Tod
und zerstört manches Leben.
Bleich und zuweilen rot
färbt es die Frauen.
Minne nennen es die Männer –
es müßte doch eher Un-Minne heißen.
Weh ihm, der zuerst damit anfing!

6 Daß ich davon jetzt so viel
geredet habe, ist mir leid.
Denn ich war gar nicht gewöhnt
an solchen Verdruß,
wie ich ihn insgeheim mit mir herumtrage –
(Aber) Du sollst ihm niemals von dem erzählen,
was ich dir jetzt gesagt habe!‹

5

1 Ich will rasch eilen
zu der Liebe, die ich empfinde.
Doch, es naht keineswegs die Zeit,
daß sich meine vage Hoffnung erfüllt.
Aber ich versuche es alle Tage
und diene ihr so, daß sie gegen ihre Absicht
meinen Kummer, den ich habe, in Freude umwandeln muß.

2 Mich hat eine Nachricht betört,
die ich von ihr erzählen hörte:
daß sie eine Dame wäre,
die sich auf feine Weise zu benehmen weiß.
Das erprobte ich und erwies sich als wahr.
Keine Frau vermochte ihr Ansehen zu schmälern –
und wäre es auch nur so gering wie eine Haaresbreit gewesen.

3 Swaz in allen landen
mir ze liebe mac beschehen,
daz stât in ir handen.
anders nieman wil ich's jehen.
si ist mîn ôsterlîcher tac,
und hân si in mînem herzen liep.
daz weiz er wol, dem nieman niht geliegen mac.

4 Si hât leider selten
mîne klagende rede vernomen.
des muoz ich engelten.
nie kunde ich ir nâher komen.
maniger zuo den frouwen gât
und swîget allen einen tac
und anders niemen sînen willen reden lât.

5 Nieman im ez vervienge
zeiner grôzen missetât,
ob er dannen gienge,
dâ er niht ze tuone hât,
spræche als ein gewizzen man:
›gebietet ir an mîne stat!‹
daz wære ein zuht und stüende im lobelîchen an.

6

1 Ich wirbe um allez, daz ein man
ze wereltlîchen fröiden iemer haben sol.
daz ist ein wîp, der ich enkan
nâch ir grôzem werde niht gesprechen wol.
lobe ich si, sô man ander vrouwen tuot,
daz engenimet si niemer tac von mir für guot.

3 Was auch immer in allen Ländern
mir Angenehmes widerfahren kann,
das liegt in ihrer Hand.
Niemandem sonst will ich das zubilligen.
Sie ist mein österlicher Tag,
und ich habe sie von Herzen lieb.
Das weiß er genau, der von niemandem zu belügen ist.

4 Sie hat zu meinem Leidwesen niemals
meinen Klagegesang wahrgenommen.
Dafür muß ich büßen.
Nie konnte ich ihr näher kommen.
Manch einer geht zu den Damen
und schweigt dort den ganzen Tag
und läßt niemanden sonst seine Wünsche vortragen.

5 Niemand würde ihm es
als ein großes Übel anrechnen,
wenn er von dannen ginge,
wo er nichts zu tun hat
und wie ein kluger Mann spräche:
›Erlaubt mir, mich zu entfernen!‹
Das bewiese Anstand und stünde ihm lobenswert an.

6

1 Ich werbe um alles, was ein Mann
an weltlichem Glück immer haben muß.
Das ist ein Frau, die ich nicht vollkommen
ihrem großen Ansehen entsprechend rühmen kann.
Preise ich sie, wie man es mit anderen Frauen tut,
das nimmt sie wohl von mir nicht als angemessen an.
Doch schwöre ich es: sie steht an der Stelle,

doch swer ich des: si ist an der stat,
dâs ûz wîplîchen tugenden nie vuoz getrat.
daz ist in mat!

2 Alse eteswenne mir der lîp
durch sîne bœse unstæte râtet, daz ich var
und mir gefriunde ein ander wîp,
sô wil iedoch daz herze niender wan dar.
wol ime des, daz er sô rehte welen kann
und mir der süezen arbeite gan!
doch hân ich mir ein liep erkorn,
deme ich ze dienst – und wær ez al der werlte zorn
– wil sîn geborn.

3 Unde ist, daz mirs mîn sælde gan,
daz ich abe ir wol redendem munde ein küssen mac
versteln,
gît got, daz ich ez bringe dan.
sô wil ich ez tougenlîchen tragen und iemer heln.
und ist, daz sîz vür grôze swære hât
und vêhet mich durch mîne missetât –
waz tuon ich danne, unsælic man?
dâ nim eht ichz und trage ez hin wider, dâ ichz dâ nan –
al ich wol kan.

4 Si ist mir liep, und dunket mich,
wie ich ir vollecliche gar unmære sî.
waz darumbe? daz lîde ich.
ich was ir ie mit stæteclîchen triuwen bî.
nu waz, ob lîhte ein wunder an mir geschiht,
daz sî mich eteswenne gerne siht?
sâ denne lâze ich âne haz,

wo sie von ihren weiblichen Tugenden auch nur einen
fußbreit abwich.
Das setzt sie (die anderen Männer) matt!

2 Wenn zuweilen mein Leib
in seiner erbärmlichen Unbeständigkeit rät, zu gehen
und mich mit einer anderen Frau anzufreunden,
so will jedoch mein Herz nirgendwo hin, als zu ihr.
Wohl ihm, der so (klar) entscheiden kann
und mir die süße Mühe gönnt!
Drum hab ich mir eine Frau erwählt,
der ich – und wär' es gegen alle Welt – zu diene
geboren bin.

3 Und geschieht's, daß mir mein Glück gönnt,
von ihrem lieblich plaudernden Mund einen Kuß zu
stehlen,
so gebe es Gott, daß ich ihn dort mitnehme.
Dann will ich ihn heimlich bei mir tragen und für immer
verbergen.
Geschieht's (aber), daß sie dies für eine große Krän-
und mich wegen meiner Tat haßt – | kung empfindet
was soll ich Unseliger dann tun?
Da nehme ich ihn und trage ihn wieder dort hin, wo ich
so gut ich's kann. | ihn holte –

4 Sie ist mir lieb, aber ich glaube,
ich bin ihr vollkommen gleichgültig.
Was tut's? Das ertrag' ich.
Schon immer war ich ihr in unverbrüchlicher Treue nah.
Was nun, wenn vielleicht noch ein Wunder an mir
daß sie mich schließlich doch gerne sieht? |geschieht,
Sofort werde ich den nicht (mehr) beneiden,

swer giht, daz ime an fröiden sî gelungen baz:
der habe im daz.

5 Diu jâr diu ich noch ze lebenne hân,
swie vil der wære, ir wurde ir niemer tac genomen.
sô gar bin ich ir undertân,
daz ich niht sanfte ûz ir gnâden mohte komen.
ich fröuwe mich des, daz ich ir dienen sol.
si gelônet mir mit lîhten dingen wol,
geloube eht mir, swenne ich ir sage
die nôt, die ich an dem herzen von ir schulden trage
dicke an dem tage.

7

1 Swaz ich nu niuwer mære sage,
des endarf mich nieman frâgen. ich enbin niht vrô.
die friunt verdriezet mîner klage.
des man ze vil gehœret, dem ist allem sô.
nû hân ich beidiu schaden unde spot.
waz mir doch leides unverdienet, daz bedenke got,
und âne schult geschiht!
ich engelige herzeliebe bî,
sône hât an mîner fröide nieman niht.

2 Die hôchgemuoten zîhent mich,
ich minne niht sô sêre, als ich gebâre, ein wîp.
si liegent und unêrent sich.
si was mir ie gelîcher mâze sô der lîp.
nie getrôste sî dar under mir den muot.
der ungenâden muoz ich, unde des si mir noch tuot,
erbeiten, als ich mac.

der sagt, ihm sei ein größeres Glück zuteil geworden.
Soll er's doch haben!

5 Die Jahre, die ich noch zu leben habe,
– wie viele es auch sein mögen –: ihr würde kein
einziger Tag genommen.
So sehr bin ich ihr undertan,
daß ich nicht leicht aus ihrer Huld kommen könnte.
Ich freue mich darüber, daß ich ihr dienen darf.
Sie belohnt mich freilich mit unbedeutenden Dingen,
wenn ich – sie möge mir glauben – von der Qual
die ich ihretwegen den ganzen Tag über | erzähle,
in meinem Herzen herumtrage.

7

1 **W**as immer ich jetzt Neues berichte,
danach darf mich niemand fragen. Ich bin nicht froh.
Die Freunde sind meiner Klage überdrüssig –
wovon man zu viel hört, damit ist es halt so.
Nun habe ich beides, Schaden und Spott dazu.
Was mir doch an unverdientem Leid – darauf besinne
und ohne Schuld widerfährt! | sich Gott –
Wenn ich nicht bei meiner Herzallerliebsten liegen darf,
so hat niemand Freude von mir.

2 Die Übergescheiten kritisieren mich,
ich liebe jene Frau nicht so sehr, wie ich vorgebe.
Sie lügen und tun sich Unehre an.
S i e war mir schon immer genau so teuer wie mein
Doch nie tröstete sie mir dabei mein Herz | Leben.
Diese Ungunst – und was sie mir sonst noch antut –
muß ich ertragen, so gut ich kann.

mir ist eteswenne wol gewesen.
gewinne aber ich nu niemer guoten tac?

3 Sô wol dir, ›wîp‹, wie rein ein nam!
wie sanfte er doch z'erkennen und ze nennen ist!
ez wart nie niht sô lobesam,
swâ dûz an rehte güete kêrest, sô du bist.
dîn lop mit rede nieman volenden kan.
swes dû mit triuwen pfligest wol, der ist ein sælic man
und mac vil gerne leben.
dû gîst al der welte hôhen muot.
maht ouch mir ein wênic fröide geben!

4 Zwei dinc hân ich mir für geleit,
diu strîtent mit gedanken in dem herzen mîn:
ob ich ir hôhen wirdekeit
mit mînem willen wolte lâzen minre sîn,
oder ob ich daz welle, daz si grœzer sî
und sî vil sælic wîp bestê mîn und aller manne frî.
die tuont mir beide wê.
ich enwirde ir lasters niemer frô.
vergêt si mich, daz klage ich niemer mê.

5 Ob ich nu tuon und hân getân,
daz ich von rehte in ir hulden solte sîn,
und sî vor aller werlde hân,
waz mac ich des, vergizzet sî darunder mîn?
swer nu giht, daz ich ze spotte künne klagen,
der lâze im beide mîn rede singen unde sagen
....
unde merke, wâ ich ie spreche ein wort,
ezn lige, ê ichz gespreche, herzen bî.

Davor ist mir gelegentlich Besseres widerfahren.
Werde ich nun nie mehr eine angenehme Zeit erleben?

3 Gepriesen seist du, ›Frau‹ – welch herrlicher Name!
Wie wohlgefällig er doch zu erkennen und auszu-
sprechen ist.
Niemals gab es so etwas Rühmenswertes,
wenn du dich auf dein rechtes Wesen besinnst.
Dein Preis kann niemand mit Worten ganz erfassen.
Wen du mit deiner Treue annimmst, der ist ein
der sehr freudvoll leben kann. | glücklicher Mann,
Du gibst der ganzen Welt hohen, belebenden Sinn.
Kannst du auch mir ein wenig Freude geben?

4 Zwei Fragen habe ich mir vorgelegt;
die streiten mit Gedanken in meinem Herzen:
ob ich ihren hohen Wert
willentlich geringer machen sollte,
oder ob ich will, daß sie noch wertvoller sei
und sie, die glückselige Frau, von mir und allen Män-
Beides schmerzt mich. | nern unbehelligt bleibe.
Ihre Herabminderung ließe mich nie froh werden.
Übergeht sie mich aber – werde ich das immerzu
beklagen.

5 Wenn ich nun das tue und getan habe,
damit ich zu Recht in ihrer Gunst sein sollte,
und ich sie über alles in der Welt erhebe –
was kann ich dafür, wenn sie mich dabei vergißt?
Wer nun sagt, daß ich nur zum Scherz klagen könne,
der lasse sich mein Gedicht vorsingen und vorsagen
....
und zeige mir, wo ich jemals ein Wort gesagt habe,
das nicht, bevor ich es aussprach, in meinem Herzen
war.

8

1 Ein wîser man sol niht ze vil
versuochen noch gezîhen, dêst mîn rât,
von der er sich niht scheiden wil,
und er der wâren schulden doch keine hât.
swer wil al der welte lüge an ein ende komen,
der hât im âne nôt ein vil herzeclîches leit genomen.
man sol bœser rede gedagen.
frâge ouch nieman lange des,
daz er ungerne hœre sagen.

2 War umbe vüeget mir diu leit,
von der ich hôhe solte tragen den muot?
jô wirb ich niht mit kündecheit
noch dur versuochen, alsam vil maneger tuot.
ich enwart nie rehte frô, wan sô ich si sach.
sô gie von herzen gar, swaz mîn munt wider si gesprach.
sol nû diu triuwe sîn verlorn,
sô endarf ez nieman wunder nemen,
hân ich underwîlen einen kleinen zorn.

3 Si jehent, daz stæte sî ein tugent,
der andern frouwe. sô wol im, der si habe!
si hât mir fröide in mîner jugent
mit ir wol schœner zuht gebrochen abe,
daz ich unz an mînen tôt niemer sî gelobe.
ich sihe wol, swer nû vert wüetende, als er tobe,
daz den diu wîp sô minnent ê
danne einen man, der des nicht kan.
ich ensprach in nie sô nâhe mê.

8

1 Ein kluger Mann soll nicht zu sehr die Frau
auf die Probe stellen oder beschuldigen – das rat ich –,
von der er sich nicht trennen will
und die daran auch keine echte Schuld hat.
Wer der ganzen Welt Lügenhaftigkeit entlarven will,
der hat ohne Grund ein tiefes Leid auf sich genommen.
Man soll bösartiges Gerede einfach übergehen.
Man frage auch niemand lange nach dem,
was einer ungern sagen hört.

2 Warum fügt die mir Leid zu,
durch die ich freudig gestimmt sein sollte?
Wahrhaftig, ich werbe nicht mit List
und auch nicht probeweise, wie so viele tun.
Ich wurde nie so richtig froh, außer wenn ich sie sah.
Das kam dann ganz aus dem Herzen, was ich ihr sagte.
Soll nun diese Aufrichtigkeit umsonst gewesen sein,
darf es niemanden wundern,
wenn ich bisweilen ein wenig zornig bin.

3 Sie sagen, daß Beständigkeit eine Eigenschaft
der anderen Herrin sei. Wohl ihm, der sie besitzt!
Sie hat mit ihrer höfischen Erziehung mir
in meiner Jugend Freude vergällt,
so daß ich bis an mein Lebensende sie nimmermehr preisen werde.
Ich sehe genau, daß die Frauen eher den lieben,
der sich wütend aufführt und den Tobenden spielt,
als einen Mann, der das nicht kann.
Ich trat den Frauen noch nie so nahe mit meinen Worten.

4 Ez tuot ein leit nâch liebe wê,
sô tuot ouch lîhte ein liep nâch leide wol.
swer welle, daz er frô bestê,
daz eine dur daz ander lîden sol
mit bescheidenlîcher klage und gar ân arge site.
zer werlte ist niht sô guot, daz ich ie gesach, sô guot gebite.
swer die gedulteclîchen hât,
der kam des ie mit fröiden hin.
alsô dinge ich, daz mîn noch werde rât.

5 Des einen und dekeines mê
wil ich ein meister sîn, al die wîle ich lebe;
daz lop wil ich, daz mir bestê
und mir die kunst diu werlt gemeine gebe:
daz nieman sîn leit alsô schône kan getragen.
dez begêt ein wîp an mir, daz ich naht noch tac niht kan gedagen.
nû hân eht ich sô senften muot,
daz ich ir haz ze vröiden nime.
owê, wie rehte unsanfte daz mir doch tuot!

6 Ich weiz den wec nu lange wol,
der von der liebe gât unz an das leit.
der ander, der mich wîsen sol
ûz leide in liebe, der ist mir noch unbereit.
daz mir von gedanken ist alse unmâzen wê,
des überhœre ich vil und tuon, als ich des niht verstê.
gît minne niuwan ungemach,
sô müeze minne unsælic sîn.
die selben ich noch ie in bleicher varwe sach.

4 Es tut Leid nach Freude weh,
aber es tut auch leicht Freude nach Leid gut.
Wer will, daß er froh bleibe,
soll das eine um des andern willen ertragen
mit beherrschter Klage und ohne jedes üble Gehabe.
Nichts auf der Welt – so weit ich gesehen habe – ist so gut wie geduldiges Ausharren.
Wer das hingebungsvoll pflegt,
der kam damit immer mit Erfolg zurecht.
Genauso hoffe ich, daß auch mir noch Hilfe zuteil werde.

5 In einem und keinem anderen
will ich lebenslang ein Meister sein.
Ich will, daß mir das Lob zukommt
und mir die ganze Welt diese Kunstfertigkeit zubilligt:
daß niemand sonst sein Leid auf so herrliche Weise tragen kann.
Das bewirkte eine Frau an mir, daß ich weder Tag noch Nacht schweigen kann.
Aber ich habe eine so großherzige Gesinnung,
daß ich ihren Haß als Freude nehme.
O Weh, wie sehr schmerzt mich das!

6 Ich kenne den Weg nun schone lange,
der von der Liebe zum Leid führt.
Der andere, der mich führen soll
aus dem Leid zur Liebe, ist mir noch ungeebnet.
Daß mir meine Gedankenhaftigkeit so maßlos weh tut,
übergehe ich geflissentlich und tue so, als ob ich das nicht verstehe.
Erzeugt Minne nichts als Unglück,
dann möge Minne verflucht sein!
Ich sah sie noch nie anders als in bleicher Farbe.

9

1 Sô ez iender nâhet dem tage,
sôn getar ich niht gevrâgen: ›ist ez tac?‹
daz kumt mir von sô grôzer klage,
daz ez mir niht ze helfe komen mac.
ich gedenke wol, daz ich es anders pflac
hie vor, dô mir diu sorge
sô niht ze herzen wac:
iemer an dem morgen
sô trôste mich der vogele sanc.
mirn kome ir helfe an der zît,
mirst beidiu winter und der sumer alze lanc.

2 Ime ist vil wol, der mac gesagen,
daß er sîn liep in senenden sorgen lie.
nu muoz ab ich ein anderz klagen:
ich gesach ein wîp nâch mir getrûren nie!
swie lange ich was, sô tet si doch ie:
diu nôt mir underwîlent
reht an mîn herze gie.
und wære ich ander iemen
alse unmære mangen tac,
dem het ich gelân den strît.
diz ist ein dinc des ich mich niht getrœsten mac.

3 Diu liebe hât ir varnde guot
geteilet sô, daz ich den schaden hân.
des nam ich mêre in mînen muot,
danne ich von rehte solte haben getân.
doch wæne ich, sist von mir vil unverlân,
swie lützel ich der triuwen
mich anderhalp enstân.
sî was ie mit fröiden

9

1 **W**enn es irgendwann auf den Tag zugeht,
wage ich nicht zu fragen: ›Ist es Tag?‹
Das kommt mir von so überaus großer Klage,
daß mich überhaupt nichts trösten kann.
Ich weiß genau, daß es mir anders ging
– hiervor –, als mich diese Sorge
nicht so in meinem Herzen bedrängte:
(denn) immer morgens
tröstete mich der (herrliche) Vogelsang.
Wenn er mir nicht rechtzeitig zu Hilfe kommt,
sind mir beide, Sommer und Winter, viel zu lang.

2 Dem geht es sehr gut, der sagen kann,
daß er sein Geliebte in Sehnsucht zurückließ.
Ich aber muß etwas anderes beklagen:
ich sah noch nie eine Frau nach mir trauern!
Wie lange ich auch schon lebe, das erfuhr ich noch nie.
Dieses Leid bedrückte mich zuweilen
tief in meinem Herzen.
Denn wenn ich jemand anderem
so manchen Tag gleichgültig wäre,
dem hätte ich das nicht vorgehalten.
So aber ist das eine Sache, die mich untröstlich macht.

3 Die Liebe hat ihre schwankendes Gut
so aufgeteilt, daß ich den Schaden habe.
Davon nahm ich mehr in mein Herz auf,
als ich klugerweise hätte tun sollen.
Aber mir scheint, sie (die Dame) bleibt mir unvergessen,
wie wenig an Treue ich auch
andererseits von ihr verspüre.
Sie lebte schon immer in Freuden

und lie mich in den sorgen sîn:
alsô vergie mich al diu zît.
ez taget mir leider selten nach dem wilen mîn.

4 Diu welt verswîget mîniu leit
und saget vil lützel iemer, wer ich bin.
ez dunket mich unsælikeit,
daz ich mit triuwen allen mînen sin
bewendet hân, dar es mich dunket vil,
und mir der besten einiu
des niht gelouben wil.
ez wart von unschulden
nieman sô rehte wê.
got helfe mir, deich mich bewar,
daz ich ûz ir hulden kome niemer mê.

5 ›Owê trûren unde klagen!
wie sol mir dîn mit fröiden werden buoz?
mir tuot vil wê, deich dich muoz tragen:
du bist ze grôz, doch ich dich lîden muoz.
die swære wendet nieman, er entuoz,
den ich mit triuwen meine.
gehôrt ich sînen gruoz,
daz er mir nâhen læge,
sô zergienge gar mîn nôt.
sîn fremeden tuot mir den tôt
und machet mir die ougen dicke rôt.‹

10

1 ›Si jehent, der sumer der sî hie,
diu wunne diu sî komen,
und daz ich mich wol gehabe als ê.
nu râtent unde sprechent wie.

und ließ mich in meinen Sorgen (zurück).
Auf diese Weise ging die Zeit an mir vorbei.
Kein Tag verläuft nach meinem Willen.

4 Die Welt übergeht mein Leid
und sagt überhaupt nicht, wer ich bin.
Es scheint mir ein Unheil,
daß ich aufrichtig mit meinem ganzen Verstand
mich dorthin gewendet habe, wo es mir sinnvoll schien
und daß mir eine der besten Damen
das nicht glauben will.
Ohne Verschulden wurde
noch niemandem so viel Leid angetan.
Gott hilf mir, daß ich mich davor schütze,
daß ich niemals ihre Gunst verliere.

5 ›O Weh, Trauern und Klagen!
Wie soll ich mit Freude dir zum Heil verhelfen?
Mich schmerzt es sehr, dich ertragen zu müssen.
Du bist zu stark, (und) doch ich muß dich meistern.
Dieses Leid nimmt niemand von mir, es sei denn,
den ich aufrichtig liebe. | er (der Geliebte) tut es,
Hörte ich seine Botschaft,
daß er (bald) bei mir liegen werde,
so verginge mit einem Male meine Not.
Sein Fernsein bringt mir den Tod
und macht mir die Augen oft rot.‹

10

1 ›Sie sagen, der Sommer der sei da,
die Freude, die sei gekommen,
und ich solle fröhlich sein wie früher.
Nun ratet und sagt mir aber: wie?

der tôt hât mir benomen,
daz ich niemer überwinde mê.
waz bedarf ich wunneclîcher zît,
sît aller vröiden hêrre liutpolt in der erde lît,
den ich nie tac getrûren sach?
ez hât diu welt an ime verlorn,
daz ir an einem mann nie
sô jâmerlîcher schade geschach.

2 Mir armen wîbe was ze wol,
swenne ich gedâhte an in,
wie mîn heil an sîme lîbe lac.
sît ich des nû niht haben sol,
sô gât mit jâmer hin,
swaz ich iemer nû geleben mac.
der spiegel mîner vröide ist verlorn.
den ich ûz al der welte mir ze trôste hâte erkorn,
des muoz ich âne sîn.
dô man mir seite, er wære tôt,
dô wiel mir daz bluot
von dem herze ûf die sêle mîn.

3 Die vröide mir verboten hât
mîns lieben hêrren tôt
alsô, daz ich ir mêr enbern sol.
sît des nu niht mac werden rât,
in ringe mit der nôt,
daz mir mîn klagedez herze ist jâmers vol.
diu in iemer weinet, daz bin ich;
wan er vil sælic man, jô trôste er wol ze lebenne mich,
der ist nu hin; waz tohte ich hie?
wis ime gnædic, hêrre got!
wan tugenthafter gast
kam in dîn gesinde nie.‹

Der Tod hat mir genommen,
was ich nie mehr verwinden werde.
Was nützt mir die herrliche Jahreszeit,
da die Krone aller Freude, Leopold, in der Erde liegt,
den ich keinen einzigen Tag traurig sah?
Die Welt hat an ihm so viel verloren,
daß noch nie an einem Mann ein größerer
Verlust zu beklagen war.

2 Mir armer Frau ging es zu gut,
wenn ich an ihn dachte,
wie mein Glück von seinem Leben abhing.
Da ich das nun nicht mehr haben soll,
geht in Kummer dahin,
was immer mir noch an Lebenszeit bleibt.
Der Spiegel meiner Freude ist zerbrochen.
Den ich vor allen mir zum Trost auserwählt hatte,
auf ihn muß ich nun verzichten.
Als man mir sagte, er sei tot,
da wallte mir das Blut
vom Herzen auf meine Seele über.

3 Alle Freude ist mir genommen
durch den Tod meines lieben Herren,
so daß ich für immer auf sie verzichten muß.
Da es nun keinen Ratschluß geben kann,
quäle ich mich mit dem Leid,
daß mein klagendes Herz voller Schmerz ist.
Die ihn immer beweinen wird, bin ich;
denn der selige Mann, der mich zu Lebzeit tröstete,
ist nun dahin. Zu was tauge ich noch hier?
Sei ihm gnädig, Herrgott!
Denn kein edlerer Gast
kam jemals in dein Gefolge.

11

1 **D**es tages dô ich daz kriuze nam,
dâ huote ich der gedanke mîn,
als ez dem zeichen wol gezam
und als ein rehter bilgerîn.
dô wânde ich si ze got alsô bestæten,
daz si iemer vuoz ûz sîme dienste mêr getræten.
nu wellent si aber ir willen hân
und ledeclîche varn als ê.
diu sorge diu ist mîn eines niet,
si tuot ouch mêre liuten wê.

2 Noch vüere ich aller dinge wol,
wan daz gedanke wellent toben.
dem gote dem ich dâ dienen sol,
den enhelfent sî mir niht sô loben,
als ichs bedörfte und ez mîn sælde wære.
si wellent noch allez wider an diu alten mære
und wænent, daz ich noch fröide pflege,
als ich ir eteswenn pflac.
daz wende, muoter unde maget,
sît ichs in niht verbieten mac!

3 Gedanken nu wil ich niemer gar
verbieten – dês ir eigen lant –;
in erloube in eteswenn dar
und aber wider sâ zehant.
sô si unser beider vriunde dort gegrüezen,
sô kêren dan und helfen mir die sünde büezen,
und sî in allez daz vergeben,

11

1 Am Tage, als ich das Kreuz nahm,
da achtete ich auf meine Gedanken,
wie es dem Zeichen wohl zukommt
und als ein rechtschaffener Pilger.
Damals glaubte ich, sie Gott gegenüber so zu auszurichten,
daß sie niemals auch nur einen Fußbreit aus seinem Dienst träten.
Nun wollen sie aber ihren eigenen Willen behalten
und sich frei bewegen wie früher.
Dieses Problem habe ich nicht allein;
es macht auch anderen Leuten zu schaffen.

2 Noch führe ich alle Angelegenheiten gut aus,
wenn nur nicht die Gedanken verrückt spielten.
Den Gott, dem ich dort dienen soll,
helfen sie mir nicht so preisen,
wie ich es sollte und wie es meinem Seelenheil diente.
Sie wollen wieder zu den alten Gewohnheiten zurück
und meinen, daß ich immer noch weltlichen Freuden zugetan bin,
wie ich es früher war.
Das wende ab, Mutter und Jungfrau,
nachdem ich nicht ihrer Herr bin!

3 Die Gedanken will ich niemals vollständig
verbieten – sie haben ihr eigenes Reich –;
ich erlaube ihnen, zuweilen dorthin zu gehen,
aber dann auch wieder zurück.
Wenn sie unser beider Freunde dort gegrüßt haben,
dann sollen sie zurückkehren und helfen, mir meine Sünden zu büßen.

swaz sî mir haben her getân.
doch fürhte ich ir betrogenheit,
daz sî mich dicke noch bestân.

4 Sô wol dir, fröide, und wol im sî,
der dîn ein teil gewinnen mac.
swie gar ich dîn sî worden frî,
doch sach ich eteswenne den tac,
daz dû über naht in mîner pflege wære.
des hân ich aber vergezzen nû mit maniger swære.
die stîge sint mir abe getreten,
die mich dâ leiten hin an dich.
mirn hulfe niemen wider ze wege,
ern hete mînen dienst und ouch mich.

Wolfram von Eschenbach

1

1 **D**en morgenblic bî wahtæres sange erkôs
ein frouwe, dâ si tougen
an ir werden friundes arm lac.
dâ von si der vreuden vil verlôs.
des muosen liehtiu ougen
aver nazzen. sî sprach: ›owê tac!
wilde und zam daz fröwet sich dîn
und siht dich gern, wan ich eine. wie sol ez mir ergên!
nu enmac niht langer hie bî mir bestên
mîn friunt. den jaget von mir dîn schîn.‹

Und so sei ihnen alles vergeben,
was sie mir bisher auch angetan haben.
Aber, ich fürchte ihre Verschlagenheit,
daß sie mich noch oft in Verlegenheit bringen.

4 Preis dir, Freude, und hoch gepriesen sei,
wer von dir etwas erlangen kann.
Obwohl ich dich vollkommen entbehren kann,
erlebte ich früher eine Zeit,
in der du über Nacht bei mir warst.
Das aber habe ich jetzt über so viel Kümmernis
Die Wege sind mir verlegt, | vergessen.
die mich zu dir führten.
Niemand würde mir wieder die Wege weisen,
wenn er nicht meinen Dienst und mich hätte.

Wolfram von Eschenbach

1

1 **D**as erste Morgenlicht nahm beim Warngesang des
eine Frau wahr, dort wo sie heimlich | Wächters
in den Armen ihres edlen Geliebten lag.
Dadurch verlor sie ihr ganzes Glück.
Deshalb mußten sich ihre hellen Augen
wieder mit Tränen füllen. Sie sprach: ›O Weh, Tag!
alles, was lebt, erfreut sich deiner,
sieht dich sehnsüchtig kommen, nur ich nicht. Was soll
nur aus mir werden?
Nun darf nicht länger hier bei mir bleiben
mein Geliebter. Den jagt dein Licht von mir.‹

2 Der tac mit kraft al durch die venster dranc.
vil slôze sî besluzzen.
daz half niht. des wart in sorge kunt.
diu vriundîn den vriunt vast an sich dwanc.
ir ougen diu beguzzen
ir beider wangel. sus sprach zim ir munt:
›zwei herze und ein lîp hân wir.
gar ungescheiden unser triuwe mit ein ander vert.
der grôzen liebe der bin ich vil gar verhert,
wan sô du kumest und ich zuo dir.‹

3 Der trûric man nam urloup balde alsus.
ir liehten vel, diu slehten,
kômen nâher, swie der tac erschein.
weindiu ougen, süezen frouwen kus!
sus kunden sî dô vlehten
ir munde, ir bruste, ir arme, ir blankiu bein.
swelch schiltær entwurfe daz,
gesellecîiche als si lâgen, des wære ouch dem genoug.
ir beider liebe doch vil sorgen truoc.
si pflâgen minne ân allen haz.

2

1 »Sîne klâwen
durch die wolken sint geslagen;
er stîget ûf mit grôzer kraft,
ich sihe in grâwen
tegelîch, als er wil tagen,
den tac, der im geselleschaft
erwenden wil, dem werden man,

2 Der Tag drang mit seiner vollen Kraft durch die Fenster.
Die Liebenden hatten sie fest verschlossen.
Doch das half nichts. Sie erkannten die schlimme Lage.
Die Geliebte drückte den Geliebten fest an sich.
Ihre Augen benetzten
ihrer beider Wangen. Darauf sprach sie zu ihm:
›Zwei Herzen, aber doch nur einen Leib haben wir.
Unzertrennbar ist unsere Treue auch auf getrennten Wegen.
Meines ganzen Glückes bin ich brutal beraubt,
es sei denn, wir finden wieder zusammen.‹

3 Der traurige Mann nahm schnell Abschied.
Ihre hellen, schönen Körper
kamen zueinander, obwohl der Tag nun ganz da war.
Weinende Augen, Kuß einer liebenden Frau!
So verflochten sie da
Mund, Brust, Arme und ihr hellen Beine ineinander.
Welcher Maler stellte das dar,
wie sie miteinander vereinigt da lagen – der hätte viel zu tun.
Ihr Glück trug dennoch die Last großer Sorgen.
Sie gaben sich vollkommen der Liebe hin.

2

1 »Seine Klauen
sind durch die Wolken geschlagen;
er steigt auf mit großer Kraft.
Ich sehe ihn grauen,
taggleich, wie er tagen wird,
den Tag, der ihm das Zusammensein mit der Geliebten
entziehen will, dem edlen Mann,

den ich mit sorgen în verliez.
ich bringe in hinnen, ob ich kan.
sîn vil manigiu tugent mich daz leisten hiez.«

2 ›Wahtær, du singest,
daz mir manige freude nimt
und mêret mîne klage.
mær du bringest,
der mich leider niht gezimt,
immer morgens gegen dem tage.
diu solt du mir verswîgen gar!
daz gebiut ich den triuwen dîn.
des lôn ich dir, als ich getar,
sô belîbet hie der geselle mîn.‹

3 »Er muoz et hinnen
balde und ân sûmen sich.
nu gip im urloup, süezes wîp.
lâze in minnen
her nâch sô verholne dich,
daz er behalte êre und den lîp.
er gap sich mîner triuwe alsô,
daz ich in bræhte ouch wider dan.
ez ist nu tac. naht was ez, dô
mit drucken an die brust dîn kus mir in an gewan.«

4 ›Swaz dir gevalle,
wahtaer, sinc und lâ den hie,
der minne brâht und minne enpfienc.
von dînem schalle
ist er und ich erschrocken ie,
sô ninder der morgenstern ûf gienc
ûf in, der her nâch minne ist komen,

den ich sorgenvoll eingelassen habe.
Ich bringe ihn wieder fort, wenn ich es kann.
Sein edles Wesen hieß mich, dies zu tun.«

2 ›Wächter, du besingst,
was mir so viel Glück nimmt
und mein Leid nur vermehrt.
Du bringst Nachricht,
die mich schmerzlich berührt –
immer morgens bei Tagesanbruch.
Die solltest du mir ganz verschweigen!
Das gebiet ich deiner Treue.
Deshalb werde ich dich belohnen, wie ich es kann,
und so bleibt mein Geliebter bei mir.‹

3 »Er muß fort,
sogleich und ohne Zögern.
Verabschiede ihn, liebliche Frau.
Laß ihn später
dich in aller Heimlichkeit so lieben,
daß er Ansehen und Leben behalten werde.
Er vertraute sich meiner Fürsorge so an,
daß ich ihn auch wieder sicher wegführen werde.
Nun ist es Tag! – Nacht war es, als
in der Umarmung dein Kuß mir ihn anvertraute.«

4 ›Was auch immer dir gefalle,
Wächter, singe – aber laß ihn hier,
der Liebe gab und Liebe empfing.
Von deinem Hornton
sind er und ich immer schon erschrocken,
wenn noch nicht der Morgenstern aufgegangen war

noch ninder lûhte tages lieht.
du hâst in dicke mir benomen
von blanken armen und ûz herzen niht.

5 Von den blicken,
die der tac tete durch diu glas,
und dô wahtære warnen sanc,
si muose erschricken
durch den, der dâ bî ir was.
ir brüstelîn an brust si dwanc.
der ritter ellens niht vergaz.
des wold in wenden wahtærs dôn.
urloup nâh und nâher baz
mit kusse und anders gap in minne lôn.

3

1 »Von der zinnen
wil ich gên, in tagewîse
sanc verbern.
die sich minnen
tougenlîche, und obe si prîse
ir minne wern,
sô gedenken sêre
an sîne lêre,
dem lîp und êre
ergeben sîn.
der mich des bæte,
deswâr ich tæte
ime guote ræte
und helfe schîn.
ritter, wache, hüete dîn!

über ihm, der im Minnebegehren hierher kam,
und noch nirgends das Tageslicht aufleuchtete.
Du hast ihn mir oft genommen
aus meinen nackten Armen – nicht aber aus meinem
Herzen.‹

5 Von den hellen Strahlen,
die der Tag durch die Fenster warf
und dem Warngesang des Wächters,
mußte sie erschrecken
um den, der noch bei ihr war.
Ihre zarten Brüste drückte sie an seine Brust.
Der Ritter zeigte noch einmal seine Manneskraft.
Daran wollte ihn des Wächters Lied hindern.
Der Abschied – immer näher rückend –
gab ihnen mit Kuß und anderem den Lohn der Liebe.

3

1 »Von der Zinne
werde ich nun gehen, und mit diesem Tagelied
meinen (Wächter-) Gesang beenden.
Diejenigen, die sich im Verborgenen lieben
– und auch wenn sie ihre
gegenseitige Wertschätzung ehrt –,
sollen doch eindringlich
an dessen Mahnung denken,
dem sie Leben und Ansehen
anvertraut haben.
Wer mich darum ersuchte,
wahrlich, ich gäbe ihm
einen guten Ratschlag
und böte ihm meine Hilfe an.
Ritter, wach' auf, sieh dich vor!

2 Niht verkrenken
wil ich aller wahter triuwe
an werden man.
niht gedenken
solt du, frouwe, an scheidens riuwe
ûf kunfte wân.
ez wære unwæge
swer minne pflæge,
daz ûf im læge meldes last.
ein sumer bringet,
daz mîn munt singet:
durch die wolken dringent
tagender glast.
hüete dîn, wache, süezer gast!«

3 Er muos eht dannen,
der si klagen ungerne hôrte.
doch sprach sîn munt:
›allen mannen
trûren nie sô gar zerstôrte
ir fröiden vunt.‹
swie balde ez tagete,
der unverzagete
an ir bejagete,
daz sorge in vlôch.
unfrömedez rucken,
gar heinlîch smucken,
ir brüstel drucken
und mê dannoch
urloup gap, des prîs was hôch.

4

1 **D**er helden minne ir klage
du sunge ie gên dem tage:

2 Nicht in Verruf bringen
will ich die Treue aller Wächter
bei diesem edlen Mann.
Nicht denken
sollst du, Herrin, an den Abschiedsschmerz,
denn du hast die Hoffnung auf seine Rückkehr.
Es wäre unangemessen,
wenn – wer sich der Liebe hingibt –
auf ihm noch die Last der Warnung vor dem Tagesanbruch läge.
Der Sommer macht es,
daß ich singe:
durch die Wolken dringt
der Glanz des anbrechenden Tages.
Sieh dich vor, wach' auf, edler Gast!«

3 Er mußte nun doch fort,
der sie höchst ungern klagen hörte.
Da sagte er:
»Noch keinem Mann
zerstörte der Abschiedsschmerz so völlig
das genossene Liebesglück.«
Obwohl der Tag rasch heraufzog,
erlangte der Unverzagte
durch sie,
daß Kummer von ihm wich.
Vertrauliches Zusammenrücken,
eng umschließendes Drücken,
Streicheln ihrer Brüste
und mehr noch
schenkte der kostbare Moment des Abschieds.

4

1 **D**ie Klage der heimlichen Liebe
sangst du von jeher am Morgen:

daz sûre nâch dem süezen.
swer minne und wîplîch grüezen
alsô enpfienc,
daz si sich muosen scheiden
– swaz dû dô riete in beiden,
dô ûf gienc
der morgensterne –, wahtære, swîc!
dâ von niht gerne sinc!

2 Swer pfliget oder ie gepflac,
daz er bî lieben wîbe lac,
den merkæren unverborgen,
der darf niht durch den morgen
dannen streben.
er mac des tages erbeiten.
man darf in niht ûz leiten
ûf sîn leben.
ein offeniu süeze wirtes wîp
kan sölhe minne geben!

5

1 »Ez ist nu tac! daz ich wol mac mit wârheit jehen.
ich wil niht langer sîn.«
›diu finster naht hât uns nu brâht ze leide mir
den morgenschîn.
sol er von mir scheiden nuo,
mîn vriunt, diu sorge ist mir ze vruo.
ich weiz wol, daz ist ouch ime,
den ich in mînen ougen gerne burge,
möht ich in alsô behalten.
mîn kumber wil sich breiten:
owê des, wie kumt ers hin?
der hôhste vride müeze in noch an mînen arn geleiten.‹

das Bittere nach dem Angenehmen.
Wer immer Liebe und zärtliches Entgegenkommen
derart empfing,
daß die Liebenden sich bald trennen mußten
– was du ihnen rietest,
als der Morgenstern aufging –,
ach, Wächter schweig!
Davon singe nicht mehr!

2 Wer es aber fertig brachte und weiter fertig bringt,
bei der Geliebten zu liegen,
vor den Aufpassern nicht verborgen,
der muß nicht des (angebrochenen) Tages wegen
von dannen hasten.
Er kann den Tag ruhig erwarten.
Man muß ihn nicht wegführen
unter Gefahr für sein Leben.
Eine rechtmäßig geliebte Ehefrau
vermag solche Liebe zu geben!

5

1 »Tag ist es jetzt! Das muß ich deutlich verkünden.
Ich werde nicht länger über euch wachen.«
›Die finstere Nacht hat uns jetzt und mir zum Schmerz
die ersten Morgenstrahlen beschert.
Wird er sich jetzt von mir trennen,
mein Geliebter, dann kommt mir dieser Kummer zu früh.
Ich weiß genau, das geht auch ihm so,
den ich in meinen Augen liebend gern verbergen wollte,
könnt ich ihn auf diese Weise behalten.
Mein Schmerz wird größer werden:
O Weh darüber, wie kommt er davon?
Gottes Schutz möge ihn noch einmal in meine Arme führen.‹

2 Daz guote wîp ir vriundes lîp vaste umbevie:
der was entslâfen dô.
dô daz geschach, daz er ersach den grâwen tac,
dô muoste er sîn unvrô.
an sîne bruste dructe er si
und sprach: »jôn erkande ich nie
kein trûric scheiden alsô snel,
und ist diu naht von hinnen balde.
wer hât sî sô kurz gemezzen?
der tac wil niht erwinden.
hât minne an sælden teil,
diu helfe mir, daz ich dich noch mit vröiden müeze vinden.«

3 Si beide luste, daz er kuste sî genuoc.
gevluochet wart dem tage.
urloup er nam, daz dâ wol zam, nu merket wie:
dâ ergie ein schimpf bî klage.
si hâten beide sich bewegen,
ez enwart sô nâhen nie gelegen,
des noch diu minne hât den prîs.
ob sunnen drî mit blicke wæren,
sine möhten zwischen sî geliuhten.
er sprach: »nu wil ich rîten.
dîn wîplich güete neme mîn war
und sî mîn schilt hiute hin und her noch zallen zîten.«

4 Ir ougen naz dô wurden baz. ouch twanc in klage:
er muoste von ir.
si sprach hin zime: ›urloup ich nime ze vröiden mîn.
diu wil gar von mir.
sît ich vermîden muoz
dînen munt, der manigen gruoz

2 Die edle Frau nahm ihren Geliebten fest in ihre Arme:
der war dort eingeschlafen.
Als er aber den grauen Tag erblickte,
befiel ihn Traurigkeit.
Er drückte sie an seine Brust
und sagte: »Noch nie mußte ich
so plötzlich schmerzliches Abschiednehmen
und so schnelles Vergehen der Nacht erfahren.
Wer hat sie so kurz bemessen?
Der Tag will sich nicht aufhalten lassen.
Wenn Liebe Teil höchster Glückseligkeit ist,
dann helfe sie mir, daß ich dich jemals in Freude wiederfinde.«

3 Es gelüstete sie beide, daß er sie unzähligmal küßte.
Der Tag wurde verflucht.
Abschied nahm er, wie es sich gehört, aber hört nun wie:
da geschah (erotische) Kurzweil trotz des Kummers!
Sie waren beide entschlossen,
so nahe beieinander zu liegen wie nie zuvor ein Liebespaar,
wofür die Liebe noch heute gepriesen wird.
Und wenn es auch drei Sonnen mit Strahlen gäbe,
sie vermöchten nicht zwischen sie zu leuchten.
Er sprach: »Jetzt muß ich fort reiten.
Deine weibliche Vollkommenheit nehme mich in Obhut
und sei mein Schutzschild heute und für immer.«

4 Ihre Augen wurden immer nässer. Auch ihn zwang der Kummer:
er mußte fort von ihr.
Sie sprach zu ihm: ›Ich nehme Abschied von meinem Glück.
Das will mich vollkommen verlassen.
Da ich nun auf deinen Mund
verzichten muß, der oft mich freundlich ansprach,

mir bôt unde ouch dîn kus,
alse in dîn ûzerwelte güete lêrte
und dîn geselle, dîn triuwe:
weme wiltu mich lâzen?
nu kum schiere wider ûf rehten trôst!
owê dur daz mac ich strenge sorge niht gelâzen.‹

6

1 Ursprinc bluomen, loub ûz dringen
und der luft des meigen urbort vogel ir alten dôn.
eteswenne ich kan niuwez singen,
sô der rîfe liget, guot wîp, noch allez ân dîn lôn.
die waltsinger und ir sanc
nâch halbem sumers teile in niemannes ôre enklanc.

2 Der blicl̂îchen bluomen glesten
- sô des touwes anehanc – erliuternt, swâ si sint,
vogel die hellen und die besten:
al des meigen zît si wegent mir gesange ir kint.
dô slief niht diu nahtegal.
nu wache aber ich und singe ûf berge und in dem tal

3 Mîn sanc wil genâde suochen
an dich, güetelîch wîp: nu hilf, sît helfe ist worden
dîn lôn dienstes sol geruochen,
daz ich iemer bitte und biute unz an mînen tôt.
lâze mich von dir nemen den trôst,
daz ich ûz mînem langen klagen werde erlôst.

und auch auf deinen Kuß,
wie er Dank deiner glänzenden Erziehung dir eigen war,
und auf deinen Begleiter – deine Treue –:
wessen Schutz willst du mich anvertrauen?
Nun kehre bald wieder zu wahrem Trost!
O Weh, das alles vermag nicht meine gewaltige Sorge zu vertreiben.‹

6

1 **D**as Hervorbrechen der Blumen, das Vordrängen der Blätter
und die Maienluft bringen der Vögel altbekannten Gesang hervor.
Ich aber kann manchmal etwas Neues singen,
wenn noch der Reif liegt, edle Frau, und noch ohne Belohnung.
Die Waldsänger und ihr Gesang jedoch
sind nach der Mitte des Sommers verklungen.

2 Der anhängende Tau wird das Leuchten der blinkenden
Blumen noch klarer machen, wo immer sie auch sind.
Die Vögel, die hell tönenden und schönsten,
wiegen in der ganzen Maienzeit mit Gesang ihre Kinder.
Damals schlief auch nicht die Nachtigall.
Jetzt bin ich wach und singe auf Bergeshöh' und im Tal.

3 Mein Lied will Erhörung bei dir suchen,
gütige Frau: nun hilf, weil ich der Hilfe bedarf.
Dein (Minne-) Lohn soll meinen Dienst vergelten,
den ich allzeit leiste und erbieten werde bis zum Tod.
Laß mich von dir die Hoffnung gewinnen,
daß ich aus meinem langen Klagen einmal erlöst werde.

4 Guot wîp, mac mîn dienst ervinden,
ob dîn helflîch gebot mich vröiden welle wern,
daz mîn trûren müeze swinden
und ein liebez ende an dir bejagen mîn langez gern?
dîn güetlîch gelâz mich twanc,
daz ich dir beide guot singe al kurz oder wiltu lanc.

5 Werdez wîp, dîn süeze güete
und dîn minneclîcher zorn hât mir vröide vil erwert.
maht dû trœsten mîn gemüete?
wan ein helfelîchez wort von dir mich sanfte ernert.
mache wendic mir mîn klagen,
sô daz ich werde grôz gemuot bî mînen tagen.

Walther von der Vogelweide

Geistliches, Politisches, Persönliches (1–14)

1

Mit sælden müeze ich hiute ûf stên,
got hêrre, in dîner huote gên
und rîten, swar ich in dem lande kêre.
Krist hêrre, lâz mir werden schîn
die grôzen kraft der güete dîn,
unt pflic mîn wol dur dîner muoter êre.
als ir der heilig engel pflæge,
unt dîn, der in der krippen læge,
junger mensch und alter got,
dêmüetic vor dem esel und vor dem rinde,
und doch mit sældenrîcher huote

4 Edle Frau, vermag mein Dienst je erreichen
– wenn deine hilfreiche Macht mir Freude gewährt –,
daß mein Trauern schwinden wird
und ein mein langes Begehren ein glückliches Ende an dir findet?
Deine schöne Erscheinung bezwang mich,
daß ich ich dir zweifach schön singe, entweder ganz kurz oder wenn du willst lang.

5 Hohe Frau, dein holdseliges Wesen
und deine liebreizende Heftigkeit haben mir viel Glück verwehrt.
Wirst du mich trösten?
Denn ein helfendes Wort von dir wird mich aufs angenehmste erretten.
Vertreibe meine Klagen,
damit ich bei Lebzeiten noch frohmütig werde.

Walther von der Vogelweide

Geistliches, Politisches, Persönliches (1–14)

1

Mit Deinem Segen möge ich heute aufstehn,
Gott Herr, und unter Deinem Schutz gehen
und reiten, wohin ich mich auch im Land hinwende.
Christ Herr, erzeige mir
die große Fülle Deiner Güte
und behüte mich um Deiner Mutter Ehre willen.
Wie ihr der heilige Engel (Gabriel) beistand
und dir, der in der Krippe lag,
– junger Mensch und alter Gott –
demütig vor dem Esel und dem Rind,
und dem doch mit segensreicher Fürsorge

pflac dîn Gabriêl der guote
wol mit triuwen sunder spot –
als pflig ouch mîn, daz an mir iht erwinde
daz dîn vil götelîch gebot.

2

Nû wachet! uns gêt zuo der tac,
gein dem wol angest haben mac
ein ieglich kristen, juden unde heiden.
wir hân der zeichen vil gesehen,
dar an wir sîne kunft wol spehen,
als uns die schrift mit wârheit hât bescheiden.
diu sunne hât ir schîn verkêret,
untriuwe ir sâmen ûz gerêret
allenthalben zuo den wegen:
der vater bî dem kinde untriuwe vindet,
der bruoder sînem bruoder liuget,
geistlich orden in kappen triuget,
die uns ze himel solten stegen.
gewalt gêt ûf, reht vor gerihte swindet.
wol ûf! hie ist ze vil gelegen!

3

Ich saz ûf eime steine
und dahte bein mit beine,
darûf satzt ich den ellenbogen;
ich hete in mîne hant gesmogen
daz kinne und ein mîn wange.
dô dâhte ich mir vil ange,
wie man zer welte solte leben.
deheinen rât kond ich mir geben,
wie man drî dinc erwurbe,

der gütige Engel Gabriel beistand,
mit reiner Treue und ohne Falsch –
so stehe auch mir bei, damit sich an mir erfülle
Deine göttliche Vorhersehung.

2

Wacht auf! Uns naht der Tag,
vor dem zu Recht Furcht haben müssen
jeder Christ, Juden und Heiden.
Wir haben viele Anzeichen gesehen,
an denen wir seine Ankunft deutlich erkennen können,
so wie es uns die Heilige Schrift wahrheitsgemäß voraussagte.
Die Sonne hat sich verfinstert,
Untreue ihre Samen ausgestreut
überall an den Wegen:
der Vater findet Untreue beim Kind,
der Bruder belügt seinen Bruder,
der geistliche Stand in seinen Priestergewändern betrügt,
der uns doch den Weg zum Himmel bahnen sollte.
Gewalt schießt hervor. Gerechtigkeit schwindet vor Gericht.
Wohlan! Hier wurde viel zu lange geschlafen!

3

Ich saß auf einem Stein
und deckte Bein mit Bein,
darauf setzte ich den Ellenbogen;
ich hatte in meine Hand das Kinn
und eine meiner Wangen geschmiegt.
So überlegte ich äußerst angestrengt,
wie man auf der Welt leben sollte.
Keinen Rat konnte ich mir geben,
wie man drei Dinge erwerben könne,

der keinez niht verdurbe.
diu zwei sint êre und varnde guot,
daz dicke ein ander schaden tuot.
daz dritte ist gotes hulde,
der zweier übergulde.
die wolte ich gerne in einen schrîn:
jâ leider desn mac niht gesîn,
daz guot und weltlich êre
und gotes huldes mêre
in einen schrîn mugen komen.
stîge und wege sint in benomen:
untriuwe ist in der sâze,
gewalt vert ûf der strâze,
fride und recht sint sêre wunt.
diu driu enhabent geleites niht, diu zwei enwerden ê gesunt.

4

Ich hôrte ein wazzer diezen
und sach die vische fliezen.
ich sach swaz in der welte was:
velt walt loup rôr unde gras.
swaz kriuchet unde fliuget
und bein zer erde biuget,
daz sach ich, unde sage iuch daz:
der keines lebet âne haz.
daz wilt und daz gewürme
die strîtent starke stürme,
sam tuont die vogel under in;
wan daz si habent einen sin:
si dûhten sich ze nihte,
si enschüefen starc gerihte.
si kiesent künege unde reht,
si setzent hêrren unde kneht.

von denen keines zugrunde gehen sollte.
Zwei sind Ansehen und weltlicher Besitz,
die sich gegenseitig schaden.
Das dritte ist Gottes Gnade,
die zwei weit überragend.
Die (drei) wollte ich gern in einen Schrein haben.
Doch ach, das kann leider nicht sein,
daß weltlicher Besitz und Ansehen
und dazu Gottes Gnade
in einem Schrein zusammen kommen.
Stege und Wege sind ihnen verwehrt:
Untreue lauert im Hinterhalt,
Gewalt zieht auf der Straße einher,
Friede und Recht sind tief verletzt.
Bevor die zwei nicht gesunden, haben die drei keinen Schutz.

4

Ich hörte ein Wasser rauschen
und sah die Fische schwimmen.
Ich sah alles, was es in der Welt gab:
Feld, Wald, Laub, Schilf und Gras.
Was kriecht und fliegt
und Beine zur Erde biegt,
das sah ich, und ich sage euch dies:
keins davon lebt ohne Feindschaft.
Das Wild und die Kriechtiere
liefern sich heftige Kämpfe,
genau so tun's die Vögel unter sich.
Aber in einem sind sie klug:
sie erschienen sich wertlos,
wenn sie nicht eine starke Rechtsordnung hätten.
Sie wählen Könige und Recht,
sie bestimmen Herren und Knechte.

sô wê dir, tiuschiu zunge,
wie stêt dîn ordenunge!
daz nû die mugge ir künec hât,
und daz nû dîn êre alsô zergât.
bekêrâ dich, bekêre.
die cirkel sint ze hêre,
die armen künege dringent dich:
Philippe setze den weisen ûf, und heiz si treten hinder sich.

5

Ich sach mit mînen ougen
manne und wîbe tougen,
dâ ich gehôrte und gesach
swaz iemen tet, swaz ieman sprach.
ze Rôme hôrte ich liegen
und zwêne künege triegen.
dâ von huop sich der meiste strît,
der ie was oder iemer sît,
dô sich begunden zweien
die pfaffen und leien.
daz was ein nôt vor aller nôt:
lîp unde sêle lac dâ tôt.
die pfaffen striten sêre,
doch wart der leien mêre.
diu swert diu leiten si dernider,
und griffen zuo der stôle wider:
si bienen die si wolten,
und niht den si solten.
dô stôrte man diu goteshûs.
ich hôrte verre in einer klûs
vil michel ungebære.
dâ weinte ein klôsenære;
er klagete gote sîniu leit:

Doch weh Dir, deutsches Land,
wie steht es um Deine Ordnung!
Daß jetzt die Biene ihren König hat,
und Dein Ansehen aber jetzt vollkommen zerfallen ist!
Bekehre Dich, bekehre Dich!
Die Kronreife sind schon zu mächtig,
die kleinen Könige drängen Dich:
Philipp, setzte die Krone auf und laß die andern zurück-
treten!

5

Ich sah mit eigenen Augen
unbemerkt Männer und Frauen,
da hörte ich und sah ich,
was jeder tat, was jeder sprach.
In Rom hörte ich, wie man log
und zwei Könige betrog.
Davon begann der größte Streit,
der ja war und je sein wird,
als Geistliche und Laien
sich entzweiten.
Das war eine Not über allegleichen:
Leib und Seele kamen da um.
Die Geistlichen stritten heftig,
doch die Laien wurden immer zahlreicher;
sie legten die Schwerter nieder
und legten sich wieder die Stola an:
sie bannten, wen sie wollten
und nicht den, der es verdiente.
Da zerstörte man die Kirchen.
Fern, in einer Klause, hörte ich
großes Wehklagen.
Da weinte ein Klausner;
er klagte Gott sein Leid:

»owê der bâbest ist ze junc; hilf, hêrre, dîner kristenheit!«

6

Von Rôme vogt, von Pülle künec, lât iuch erbarmen,
daz man mich bî sô rîcher kunst lât alsus armen.
gern wolde ich, möhte ez sîn, bî eigenem fiure erwarmen.
zâhiu, wiech danne sunge von den vogellînen,
von der heide und von den bluomen, als ich wîlent sanc!
swelch schœne wîp mir denne gæbe ir habedanc,
der liez ich liljen unde rôsen ûz ir wengel schînen.
sus kume ich spâte und rîte fruo, »gast, wê dir, wê!«.
sô mac der wirt baz singen von dem grüenen klê.
die nôt bedenkent, milter künec, daz iuwer nôt zergê.

7

Ich hân mîn lêhen, al die werlt, ich hân mîn lêhen!
nû enfürhte ich niht den hornunc an die zêhen,
und wil alle bœse hêrren dester minre flêhen.
der edel künec, der milte künec hât mich berâten,
daz ich den sumer luft und in dem winter hitze hân.
mîn nâhgebûren dunke ich verre baz getân:
si sehent mich niht mêr an in butzen wîs als si wîlent tâten.
ich bin ze lange arm gewesen ân mînen danc.
ich was sô voller scheltens, daz mîn âtem stanc.
daz hât der künec gemachet reine, und dar zu mînen sanc.

»O Weh, der Pabst ist zu jung; hilf, o Herr, deiner
Christenheit!«

6

Vogt von Rom, König von Apulien, laßt euch erbarmen,
daß man mich bei so reicher Kunst so verarmen läßt.
Gern würde ich – wenn's möglich wäre – mich am eignen
Feuer erwärmen.
Hei, wie ich dann von den zierlichen Vögeln sänge,
von der Heide und von den Blumen, wie ich vordem
Der schönen Frau, die mir dann danken würde, | sang!
ließe ich Lilien und Rosen aus den Wangen leuchten.
Ich aber komme spät und reite früh, »Gast, weh dir!«
Der Hausherr kann doch leicht vom grünen Klee singen.
Dies, mein Elend, bedenkt, großmütiger König, damit auch
eure Not vergeh!

7

Ich hab' mein Lehen, alle Welt, ich hab' mein Lehen!
Nun fürchte ich nicht mehr den Februar an den Zehen,
und werde alle geizigen Herren umso weniger anbetteln.
Der edle König, der mildtätige König sorgte für mich,
daß ich im Sommer kühle Luft, im Winter Hitze habe.
Bei meinen Nachbarn bin ich (nun) viel angesehener:
sie betrachten mich nicht mehr als Schreckgespenst, wie sie
es früher taten.
Ich bin ohne mein Verschulden zu lange arm gewesen.
Ich war so voller Schelten, daß mein Atem stank.
Das hat der König rein gemacht – und dazu mein
Singen.

8

Ich was durch wunder ûz gevarn;
dô vant ich wunderlîchiu dinc.
ich vant die stüele leider lære stân,
dâ wîsheit, adel und alter
vil gewaltic sâzen ê.
hilf, frouwe maget, hilf, megde barn,
den drîn noch wider in den rinc.
lâ si niht lange ir sedeles irre gân.
ir kumber manicvalter,
der tuot mir von herzen wê.
ez hât der tumbe rîche nû ir drîer stuol, ir driêr gruoz.
owê, daz man dem einen an ir drîer stat nû nîgen muoz.
des hinket reht und trûret zuht und siechet schame.
diz ist mîn klage, noch klagte ich gerne mê!

9

Mir ist verspert der sælden tor.
dâ stên ich als ein weise vor;
mich hilfet niht, swaz ich dar an geklopfe.
wie möht ein wunder grœzer sîn?
ez regent bêdenthalben mîn,
daz mir des alles niht enwirt ein tropfe!
des fürsten milte ûz Ôsterrîche
fröit, dem süezen regen gelîche,
beide liute und ouch daz lant.
erst ein schœne wolgezieret heide,
dar abe man bluomen brichet wunder.
und bræche mir ein blat dar under
sîn vil milterichiu hant,

8

Ich war aus Neugier ausgezogen;
da fand ich seltsame Dinge.
Ich fand die Thronsitze leider leer,
auf denen Weisheit, Adel und Alter
einst sehr mächtig saßen.
Hilf, jungfräuliche Herrin, hilf, Kind der Jungfrau,
den Dreien wieder in ihren Kreis zurück.
Laß sie nicht lange auf der Irrfahrt nach ihrem Sitz sein.
Ihr großes Unglück
schmerzt mich tief im Herzen.
Der unerfahrene Reiche hat nun den Sitz der Drei und auch den Anspruch der Drei inne.
O Weh, daß man jetzt genötigt ist, vor dem Einen, statt vor den Dreien sich verneigen muß.
Deshalb hinkt das Recht und lahmt der Anstand und kränkelt die Scham.
Das beklage ich. – Ich könnte leicht noch mehr beklagen!

9

Mir ist das Tor zum Glück versperrt.
Wie nackt und bloß steh ich da vor ihm;
mir hilft es nicht, wie immer ich auch daran klopfe.
Könnte es etwas Seltsameres geben?
Es regnet beiderseits von mir –
aber auf mich fällt von all dem kein einziger Tropfen!
Die Freigebigkeit des Fürsten aus Österreich
erfreut wie ein warmer Regen
Land und Leute.
Er gleicht einer schönen, wohlblühenden Heide,
von der man sich eine Menge Blumen bricht.
Und bräche seine überaus segensreiche Hand
auch nur ein Blatt heraus,

sô möhte ich loben die liehten ougenweide.
hie bî sî er an mich gemant.

10

Ob ieman spreche, der nû lebe,
daz er gesæhe ie grœzer gebe,
als wir ze Wiene dur êre haben enpfangen?
man sach den jungen fürsten geben,
als er niht lenger wolte leben;
dô wart mit guote wunders vil begangen:
man gap dâ niht bî drîzec pfunden,
wan silber, als ez wære funden,
gap man hin und rîche wât.
ouch hiez der fürste durch der gernden hulde
die stelle von den märhen læren;
ors, als ob ez lember wæren,
vil maniger dan gefüeret hât.
ez engalt dâ nieman sîner alten schulde;
daz was ein minneclîcher rât.

11

Junc man, in swelher aht dû bist,
ich wil dich lêren einen list.
dû lâ dir niht ze wê sîn nâch dem guote;
lâ dirs ouch niht zunmære sîn.
und volges dû der lêre mîn,
sô wis gewis, ez frumt dir an dem muote.
die rede wil ich dir baz bescheiden:
lâst dû dirz ze sêre leiden,
zergât ez, sô ist dîn fröide tôt.
wilt aber dû daz guot ze sêre minnen,
dû maht verliesen sêle und êre.
dâ von volge mîner lêre,

so würde ich die strahlende Pracht besingen.
Damit sei er an mich erinnert.

10

Ob jemand unter den Lebenden sagen kann,
er habe jemals größere Geschenke gesehen
als wir sie in Wien der Ehre wegen erhalten haben?
Man sah den jungen Fürsten schenken,
als wollte er nicht länger leben;
da wurden mit Geld und Gut viele Wunder getan:
man schenkte da nicht etwa dreißig Pfund,
sondern gleich Silber – als läge es auf der Straße herum –
gab man hin, dazu kostbare Kleidung.
Auch befahl der Fürst – den Fahrenden zu Gefallen –,
die Ställe von den Pferden leer zu machen;
Streitrosse, als seien es Lämmer,
haben viele weggeführt.
Niemand mußte da für seine alte Schuld zahlen;
das war ein liebenswürdiger Entschluß.

11

Junger Mann, welchem Stand du auch angehörst,
ich will dir eine kluge Lehre vermitteln.
Rackere dich nicht zu sehr nach Besitz ab;
laß ihn dir aber auch nicht zu gleichgültig sein.
Und befolgst du meine Lehre,
so sei gewiß, sie nützt deiner Lebenseinstellung.
Meine Worte will ich ausführlicher erklären:
läßt du dir den Besitz zu sehr verleiden,
vergeht er – und deine Freude ist ganz dahin.
Wirst du aber den Besitz zu sehr lieben,
dann kannst du Seele und Ehre einbüßen.
Deshalb folge meiner Lehre,

lege ûf die wâge ein rehtez lôt,
und wige ouch dar mit allen dînen sinnen,
als ez diu mâze uns ie gebôt.

12

Wer zieret nû der êren sal?
der jungen ritter zuht ist smal.
sô pflegent die knehte gar unhövescher dinge,
mit worten und mit werken ouch:
swer zühte hât, der ist ir gouch.
nemt war, wie gar unvuoge für sich dringe.
hie vor dô berte man die jungen,
die dâ pflâgen frecher zungen.
nû ist ez ir werdekeit!
si schallent unde scheltent reine frouwen.
wê ir hiuten und ir hâren,
die niht kunnen frô gebâren
sunder wîbe herzeleit!
dâ mac man sünde bî der schande schouwen,
die maniger ûf sich selben leit.

13

Owê, daz wîsheit unde jugent,
des mannes schœne noch sîn tugent
niht erben sol, sô ie der lîp erstirbet!
daz mac wol klagen ein wîser man,
der sich des schaden versinnen kan,
Reimâr, waz guoter kunst an dir verdirbet.
dû solt von schulden iemer des geniezen,
daz dich des tages wolte nie verdriezen,
dun spræches ie den frouwen wol mit … siten.
des süln si iemer danken dîner zungen.

leg auf die Waage das richtige Gewicht
und wäge auch dort mit deinem ganzen Verstand,
so wie es uns die Tugend des Maßhaltens schon immer
gebot

12

Wer schmückt heute den Saal der Ehren?
Die Umgangsformen der jungen Ritter sind dürftig.
Ebenso geben sich die Knappen unhöfischer Dinge
in Worten und Taten hin:
wer Anstand besitzt, der ist (in ihren Augen) ein Narr.
Seht nur, wie Verrohung sich überall Platz schafft.
Früher, da prügelte man die Jungen,
die eine freche Lippe riskierten.
Jetzt aber gilt dies als ihr Qualitätsausweis!
Sie prahlen, und sie schmähen edle Damen.
Weh über ihr Häuten und ihren Haarwechsel;
sie können sich nur froh zeigen,
wenn Frauen Leid zufügt wird!
Hier kann man Sünde und Schande vereinigt finden,
die viele sich selbst aufladen.

13

O Weh, daß weder Kunstverstand und Jugend
noch des Mannes äußere Schönheit und sein innerer Wert
sich nicht vererben, wenn einst der Leib stirbt!
Das muß ein kluger Mann bitter beklagen,
der den Verlust ermessen kann,
Reinmar, was an großer Kunst mit dir verloren geht.
Du sollst zu Recht immer dafür gerühmt werden,
daß es dich keinen Tag verdrießen wollte,
von den Frauen immer nur gut zu sprechen.
Dafür sollten sie deiner Liedkunst immer dankbar sein.

hetst anders niht wan eine rede gesungen:
›sô wol dir wîp, wie rein ein nam!‹, dû hetest alsô gestriten
an ir lop daz elliu wîp dir gnâden solten biten.

14

Dêswâr, Reimâr, dû riuwes mich
michels harter danne ich dich,
ob dû lebtes und ich wær erstorben.
ich wilz bî mînen triuwen sagen:
dich selben wolt ich lützel klagen;
ich klage dîn edelen kunst, daz si ist verdorben.
dû kundest al der werlte fröiden mêren,
so dûz ze guoten dingen woltes kêren.
mich riuwet dîn wol redender munt und dîn vil süezer sanc,
daz die verdorben sint bî mînen zîten.
daz dû niht eine wîle mohtest bîten!
sô leiste ich dir geselleschaft: mîn singen ist niht lanc.
dîn sêle müeze wol gevarn, und habe dîn zunge danc.

Minne (15–24)

15

in dem dône: Ich wirbe umb allez daz ein man

1 Ein man verbiutet âne pfliht
ein spil, des nieman im wol volge geben mac.
er gihet, swenne ein wîp ersiht

Hättest du nur dies eine Lied gesungen
›Gepriesen seist du Frau, welch herrlicher Name!‹, du
hättest damit so nachhaltig
um ihr Lob getritten, daß alle Frauen um dein Seelenheil
bitten sollten.

14

Wahrlich, Reinmar, ich trauere viel mehr um dich,
als du um dich trauern würdest,
wenn du lebstest, und ich gestorben wäre.
Ich will's ganz aufrichtig sagen:
dich persönlich beklage ich wenig;
Ich beklage deine edle Kunst, daß sie zu Ende ist.
Du vermochtest der ganzen Welt Glücksgefühl zu steigern,
wenn du dich den edlen Dingen zuwendetest.
Ich trauere um deine schöne Wortkunst und um deinen
äußerst angenehmen Gesang.
Daß die zu meiner Lebzeit dahin sind!
Daß du nicht noch eine Weile waerten konntest!
Dann würde ich dir Gesellschaft leisten – mein Singen wird
nicht mehr lange sein.
Deine Seele möge heil auffahren, und deiner Dichtung sei
Dank.

Minne (15–24)

15

In dem Ton: Ich werbe um alles, was ein Mann

1 Ein Mann bietet ohne Notwendigkeit in einem Spiel
so hoch, daß niemand ihn überbieten könne.
Er sagt, wenn er eine bestimmte Frau erblickt,

sîn ouge, ir sî mat sîn ôsterlîcher tac.
wie wære uns andern liuten sô geschehen,
solt wir im alle sînes willen jehen?
ich bin der ime versprechen muoz:
bezzer wære mîner frouwen senfter gruoz.
deist mates buoz.

2 ›Ich bin ein wîp dâ her gewesen
sô stæte an êren und ouch alsô wol gemuot,
ich trûwe ouch noch vil wol genesen,
daz mir mit stelne nieman keinen schaden tuot.
swer küssen hie ze mir gewinnen wil,
der werbe ab ez mit fuoge und anderm spil.
ist daz ez im wirt sus iesâ,
er muoz sîn iemer sîn mîn diep, und habe imz dâ
und anderswâ.‹

16

1 Si wunderwol gemachet wîp,
daz mir noch werde ir habedanc!
ich setze ir minneclîchen lîp
vil werde in mînen hôhen sanc.
gern ich in allen dienen sol,
doch hân ich mir dise ûz erkorn.
ein ander weiz die sînen wol;
die lob er âne mînen zorn;
hab ime wîs unde wort
mit mir gemeine: lob ich hie, sô lob er dort.

2 Ir houbet ist sô wünnenrîch,
als ez mîn himel welle sîn.
wem solde ez anders sîn gelîch?
ez hât ouch himeleschen schîn:
dâ liuhtent zwêne sternen abe,

sein Ostergruß setzte sie Matt.
Was wäre mit uns andern los,
wenn wir alle seine (überstiegene) Meinung billigten?
Ich jedenfalls muß ihm widersprechen:
angemessener wäre für m e i n e Dame ein feiner Gruß!
Damit ist seine Matt-Ansage abgewehrt.

2 ›Ich bin bisher eine Frau gewesen,
von so beständigem Ansehen und frohem Herzen,
daß ich mich auch in Zukunft davor bewahren kann,
daß man mir mit (Kuß-) Stehlen Schaden zufügt.
Wer mir hier einen Kuß abgewinnen will,
der werbe um ihn mit Anstand und anderen Künsten.
Wird er ihm dennoch auf irgend eine Weise zuteil,
so wird er immer für mich ein Dieb bleiben – möge er
den Kuß behalten oder sich woanders holen.‹

16

1 Sie, wunderschön geschaffene Frau –
daß mir noch ihr Dank zuteil werde!
Ich beschreibe ihre liebliche Erscheinung
aufs beste in meinem hohen Sang.
Mit Freude werde ich allen dienen wollen,
doch hab ich mir diese (eine) ausgewählt.
Ein anderer kennt die Seine gut;
die möge er – völlig ohne mein Zürnen – loben;
selbst wenn wir Melodie und Wort
gemeinsam haben: lobe ich hier, so lobe er dort.

2 Ihr Haupt ist so herrlich,
als wolle es mein Himmel sein.
Wem sollte es auch sonst gleichen?
Es hat wahrlich himmlischen Glanz:
zwei Sterne leuchten aus ihm hervor,

dâ müeze ich mich noch inne ersehen.
daz si mirs alsô nâhen habe!
sô mac ein wunder wol geschehen:
ich junge, und tuot si daz,
und wirt mir gernden siechen seneder sühte baz.

3 Got hât ir wengel hôhen flîz,
er streich sô tiure varwe dar,
sô reine rôt, sô reine wîz,
hie rœseloht, dort liljenvar.
ob ichz vor sünden tar gesagen:
sô sæhe ichs iemer gerner an
dan himel oder himelwagen.
owê, waz lob ich tumber man?
mach ich si mir ze hêr,
vil lîhte wirt mîns mundes lop mîns herzen sêr.

4 Si hât ein küssen, daz ist rôt.
gewünne ich daz für mînen munt,
sô stüende ich ûf von dirre nôt
unt wære ouch iemer mê gesunt.
swâ si daz an ir wengel legt,
dâ wære ich gerne nâhen bî:
ez smecket, sô manz iender regt,
alsam ez vollez balsmen sî.
daz sol si lîhen mir:
swie dicke sô siz wider wil, sô gibe ichz ir.

5 Ir kel, ir hende, ietweder fuoz,
daz ist ze wunsche wol getân.
ob ich da enzwischen loben muoz,
sô wæne ich mê beschouwet hân.
ich hete ungerne »decke blôz!«
gerüefet, do ich si nacket sach.

darin möchte ich mich spiegeln.
Möchte sie sie mir so nahe halten!
Dann kann wohl ein Wunder geschehen:
tut sie das, werde ich verjüngt,
und ich Sehnsuchtskranker werde von der Qual erlöst.

3 Gott hat große Sorgfalt auf ihre Wänglein verwandt;
er strich so kostbare Farbe auf sie,
ein so reines Rot, ein so reines Weiß –
hier rosenhaft, dort lilienfarben.
Wär's nicht Sünde, wagte ich zu sagen:
ich sähe sie viel lieber an
als den Himmel oder Himmelswagen.
O Weh, was lobe ich Törichter sie so?
Erhebe ich sie zu hoch über mich,
dann wird sehr leicht mein Mundlob zu meinem Herzensschmerz

4 Sie hat ein Kissen, das ist rot.
Führte ich das an meinen Mund,
dann wäre ich von dieser Qual befreit
und ein für allemal gesund.
Wo immer sie das Kissen an ihre Wänglein legt,
dort wäre ich liebend gern nahe.
Es duftet, sobald man es berührt,
als sei es voll Balsams.
Das soll sie mir leihen:
so oft sie's wiederhaben will, geb' ich's ihr.

5 Ihr Hals, ihre Hände und beide Füße
sind vollkommen gestaltet.
Wenn ich etwas dazwischen loben soll,
so glaube ich noch mehr gesehen zu haben.
Ich hätte nur widerwillig »decke die Blöße!«
gerufen, als ich sie nackt sah.

si sach mich niht, dô si mich schôz,
daz mich noch sticht als ez dô stach,
swann ich der lieben stat
gedenke, dâ si reine ûz einem bade trat.

17

1 Ir sult sprechen »willekomen!«
der iu mære bringet, daz bin ich.
allez daz ir habt vernomen,
daz ist gar ein wint: nû frâget mich.
ich wil aber miete.
wirt mîn lôn iht guot,
ich gesage iu lîhte daz iu sanfte tuot.
seht, waz man mir êren biete.

2 Ich wil tiuschen frouwen sagen
solhiu mære, daz si deste baz
al der werlte suln behagen:
âne grôze miete tuon ich daz.
waz wold ich ze lône?
si sint mir ze hêr.
sô bin ich gefüege und bite si nihtes mêr
wan daz si mich grüezen schône.

3 Ich hân lande vil gesehen
unde nam der besten gerne war.
übel müeze mir geschehen,
kunde ich ie mîn herze bringen dar,
daz im wol gevallen
wolde fremeder site.
nû, waz hulfe mich, ob ich unrehte strite?
tiuschiu zuht gât vor in allen.

Sie sah mich nicht, als sie mich so traf,
daß es mich noch heute wie damals sticht,
wenn ich an jenen reizenden Ort denke,
wo sie keusch aus dem Bade stieg.

17

1 Ihr sollt sprechen »Willkommen!«
Der euch Neuigkeiten bringt, das bin ich.
Alles, was ihr bisher gehört habt,
ist ein Nichts: jetzt fragt mich.
Doch ich will Lohn dafür.
Fällt mein Lohn recht gut aus,
erzähle ich euch vielleicht etwas, was euch gefällt.
Überlegt, was man mir Ehrenvolles bieten möge.

2 Ich will den deutschen Frauen ein solches
Lob singen, daß sie noch mehr
der ganzen Welt gefallen werden:
doch ohne großen Lohn tue ich das.
Was wollt' ich schon zu Lohne?
Sie stehen zu hoch über mir.
Deshalb bin ich brav und bitte sie um weiter nichts,
als daß sie mich freundlich grüßen mögen.

3 Ich habe viele Länder bereist
und bemühte mich, die besten kennnen zu lernen.
Doch Schlimmes soll mir widerfahren,
wenn ich jemals
an fremder Lebensart
Gefallen fände.
Was brächte es mir ein, für Falsches zu kämpfen?
Deutsche Lebensart geht allen voran.

4 Von der Elbe unz an den Rîn
und her wider unz an Ungerlant
mugen wol die besten sîn,
die ich in der werlte hân erkant.
kan ich rehte schouwen
gut gelâz unt lîp,
sem mir got, sô swüere ich wol daz hie diu wîp
bezzer sint danne ander frouwen.

5 Tiusche man sint wol gezogen,
rehte als engel sint diu wîp getân.
swer si schildet, derst betrogen:
ich enkan sîn anders niht verstân.
tugent und reine minne,
swer die suochen wil,
der sol komen in unser lant: dâ ist wünne vil!
lange müeze ich leben dar inne!

6 Der ich vil gedienet hân
und iemer mêre gerne dienen wil,
diust von mir vil unerlân.
iedoch sô tuot si leides mir sô vil.
si kan mir versêren
herze und den muot.
nû vergebez ir got, dazs an mir missetuot.
her nâch mac si sichs bekêren.

18

1 Sô die bluomen ûz den grase dringent,
same si lachen gegen der spilden sunnen,
in einem meien an dem morgen fruo,
und die kleinen vogellîn wol singent
in ir besten wîse die si kunnen,
waz wünne mac sich dâ gelîchen zuo?

4 Von der Elbe bis an den Rhein
und bis hin nach Ungarn
mögen wohl die Besten leben,
die mir bisher auf der Welt begegnet sind.
Kann ich schönes Auftreten und Lebensart
angemessen beurteilen
– bei Gott –, so möchte ich schwören, daß hierzulande
besser sind als anderswo die Damen. | die Frauen

5 Deutsche Männer sind vorzüglich erzogen,
wahrhaft wie Engel sehen die Frauen aus.
Wer sie tadelt, ist verblendet –
anders kann ich es nicht verstehen.
Wer edle Art und makellose Liebe
suchen will,
der soll in unser Land kommen: da ist viel Herrlichkeit!
Lange möge ich noch darin leben!

6 Sie, der ich lange gedient habe
und immer weiter bereitwillig dienen will,
ist von mir überhaupt nicht aufgegeben.
Jedoch, sie fügt mir sehr viel Leid zu.
Sie vermag mir
Herz und Sinn zu verletzen.
Vergib ihr Gott, daß sie so schändlich an mir handelt.
Später kann sie sich ja anders besinnen.

18

1 **W**enn die Blumen aus dem Gras sprießen,
als ob sie der funkelnden Sonne entgegenlachten,
an einem Maientag am frühen Morgen,
und die feinen Vögelchen lieblich in ihrer schönsten
Weise singen, die sie kennen –
welche Freude vermag sich damit zu vergleichen?

ez ist wol halb ein himelrîche!
suln wir sprechen waz sich dem gelîche,
sô sage ich waz mir dicke baz
in mînen ougen hât getân,
und tæte ouch noch, gesæhe ich daz.

2 Swâ ein edeliu schœne frouwe reine,
wol gekleidet unde wol gebunden,
dur kurzewîle zuo vil liuten gât,
hovelîchen hôhgemuot, niht eine,
umbe sehende ein wênic under stunden,
alsam der sunne gegen den sternen stât –
der meie bringe uns al sîn wunder,
waz ist dâ sô wünneclîches under,
als ir vil minneclîcher lîp?
wir lâzen alle bluomen stân
und kapfen an daz werde wîp.

3 Nû wol dan, welt ir die wârheit schouwen!
gên wir zuo des meien hôhgezîte!
der ist mit aller sîner krefte komen.
seht an in und seht an schœne frouwen,
wederz dâ das ander überstrîte:
daz bezzer spil, ob ich daz hân genomen.
owê der mich dâ welen hieze,
deich daz eine dur das ander lieze,
wie rehte schiere ich danne kür!
hêr Meie, ir müeset merze sîn,
ê ich mîn frowen dâ verlür.

19

1 **Zwô** fuoge hân ich doch, swie ungefüege ich sî;
der hân ich mich von kinde her vereinet:
ich bin den frôn bescheidenlîcher fröide bî,

Es ist wohl schon das halbe Himmelreich!
Sollen wird von Vergleichbarem sprechen,
so nenne ich, was mir oft noch mehr
in meinem Augen Wohlgefallen erregt hat
und auch noch tun würde, sähe ich es von neuem.

2 Wo immer eine edle, schöne Dame ohne Makel,
fein gekleidet und mit prächtigem Kopfschmuck,
zur Kurzweil sich in die Gesellschaft begibt,
höfisch hochgestimmt und mit Gefolge,
sich bisweilen ein wenig umblickend,
so wie die Sonne die Sterne überstrahlt –
wo gibt es aber – der Mai möge uns noch so viel
Pracht bescheren – etwas so Wunderbares
wie ihre liebreizende Erscheinung?
Wir lassen alle Blumen stehen
und staunen verwundert die herrliche Frau an.

3 Wohlan denn, wollt ihr die Wahrheit sehen!
Gehn wir zum Freudenfest des Mai!
Der ist mit all seiner Macht gekommen.
Seht ihn an, und seht die Frauen an,
welches von beiden da das andere übertrifft:
ob ich nicht ich das bessere Spiel gemacht habe.
Ach, wenn man mich wählen hieße,
daß ich das eine des anderen wegen lassen müßte,
wie schnell entschiede ich mich dann!
Herr Mai, ihr müßt eher März werden,
als daß ich da meine Dame aufgäbe.

19

1 **Z**wei Tugenden habe ich, wie tugendlos ich auch sei;
die habe ich von Kindheit in mir:
ich bin bei den Frohen mit teilnehmender Freude

und lache ungerne sô man bî mir weinet.
durch die liute bin ich frô,
durch die liute wil ich sorgen.
ist mir anders danne alsô,
waz dar umbe? ich wil doch borgen.
swie si sint sô wil ich sîn,
daz si niht verdrieze mîn.
manegem ist unmære,
swaz einem andern werre;
der sî ouch bî den liuten swære.

2 Hie vor, dô man sô rehte minneclîchen warp,
dô wâren mîne sprüche fröidenrîche.
sît daz die minneclîche minne alsô verdarp,
sît sanc ouch ich ein teil unminneclîche.
iemer als ez danne stât,
alsô sol man danne singen.
swenne unfuoge nû zergât,
sô sing aber von höfschen dingen.
noch kumpt fröide und sanges tac:
wol im, ders erbeiten mac!
derz gelouben wolte,
so erkande ich wol die fuoge,
wenn unde wie man singen solte.

3 Ich sage iu waz uns den gemeinen schaden tuot:
diu wîp gelîchent uns ein teil ze sêre.
daz wir in alsô liep sîn übel alse guot,
seht, daz gelîchen nimet uns fröide und êre.
schieden uns diu wîp als ê,
daz si sich ouch liezen scheiden,
daz gefrumt uns iemer mê,
mannen unde wîben, beiden.
waz stêt übel, waz stêt wol,
sît man uns niht scheiden sol?

und lache nicht gern, wenn man neben mir weint.
Um der Menschen willen bin ich froh,
um der Menschen willen sorge ich mich.
Ist mir selbst anders zumute –
was soll's? Ich werde mich ihnen anpassen.
Wie sie sind, so will auch ich sein,
damit sie sich nicht über mich ärgern.
Vielen ist gleichgültig,
was einen anderen schmerzt;
die seien dann auch den Mitmenschen verhaßt.

2 Früher, als man beim Minnen sich liebenswürdig benahm,
da waren meine Lieder reich an Freude.
Seit die echte Minnekultur so zugrunde ging,
seitdem sang auch ich zuweilen etwas lieblos.
Man soll den Umständen
gemäß singen.
Sobald das ungehobelte Verhalten vorbeigeht,
werde ich aber wieder höfisch singen.
Es wird noch Freude und Sangeskultur zurückkommen:
gepriesen, wer dies erleben wird!
Glaubte man es mir doch –
ich würde genau die rechte Art erkennen,
wann und wie man singen sollte!

3 Ich sage euch, was uns den gräßlichen Schaden zufügt:
die Frauen schätzen uns zu unterschiedslos ein.
Daß wir ihnen – ob schlecht oder gut – gleich lieb sind,
seht, diese Gleichmacherei raubt uns Freude und Ehre.
Unterschieden uns die Frauen wie früher,
daß auch *sie* sich unterscheiden ließen –
das nützte uns bedeutend mehr,
Männern und Frauen gleichermaßen.
Was ist schlecht, was ist gut,
wenn man zwischen uns nicht unterscheiden darf?

edeliu wîp, gedenket
daz ouch die man waz kunnen:
gelîchents iuch, ir sît gekrenket.

4 ›Wîp‹ muoz iemer sîn der wîbe hôhste name
und tiuret baz dan ›frouwe‹, als ichz erkenne.
swâ nû deheiniu sî diu sich ir wîpheit schame,
diu merke disen sanc und kiese denne.
under frouwen sint ›unwîp‹,
under wîben sint si tiure.
wîbes name und wîbes lîp,
die sint beide vil gehiure.
swiez umb alle frouwen var,
wîp sint alle frouwen gar!
zwîfellop daz hœnet,
als under wîlen ›frouwe‹.
›wîp‹ dest ein name ders alle krœnet.

5 Ich sanc hie vor den frouwen umbe ir blôzen gruoz:
den nam ich wider mîme lobe ze lône.
swâ ich des geltes nû vergebene warten muoz,
dâ lobe ein ander, den sie grüezen schône.
swâ ich niht verdienen kan
einen gruoz mit mîme sange,
dar kêr ich vil hêrscher man
mînen nac oder ein mîn wange.
daz kît »mir ist umbe dich
rehte als dir ist umbe mich«.
ich wil mîn lop kêren
an wîp, die kunnen danken:
waz hân ich von den überhêren?

Edle Frauen, denkt daran,
daß auch die Männer so verfahren können:
machen sie euch gleich, seid ihr gekränkt.

4 ›Frau‹ muß alle Zeit das höchste Wort für Frauen sein
und ehrt nach meiner Kenntnis mehr als ›Dame‹.
Wo immer eine sich ihres Frauentums schämt,
die achte auf dieses Lied und erkenne sich dann.
Unter Damen gibt es ›Un-Frauen‹,
unter Frauen sind solche selten.
Das Wort und das Wesen ›Frau‹
sind beide sehr trefflich.
Wie immer es um die Damen bestellt sein mag,
Frauen sind sie doch alle!
Zweifelhaftes Lob entwürdigt,
wie zuweilen das Wort ›Dame‹.
›Frau‹ aber ist ein Wort, das sie alle krönt.

5 Ich sang früher für die Damen nur um ihren Gruß:
den nahm ich als Lohn für meinen Lobpreis.
Wo immer aber ich jetzt vergebens auf Entgelt warten
dort preise ein anderer, den sie artig grüßen. | muß
Wo ich mit meinem Singen
noch nicht einmal einen Gruß verdienen kann,
dort wende ich selbstbewußter Mann
meinen Nacken weg oder meine Wange.
Das bedeutet: »Mir liegt an dir
genausoviel wie dir an mir«.
Ich will mein Preisen an solche Frauen richten,
die zu danken wissen.
Was habe ich von den allzu Stolzen?

20

1 **H**erzeliebez frowelîn,
got gebe dir hiute und iemer guot.
kund ich baz gedenken dîn,
des hete ich willeclîchen muot.
waz mac ich dir sagen mê,
wan daz dir nieman holder ist? owê, dâ von ist mir vil
wê.

2 Sie verwîzent mir daz ich
ze nidere wende mînen sanc.
daz si niht versinnent sich
waz liebe sî; des haben undanc!
sie getraf die liebe nie,
die nâch dem guote und nâch der schœnen minnent. wê
wie minnent die?

3 Bî der schœne ist dicke haz.
zer schœne nieman sî ze gâch.
liebe tuot dem herzen baz:
der liebe gêt diu schœne nâch.
liebe machet schœne wîp.
desn mac die schœne niht getuon; si machet niemer
lieben lîp.

4 Ich vertrage als ich vertruoc
und als ich iemer wil vertragen.
dû bist schœne und hâst genuoc:
waz mugen si mir dâ von gesagen?
swaz si sagen, ich bin dir holt,
und nim dîn glesîn vingerlîn für einer küneginne golt.

20

1 Innig geliebte kleine Herrin,
Gott schenke dir heut und immer nur Gutes.
Könnt' ich noch besser dir gerecht werden,
dann würde ich das herzlich gern tun.
Was vermag ich dir mehr zu sagen,
als daß niemand dich mehr liebt? Aber ach, das tut mir
mir sehr weh.

2 Sie tadeln mich dafür,
daß meine Liedkunst den Stand nicht achte.
Daß sie nicht begreifen,
was Liebe ist; verwünscht sollen sie dafür sein!
Sie hat echte Liebe nie ergriffen,
die ihre Liebe nach Reichtum und Schönheit
ausrichten. Was ist das für ein Liebe?

3 Mit Schönheit ist oft böse Gesinnung verbunden.
Niemand sei zu eifrig hinter der Schönheit her.
Liebe tut dem Herzen besser:
der Liebe folgt die Schönheit.
Liebe macht die Frauen schön.
das vermag die Schönheit nicht; sie macht niemals
liebenswert.

4 Ich ertrage Tadel – wie ich ihn schon immer ertrug
und wie ich ihn auch künftig ertragen werde.
Du bist schön und hast genug davon:
was können sie mir dazu sagen?
Was immer sie auch sagen – ich liebe dich
und nehme dein gläsernes Ringlein für das Gold einer
Königin.

5 Hâst dû triuwe und stætekeit,
sô bin ich des ân angest gar,
daz mir iemer herzeleit
mit dînem willen widervar.
hâst ab dû der zweier niht,
son müezest dû mîn niemer werden. owê danne, ob daz geschiht!

21

1 »Nemt, frowe, disen kranz!«
alsô sprach ich zeiner wol getânen maget,
»sô zieret ir den tanz,
mit den schœnen bluomen, als irs ûffe traget.
het ich vil edele gesteine,
daz müest ûf ir houbet,
obe ir mirs geloubet.
sêt mîne triuwe, daz ichz meine.«

2 Si nam daz ich ir bôt,
einem kinde vil gelîch daz êre hât.
ir wangen wurden rôt,
same diu rôse, dâ si bî der liljen stât.
dô erschampten sich ir liehten ougen.
dô neic si mir schône.
daz wart mir ze lône.
wirt mirs iht mêr, daz trage ich tougen.

3 »Ir sît sô wol getân,
daz ich iu mîn schapel gerne geben wil,
so ichz aller beste hân.
wîzer und rôter bluomen weiz ich vil.
die stênt sô verre in jener heide.
dâ si schône entspringent

5 Hast du Treue und Beständigkeit,
so bin ich darüber überhaupt nicht in Sorge,
daß mir jemals Herzeleid
durch dich absichtlich zugefügt wird.
Besitzt du die zwei (Tugenden) aber nicht,
könntest du niemals mein werden. O Weh, sollte das geschehen!

21

1 »Nehmt, edle Frau, diesen Kranz!«
So sagte ich zu einem hübschen Mädchen,
»dann seid ihr die Zierde dieses Tanzes
mit den schönen Blumen, wenn ihr sie aufsteckt.
Hätt' ich viele Edelsteine,
die müßten (auch) auf euer Haupt,
das könnt ihr mir glauben.
Darin könnt ihr meine Treue und Aufrichtigkeit sehen.«

2 Sie nahm an, was ich ihr bot,
wie ein Kind von bester höfischer Erziehung.
Ihr Wangen wurden rot
wie die Rose, die unter Lilien steht.
Ihre hellen Augen füllten sich mit leichter Schamesröte.
Anmutig verneigte sie sich vor mir.
Das war mein Lohn.
Wird mir mehr von ihr zuteil, soll's mein Geheimnis bleiben.

3 »Ihr seid so bezaubernd schön,
daß ich euch meinen Kranz gern geben will,
den allerschönsten, den ich habe.
Weiße und rote Blumen kenne ich viele.
Die stehen fern auf jener Heide.
Wo sie glänzend aufblühen

und die vogele singent,
dâ suln wir si brechen beide.«

4 Mich dûhte daz mir nie
lieber wurde, danne mir ze muote was.
die bluomen vielen ie
von dem boume bî uns nider an daz gras.
seht, dô muost ich von fröiden lachen,
dô ich sô wünneclîche
was in troume rîche,
dô taget ez und muos ich wachen.

5 Mir ist von ir geschehen,
daz ich disen sumer allen meiden muoz
vast under d'ougen sehen.
lîhte wird mir einiu: sô ist mir sorgen buoz.
waz obe si gêt an disem tanze?
frowe, dur iur güete
rucket ûf die hüete:
owê gesæhe ich's under kranze!

22

1 ›Under der linden
an der heide,
dâ unser zweier bette was,
dâ mugt ir vinden
schône beide
gebrochen bluomen unde gras.
vor dem walde in einem tal,
  tandaradei,
  schône sanc diu nahtegal.

und wo die Vögel singen,
dort wollen wir beide sie brechen.«

4 Mir schien, daß ich nie
glücklicher war als damals.
Die Blüten schwebten immerzu
von dem Baum herab zu uns ins Gras.
Seht, da mußte ich vor Freude lachen,
als ich so wunderbar
reich im Traum beschenkt wurde.
Da wurde es Tag, und ich erwachte.

5 Sie hat mich dazu gebracht,
daß ich diesen Sommer allen Mädchen
fest in die Augen sehen muß.
Vielleicht finde ich eine: dann bin ich alle Sorgen los.
Wie, vielleicht geht sie gerade zu diesem Tanze?
O ihr Damen, seid so entgegenkommend
und schiebt die Hüte ein wenig hoch!
Ach, erblickte ich doch sie unterm Kranze!

22

1 ›Unter der Linde,
auf der Heide,
wo unser beider Liebeslager war,
da könnt ihr schön
gebrochen finden beides,
Blumen und Gras.
Vor dem Wald in einem Tal
– tandaradei –
sang herrlich die Nachtigall.

2 Ich kam gegangen
zuo der ouwe:
dô was mîn friedel komen ê.
dâ wart ich enpfangen,
hêre frouwe,
daz ich bin sælic iemer mê.
kuste er mich? wol tûsentstunt!
tandaradei,
seht wie rôt ist mir der munt.

3 Dô het er gemachet
alsô rîche
von bluomen eine bettestat.
des wirt noch gelachet
inneclîche,
kumt iemen an daz selbe pfat.
bî den rôsen er wol mac,
tandaradei,
merken wâ mirz houbet lac.

4 Daz er bî mir læge,
wessez iemen
(nu enwelle got!), sô schamt ich mich.
wes er mit mir pflæge,
niemer nieman
bevinde daz wan er und ich –
und ein kleinez vogellîn,
tandaradei,
daz mac wol getriuwe sîn.‹

23

1 Aller werdekeit ein füegerinne,
daz sît ir zewâre, frouwe Mâze:
er sælic man, der iuwer lêre hât!

2 Ich kam gegangen
zu der Wiese.
Da war mein Liebster schon dort.
Da wurde ich empfangen
– Heilige Jungfrau! –,
daß ich für immer glücklich bin.
Ob er mich küßte? Wohl einige tausendmal!
– tandaradei –
seht, wie rot mein Mund ist.

3 Da hatte er aus Blumen
ganz prächtig
ein Liebeslager bereitet.
Darüber wird noch mancher
bei sich lächeln,
wenn er denselben Weg beschreitet.
Bei den Rosen
– tandaradei –
wird er genau sehen, wo mein Kopf lag.

4 Daß er bei mir lag,
wüßte das jemand
– das verhüte Gott! –, so schämte ich mich.
Was er mit mir tat,
soll niemals jemand
erfahren als er und ich –
und ein feines Vögelchen
– tandaradei –
das wird wohl verschwiegen sein..‹

23

1 **O**rdnerin aller Werte,
das seid wahrlich ihr, Frau Maße.
Glücklich der Mann, der eure Lehre erhält!

der endarf sich iuwer niender inne
weder ze hove schamen noch an der strâze.
dur daz sô suoche ich, frouwe, iuwern rât
daz ir mich ebene werben lêret.
wirbe ich nidere, wirbe ich hôhe, ich bin versêret.
ich was vil nâch ze nidere tôt,
nû bin ich aber ze hôhe siech:
unmâze entlât mich âne nôt.

2 Nideriu minne heizet diu sô swachet,
daz der muot nâch kranker liebe ringet.
diu minne tuot unlobelîche wê.
hôhiu minne heizet, die da machet,
daz der muot nâch hôher wirde ûf swinget.
diu winket mir nû, daz ich mit ir gê.
mich wundert, wes diu mâze beitet.
kumet diu herzeliebe, ich bin iedoch verleitet.
mîn ougen hânt ein wîp ersehen,
swie minneclîch ir rede sî,
mir mac wol schade von ir geschehen.

Altersweisheit (24–26)

24

1 »Frô Welt, ir sult dem wirte sagen,
daz ich im gar vergolten habe.
mîn grôziu gülte ist abe geslagen,
daz er mich von dem brieve schabe.
swer ime iht sol, der mac wol sorgen.
ê ich im lange schuldic wære, ich wolt ê z'einem juden borgen.
er swîget unz an einen tac:

Der braucht sich Eurer
nirgends zu schämen, weder am Hofe noch auf der Straße.
Deshalb suche ich, Herrin, Euern Rat,
daß ihr mich angemessen zu werben lehrt.
Werbe ich nieder, werbe ich hoch - ich bin verwundet.
Ich war fast tot, als ich zu nieder warb,
jetzt aber macht mich zu hohes Werben krank.
Maßlosigkeit beschert mir Qual.

2 Niedere Minne heißt, die so sehr schwächt,
daß das Herz nach wertloser Liebe strebt.
Diese Liebe tut unrühmlich weh.
Hohe Minne heißt, die da bewirkt,
daß das Herz sich aufschwingt zu höchstem Wert.
Sie winkt mir jetzt, daß ich mit ihr gehe.
Mich wundert, warum die Mâze zögert.
Kommt die Herzensliebe, bin ich doch wieder verführt.
Meine Augen haben eine Frau erblickt
- wie liebenswert ihre Worte auch seien –,
sie wird mir wird sicher Schaden zufügen.

Altersweisheit (24–26)

24

1 Frau Welt, sagt es dem Wirt,
daß ich ihm alles bezahlt habe.
Meine große Schuld ist abgetragen,
er soll mich aus dem Schuldbuch streichen.
Wer immer ihm etwas schuldet, der muß zu Recht besorgt sein.
Bevor ich ihm lange Schuldner bliebe, wollte ich lieber bei einem Juden borgen.

sô wil er danne eine wette hân,
sô jener niht vergelten kann.«

2 ›Walther, dû zürnest âne nôt.
dû solt bî mir belîben hie.
gedenke, waz ich dir erbôt,
waz ich dir dînes willen lie,
als dicke dû mich sêre bæte.
mir was vil innecliche leit, daz dû ie sô selten tæte.
bedenke dich: dîn leben ist guot.
sô dû mir rehte widersagest,
sô wirst dû niemer wol gemuot.‹

3 »Frô Welt, ich hân ze vil gesogen:
ich wil entwonen, des ist zît.
dîn zart hât mich vil nâch betrogen,
wand er vil süezer fröiden gît.
dô ich dich gesach reht under ougen,
dô was dîn schœne an ze schouwen wünnneclîch al
sunder lougen.
doch was der schanden alse vil,
dô ich dîn hinden wart gewar,
daz ich dich iemer schelten wil.«

4 ›Sît ich dich niht erwenden mac,
sô tuo doch ein dinc des ich ger:
gedenke an manegen liehten tac,
und sich doch underwîlent her
niuwan sô dich der zît betrage.‹
»daz tæt ich wunderlîchen gerne, wan deich fürhte dîne
lâge,
vor der sich nieman kan bewarn.
got gebe iu, frouwe, guote naht:
ich wil zer herberge varn.«

Er schweigt bis zu jenem bestimmten Tag:
dann will er einen Pfand haben,
wenn jener nicht bezahlen kann.

2 ›Walther, du zürnst ohne Grund.
Du sollst hier bei mir bleiben.
Bedenke, wie ich dir diente,
wie sehr ich deinen Willen erfüllte,
sooft du mich inständig darum batest.
Mir war es herzlich leid, daß du's so selten tatest.
Besinne dich: dein Leben ist gut.
Wenn du mir den Dienst ganz aufkündigst,
wirst du nie mehr glücklich sein.‹

3 »Frau Welt, ich habe schon zu lange gesogen:
ich will mich entwöhnen, Zeit ist's dazu.
Deine Zartheit hat mich beinahe ganz verblendet,
denn sie gibt viele angenehme Freuden.
Als ich dir ins Gesicht sah,
da war deine Schönheit wahrhaftig herrlich anzuschaun.

Doch in dem selben Maße war es schrecklich,
als ich deiner Rückenansicht gewahr wurde,
so daß ich dich immer verachten werde.«

4 ›Da ich dich nicht umstimmen kann,
so tue eines, um das ich dich bitte:
denke doch an die vielen heiteren Tage
und schaue doch manchnmal herein,
wenn dir die Zeit zu lange wird.‹
»Das täte ich herzlich gern, wenn ich nicht deine Hinterhältigkeit fürchtete,
vor der sich niemand schützen kann.
Gott gebe euch, meine Dame, eine gute Nacht:
ich will mich auf meine Heimfahrt machen.«

25

1 **O**wê, war sint verswunden alliu miniu jâr!
ist mir mîn leben getroumet, oder ist es wâr?
daz ich ie wânde ez wære, was daz allez iht?
dar nâch hân ich geslâfen und enweiz es niht.
nû bin ich erwachet, und ist mir unbekant,
daz mir hie vor was kündic als mîn ander hant.
liut unde lant, darinn ich von kinde bin erzogen,
diu sint mir worden frömde reht als es sî gelogen.
die mîne gespilen wâren, die sind træge und alt.
bereitet ist das velt, verhouwen ist der walt.
wan daz daz wazzer fliuzet als es wîlent flôz,
für war mîn ungelücke wânde ich wurde grôz.
mich grüezet maneger trâge, der mich bekande ê wol.
diu welt ist allenthalben ungenâden vol.
als ich gedenke an manigen wünneclîchen tac,
die mir sint enpfallen als in daz mêr ein slac.
iemer mêre ouwê!

2 Owê, wie jæmerlîche junge liute tuont,
den ê vil hovelîchen ir gemüete stuont!
die kunnen niuwan sorgen, owe wie tuont si sô?
swar ich zer werlte kêre, dâ ist nieman frô:
tanzen, lachen, singen zergât mit sorgen gar:
nie kristenman gesach sô jæmerlîchen schar.
nu merkent, wie den frouwen ir gebende stât;
die stolzen ritter tragen dörpellîche wât.
uns sint unsenfte briefe her von Rôme komen.
uns ist erloubet trûren und froide gar benomen.
daz müet mich inneclîchen (wir lebten ê vil wol),
daz ich nû für mîn lachen weinen kiesen sol.
die vogel in der wilde betrüebent unser klage.
waz wunders ist, ob ich dâ von an fröiden gar verzage!

25

1 **O** Weh, wohin sind alle meine Jahre entschwunden!
Habe ich mein Leben geträumt oder ist es wahr?
Was immer ich glaubte, es sei etwas – war das etwas?
Demnach habe ich geschlafen und weiß es nicht.
Nun bin ich erwacht, und mir ist unbekannt,
was mir zuvor bekannt war wie meine eigne Hand.
Leute und Land, wo ich aufgewachsen bin,
sind mir so fremd geworden, als sei es eine Lüge.
Mit denen ich gespielt habe sind träge und alt geworden.
Bebaut ist das Feld, gerodet der Wald.
Wenn das Wasser nicht so flösse wie einst,
wäre mein Unglück, meine ich, sehr groß.
Mich grüßt mancher verhalten, der mich früher gut
kannte.
Die Welt ist überall voller Unfreundlichkeit.
Wenn ich an so manche freuderfüllten Tage denke –
die sind mir entfallen wie ein Schlag ins Wasser.
Immermehr: O Weh!

2 **O** Weh, wie erbärmlich sich junge Leute aufführen,
die früher höfischen Sinnes waren!
Die können nichts als Klagen – ach, warum tun sie so?
Wohin ich mich auch wende, da ist niemand lebensfroh:
Tanzen, Lachen und Singen gehen ganz in Sorgen unter.
Kein Christenmensch sah je eine so klägliche Gesell-
Schaut, wie den Damen ihr Kopfputz steht! | schaft.
Die stolzen Ritter tragen unhöfische Kleidung!
Uns sind böse Briefe aus Rom gekommen.
Uns ist Trauerhaltung erlaubt und Freude strikt
verboten.
Das betrübt mich ungemein (früher lebten wir bestens),
daß ich nun Weinen für Lachen eintauschen muß.
Selbst die Vögel in der Wildnis betrübt unsere Klage.

wê waz spriche ich tumber man durch mînen boesen zorn!
swer dirre wünne volget, hât jene dort verlorn.
iemer mêr ouwê.

3 Owê, wie uns mit süezen dingen ist vergeben!
ich sihe die bittern gallen in dem honege sweben.
diu welt ist ûzen schœne wîz, grüen unde rôt,
und innân swarzer varwe vister sam der tôt.
swen si nû habe verleitet, der schouwe sînen trôst:
er wirt mit swacher buoze grôzer sünde erlôst.
dar an gedenket, ritter: ez ist iuwer dinc.
ir tragent die liehten helme und manegen herten rinc,
dar zuo die vesten schilde und die gewîhten swert!
wolte got, wan wære ich der sigenünfte wert!
sô wolte ich nôtic armman verdienen rîchen solt.
joch meine ich niht die huoben noch der hêrren golt:
ich wolte sælden krône êweclîchen tragen:
die mohte ein soldenære mit sînem sper bejagen.
möht ich die lieben reise gevaren über sê,
sô wolte ich denne singen wol, und niemer mêr ouwê,
niemer mêr ouwê.

26

1 Ir reinen wîp, ir werden man,
ez stêt alsô, daz man mir muoz
êr unde minneclîchen gruoz
noch volleclîcher bieten an.
des habet ir von schulden grœzer reht dan ê.

Was Wunder, wenn ich davon ganz freudlos werde!
Ach, was red' ich Törichter in meinem bösen Zorn!
Wer weltlichem Glück folgt, hat das ewige schon
Immermehr: O Weh! | verloren.

3 O Weh, wie wir mit süßen Dingen vergiftet sind.
Ich sehe die bittere Galle im Honig schwimmen.
Die Welt ist außen schön: weiß, grün und rot –
und innen schwarz und finster wie der Tod.
Wen sie nun verführt hat, der schaue nach Rettung aus:
er wird mit geringer Buße von schwerer Sünde erlöst.
Daran denk, Ritter: es liegt an euch.
Ihr tragt die hellen Helme und harte Ringpanzer,
dazu die starken Schilde und die geweihten Schwerter.
Wollte Gott, daß ich der Siege wert wäre!
Dann verdiente ich Bedürftiger reiche Belohnung.
Aber damit meine ich nicht die Güter und der Herren Gold:
ich wollte die Krone der Seligkeit ewig tragen!
Die konnte ein Söldner mit seinem Speer erwerben.
Könnt ich die ersehnte Reise übers Meer unternehmen,
dann würde ich freudig singen und nimmermehr
Nimmermehr: O Weh! | O Weh!

26

1 Ihr reinen Frauen, ihr edlen Männer,
es steht nun so, daß man mir
Anerkennung und freundlichen Gruß
in noch größerem Maße erweisen muß.
Dazu seid ihr mit gutem Grund mehr verpflichtet als früher.

welt ir vernemen, ich sage iu wes.
wol vierzec jâr hab ich gesungen oder mê
von minnen und als iemen sol.
dô was ichs mit den andern geil.
nu enwirt mirs niht, ez wirt iu gar.
mîn minnesanc der diene iu dar,
und iuwer hulde sî mîn teil.

2 Lât mich an einem stabe gân
und werben umbe werdekeit
mit unverzageter arebeit,
als ich von kinde habe getân:
sô bin ich doch, swie nider ich sî, der werden ein,
genuoc in mîner mâze hô.
daz müet die nideren. ob mich daz iht swache? nein!
die werden hânt mich deste baz.
diu wernde wirde diust sô guot,
daz man irz hœhste lop sol geben.
ezn wart nie lobelîcher leben,
swer sô dem ende rehte tuot.

3 Welt, ich hân dînen lôn ersehen:
swaz dû mir gîst, daz nimest dû mir.
wir scheiden alle blôz von dir.
scham dich, sol mir alsô geschehen.
ich hân lîp unde sêle (des was gar ze vil)
gewâget tûsentstunt dur dich:
nû bin ich alt und hâst mit mir dîn gampelspil;
und zürn ich daz, sô lachest dû.
nû lache uns eine wîle noch:
dîn jâmertac wil schiere komen,
und nimet dir swazt uns hâst benomen,
und brennet dich dar umbe iedoch.

Wollt ihr hören? Ich sag euch weshalb.
Wohl vierzig Jahre oder mehr habe ich gesungen
von der Minne und wie man mit ihr umgehe.
Da war ich mit den anderen froh darüber.
Jetzt habe ich nichts davon, es kommt euch allein zu.
Mein Minnesang diene euch weiterhin,
und eure Zuneigung sei, was mir bleibe.

2 Laßt mich – angenommen – an einem Bettelstab gehen
und mich dabei nach Würde streben
in unerschütterlichem Bemühn,
wie ich es von Jugend an getan habe:
so bleibe ich doch, obwohl niedrigen Standes, ein
ehrenwerter Mann,
hoch genug nach meinem Maßstab.
Das ärgert die Niedriggesinnten. Setzt mich das herab?
Die Edlen schätzen mich umso mehr. | Nein!
Beständigkeit im Ansehen ist so wertvoll,
daß man sie am höchsten preisen soll.
Nie war ein Leben vorbildlicher,
als wenn einer dem Ende gerecht wird.

3 Welt, ich habe deine Lohn erfahren:
was du mir gibst, das nimmst du mir auch.
Wir gehen alle nackt von dir.
Schäm' dich, soll es auch mir so widerfahren.
Ich habe Leib und Seele tausendmal – das war wohl
zuviel – um deinetwillen aufs Spiel gesetzt:
jetzt bin ich alt und du treibst mit mir dein Possenspiel;
bin ich darüber erzürnt, dann lachst du.
Verlache uns nur noch eine Weile:
dein Jammertag [Gerichststag] wird bald kommen
und wird dir nehmen, was du uns genommen hast,
und wird dich noch dafür verbrennen.

4 Ich hât ein schœnez bilde erkorn.
owê, daz ich ez ie gesach
ald ie sô vil zuoz ime gesprach!
ez hât schœn und rede verlorn.
dâ wonte ein wunder inne: daz fuor ine weiz war;
dâ von gesweic das bilde iesâ.
sîn lijerôsevarwe wart sô karkelvar,
daz ez verlôz smac unde schîn.
mîn bilde, ob ich bekerkelt bin
in dir, sô lâ mich ûz alsô,
daz wir ein ander vinden frô:
wan ich muoz aber wider in.

5 Mîne sêle müeze wol gevarn!
ich hân zer welte manegen lîp
gemachet frô, man unde wîp.
künd ich darunder mich bewarn!
lobe ich des lîbes minne, deis der sêle leit:
si giht, ez sî ein lüge, ich tobe.
der wâren minne giht si ganzer stætekeit,
wie guot si sî, wies iemer wer.
lîp, lâ die minne diu dich lât,
und habe die stæten minne wert:
mich dunket, der dû hâst gegert,
diu sî niht visch unz an den grât.

4 Ich hatte ein schönes Bild erwählt.
Ach und Weh, daß ich es je erblickte
und immer so viel mit ihm sprach!
Es hat seine Schönheit und Sprache verloren.
In ihm war etwas Wunderbares: es entfloh, weiß nicht wohin:
dadurch vertummte das Bild sofort.
Seine Lilienrosenfarbe wurde so kerkerblaß,
daß es Duft und Glanz verlor.
Mein Bild, wenn ich gekerkert bin
in dir, dann laß mich so frei,
daß wir einander fröhlich finden:
denn ich muß abermals in dich zurück.

5 Meiner Seele möge es gut ergehen!
Ich habe auf dieser Welt manchen
froh gemacht, Mann und Frau.
Hätte ich mein Seelenheil dabei bewahren können!
Preise ich die irdische Liebe, ist's der Seele Leid:
sie sagt, ich lüge, ich sei von Sinnen.
Nur der wahren Liebe billigt sie wirkliche Beständigkeit zu,
Und (sagt), wie gut sie sei, daß sie lang währe.
Mensch, laß ab von der Liebe, die dich verläßt
und halte die beständige [ewige] Liebe hoch:
mir scheint, die du begehrt hast,
ist kein (ganzer) Fisch bis zu den Gräten hin.

Neidhart (von Reuental)

1

1 »Sumer, wis enphangen
von mir hundert tûsent stunt!
swaz herze wunt
was den winter langen,
diu sint geheilet unde ir nôt zergangen,
ledeclîchen vrî von allen twangen.

2 Dû kumst lobelîchen
aber der werlde in elliu lant.
von dir verswant
armen unde rîchen
ir trûren, dô der winder muose entwîchen.
jungen, sult iuch aber zen vröuden strîchen.

3 Walt hât sîne krâme
gein dem meien ûf geslagen.
ich hœre sagen,
vröude bernder sâme
der sî dâ veile nû mit voller âme;
hôchgemuoter, solhes koufes râme!

4 Da ist für trûren veile
manger hande vogele sanc.
ir süezen klanc
ich ze mînem teile
wil dingen, daz er mîne wunden heile«.
alsô sprache ein altiu in ir geile.

5 Der was von der Minne
allez ir gemüete erwagt.

Neidhart (von Reuental)

1

1 »Sommer, sei willkommen geheißen
von mir viel tausendmal!
Wessen Herzen auch immer
den langen Winter über krank waren,
die sind geheilt, und ihr Schmerz ist vergangen;
sie sind gänzlich frei von allen Einschränkungen.

2 Du ziehst herrlich ein
von der Schöpfung hinein in alle Länder.
Du bewirktest,
daß aller Menschen Trauer
verging, als der Winter sich zurückziehen mußte.
Ihr jungen Leute, putzt euch heraus für die kommenden Sommerfreuden.

3 Der Wald hat seine Krambude
den Mai zu Ehren aufgeschlagen.
Ich höre sagen,
daß Freude bringende Saat
jetzt in reichlichem Maß feilgeboten wird;
Erwartungsfroher, trachte nach solcher Ware!

4 Da gibt es gegen das Trauern
allerhand Vogelgezwitscher zu kaufen.
Ihren lieblicher Gesang
will ich wenigstens für mich erstehen,
damit er meine Wunden heile.«
So sprach eine Alte in ihrer Liebestollheit.

5 Sie war von der Minne
vollkommen gepackt.

ein stolziu magt
sprach: ›si, küneginne,
wie mangen dû beroubest sîner sinne!
mir ist nôt, waz erzenîe ich gewinne‹.

6 »Sî hât mit ir strâle
mich verwundet in den tôt;
wan seneder nôt
lîde ich grôze quâle.
si ist von rôtem golde, niht von stâle.
an mîn herze schôz si zeinem mâle«.

7 ›Sage, von welhen sachen
kom, daz dich diu Minne schôz?‹
»unsenftic lôz
kan diu minne machen:
si twinget, daz man swindet under lachen,
selten slâfen, dicke in trûren wachen«.

8 Wol verstuont diu junge,
daz der alten ir gedanc
nâch fröiden ranc –
als ich gerne runge,
ob mich ein sendiu sorge niht entwunge
unde an herzeliebe mir gelunge.

2

1 »Fröut iuch, junge und alte!
der maie mit gewalte
den winter hât verdrungen;
die bluomen sint entsprungen.
wie schôn diu nahtegal
ûf dem rîse

Ein stattliches junges Mädchen
sprach: ›Ei, wie beraubst du, Königin (Minne),
nicht gerade wenigen (Alten) deren Verstand!
Es ist dringend geboten, daß ich Arznei herbeischaffe.‹

6 »Sie hat mit ihrem Pfeil
mich auf den Tod verwundet;
denn von der Liebessehnsucht
leide ich größte Not.
Er [Pfeil] ist aus rotem Gold, nicht aus Stahl.
Mit einem einzigen Schuß hat sie in mein Herz
getroffen.«

7 ›Sag', woher kommt es,
daß dich die Minne so getroffen hat?‹
»Schweres Schicksal
kann die Minne bewirken:
sie nötigt dazu, daß man abmagert unter Lachen,
nie mehr schlafen kann und oft trauernd wacht.«

8 Die Junge verstand sehr wohl,
daß das Sinnen und Trachten der Alten
auf Liebesfreuden gerichtet war –
ach, so wie ich auch mit Verlangen danach strebe,
wenn mich nur nicht mein Liebesschmerz hinderte
und mir Liebesglück zuteil würde.

2

1 »Freut euch, Junge und Alte!
Der Mai hat mit Macht
den Winter vertrieben;
die Blumen sind emporgesprossen.
Wie schön läßt die Nachtigall
auf dem Zweig

in manger wîse
singet wunneclîchen schal.

2 Walt nu schône loubet.
»mîn muoter niht geloubet
der joch mit einem seile«,
sô sprach ein maget geile,
»mir bunde einen fuoz,
mit den kinden
zuo der linden
ûf den anger ich doch muoz.«

3 Daz gehôrte ir muoter:
›jâ swinge ich dir daz fuoter
mit stecken umbe den rugge.
vil kleine grasemugge.
wâ wilt dû hüpfen hin
ab dem neste?
sitze und beste
mir den ermel wider in!‹

4 »Muoter, mit dem stecken
sol man die runzen recken
den alten als eim sumber.
noch hiuwer sît ir tumber,
dan ir von sprunge vart.
ir sît tôt
vil kleiner nôt;
ist iu der ermel abe gezart«.

5 Ûf sprang sî vil snelle.
›der tievel ûz dir belle!
ich wil mich dîn verzîhen.
dû wilt vil übel gedîhen.‹
»muoter, ich lebe iedoch.

in vielen Variationen
ihren wunderbaren Gesang hören.

2 Der Wald ist frisch belaubt.
»Meine Mutter glaubt nicht,
wenn einer mit einem Seil,«
sprach ein lebensfrohes Mädchen,
»mir den Fuß festbinden würde,
ich müßte doch mit den Mädchen
zur Linde
auf die Wiese gehen.«

3 Das hörte ihre Mutter:
›Warte nur, ich werde dir das Futter
mit einem Stock auf den Rücken bugsieren.
Du winzige Grasmücke.
Wo willst du hinhüpfen
aus dem Nest?
Setz dich und nähe
mir den wieder Ärmel an!‹

4 »Mutter, mit dem Stock
soll man den Alten die Runzeln
wie einer Trommel glätten.
Dieses Jahr seid ihr noch dümmer,
als ihr es schon ursprünglich wart.
Ihr fühlt euch
aus der geringsten Ursache dem Tod nahe –
wenn euch nur der Ärmel abgerissen ist.«

5 Schnell sprang sie auf.
›Der Teufel bellt ja aus dir!
Ich will auf dich verzichten.
Du wirst dich äußerst übel entwickeln.‹
»Mutter, ich weiß mich zu benehmen,

swie iu troume;
bî dem soume
durch den ermel gât daz loch.«

3

1 Ine gesach die heide
nie baz gestalt,
in liehter ougenweide
den grüenen walt.
bî den beiden kiese wir den meien.
ir mägde, ir sult iuch zweien,
gein dirre liehten sumerzît in hôhem muote reien.

2 Lop von mangen zungen
der meie hât.
die bluomen sint entsprungen
an manger stat,
dâ man ê deheine kunde vinden.
geloubet stât diu linde.
dâ hebt sich, als ich hân vernomen, ein tanz von höfschen kinden.

3 Die sint sorgen âne
und vröuden rîch.
ir mägede wolgetâne
und minneclîch,
zieret iuch, daz iu die Beier danken,
die Swâbe und die Franken!
ir brîset iuwer hemde wîz mit sîden wol zen lanken.

4 ›Gein wem solt ich mich zâfen?‹
sô redete ein maget.
›die tumben sint entslâfen;

während ihr träumt.
Am Saum
geht das Loch durch den Ärmel.«

3

1 Ich habe die Heide
nie prächtiger gesehen
und im glänzenden Outlook
den grünen Wald.
An beiden können wir den Mai erkennen.
Ihr Mädchen, ihr sollt euch zu zweit aufmachen,
in dieser hellen Sommerzeit fröhlich zu tanzen.

2 Der Mai wird
von vielen Menschen gepriesen.
Die Blumen sind emporgesprossen
an vielen Stellen,
wo man vorher keine finden konnte.
Im grünen Laub steht die Linde.
Da beginnt – wie ich hörte – ein Tanz von hübschen
jungen Menschen.

3 Die sind unbeschwert
und frohen Herzens.
Ihr wohlgestalten und
lieblichen Mädchen,
putzt euch heraus, daß die Baiern euch danken,
die Schwaben und die Franken!
Schnürt eure weißen Röcke mit seidenen Bändern
gefällig um die Hüften!

4 ›Für wen sollte ich mich schön machen?‹,
sprach ein Mädchen.
›Die unerfahrenen jungen Männer sind eingeschlafen;

ich bin verzaget.
vreude und êre ist al der werlde unm*ae*re.
die man sint wandelbære.
deheiner wirbet umbe ein wîp,   der er getiuwert wære.‹

5 »Diu rede soltû behalten«,
sprach ir gespil.
»mit vröuden sul wir alten:
der manne ist vil,
die noch gerne dienent guoten wîben.
lât solhe rede belîben!
ez wirbet einer umbe mich,   der trûren kan vertrîben.«

7 ›Den soltu mir zeigen,
wier mir behage.
der gürtel sî dîn eigen,
den umbe ich trage!
sage mir sînen namen, der dich minne
sô tougenlîcher sinne!
mir ist getroumet hînt von dir, dîn muot der stê von hinne.‹

8 »Den si alle nennent
von Riuwental
und sînen sanc erkennent
wol über al,
derst mir holt. mit guote ich im des lône:
durch sînen willen schône
sô wil ich brîsen mînen lîp.   wol dan, man liutet none!«

ich bin entmutigt.
Freude und Ehre sind der ganzen Welt gleichgültig.
Die Männer sind wankelmütig.
Keiner wirbt um eine Frau, die ihn angesehen machen würde.‹

5 »Behalte diese Ansicht für dich«,
sprach ihre Freundin.
»Mit Freude sollen wir leben (alt werden):
es gibt doch noch viele Männer,
die bereitwillig ehrenwerten Frauen dienen wollen.
Laß solches Gequatsche!
Sieh, es wirbt einer um mich, der Trauer vertreiben kann.«

7 ›Den mußt du mir schon zeigen,
ob er mir gefallen könnte.
Dafür setze ich den Gürtel,
den ich trage!
Sag mir seinen Namen, der dich
in aller Heimlichkeit so liebt!
Ich träumte heute von dir, dich zieht's woanders hin!‹

8 »Den sie allen nennen
den von Reuental
und seine Sangeskunst
überall kennen und schätzen –
der ist mir gewogen. Mit angemessenem Verhalten lohne
nach seinem freundlichen Wunsch | ich ihm es:
werde ich mich schnüren. Wohlauf, man läutet Mittag!«

4

1 **E**in altiu diu begunde springen
hôhe alsam ein kitze enbor: si wolde bluomen bringen.
»tohter, reich mir mîn gewant!
ich muoz an eines knappen hant,
der ist von Riuwental genant.
traranuretun traranuriruntundeie.«

2 ›Muoter, ir hüetet iuwer sinne!
erst ein knappe sô gemuot, er pfliget niht stæter minne.
»tohter, lâ mich âne nôt!
ich weiz wol, waz er mir enbôt.
nâch sîner minne bin ich tôt.
traranuretun traranuriruntundeie.«

3 Dô sprachs' ein alte in ir geile:
»trûtgespil, wol dan mit mir! ja ergât ez uns ze heile.
wir suln beid nâch bluomen gân.
war umbe solte ich hie bestân,
sit ich so vil geverten hân?
traranuretun traranuriruntundeie.«

5

1 **O**wê, sumerzît,
daz dir niemen hilfe gît!
waz dir hazzes unde nît
aber ûf dînen rucke lît,
ê der winder sînen strît
an dir gar volende, als im sîn wille gegen dir stât!
es ist dir gehaz,

4

1 **E**ine Alte sprang
hoch wie ein Rehkitz, empor. Sie wollte Blumen bringen.
»Tochter, reich' mir mein Kleid!
Ich muß zu einem Knappen,
der ist von Reuental genannt.
traranuretun traranuriruntundeie.«

2 ›Mutter, behalte deinen Verstand!
Er ist ein Knappe, der in der Liebe nicht treu sein kann.‹
»Tochter, laß mich in Ruhe!
Ich weiß genau, was er mir angeboten hat.
Nach seiner Liebe bin ich geradezu süchtig.
traranuretun traranuriruntundeie.«

3 Da rief sie einer anderen Alten in ihrer Besessenheit zu:
»Liebste Freundin, gehe mit mir! Es wir uns beiden gut tun.
Wir sollen uns dem Sommervergnügen hingeben.
Warum sollte ich hier bleiben,
da ich doch so viele Gespielen habe?
traranuretun traranuriruntundeie.«

5

1 **O** Weh, Sommerzeit,
daß niemand dir zu Hilfe kommt!
Was immer an Haß und Neid
oben auf deinem Rücken lastet,
bevor der Winter seinen Kampf
mit dir siegreich zu Ende bringt, gemäß seinem dir entgegenstehenden Willen!
Er ist dir verhaßt,

ich enweiz niht, umbe waz.
sît er dînen stuol besaz,
selten er daz ie vergaz,
ern twunge ie vürebaz.
sîn gewalt wol tûsent ellen vür den dînen gât.
er hât in diu lant
dir ze schaden her gesant
allez sîn gesinde, daz dich roubet offenlîche mit
gewalticlîcher hant.

2 Sîne winde kalt
habent dînen grüenen walt
harte jâmerlîch gestalt.
des diu heide sêre enkalt
an ir bluomen manicvalt.
si ist verderbet, daz si sich ze hove wil beklagen.
bluomen unde loup
was des rîfen êrster roup,
den er in die secke schoup.
er enspielt in noch enkloup.
des ist manic herze toup,
daz an sînen vröuden wol von schulden muoz verzagen.
îs und anehanc
hât der vogelîne sanc
gar gestillet in den welden, dâ si müezen swîgen allen
disen winder lanc.

3 Bluomen unde klê,
manger hande wünne mê,
die verderbent uns der snê.
disiu sorge tut mir wê,
daz uns iht vor im bestê.

ich weiß nicht, warum.
Seitdem er deinen Platz eingenommen hat,
hat er noch nie vergessen,
dich immer mehr zu bedrängen.
Seine Macht ist tausendmal stärker als deine.
Er hat in die Länder
dir zum Schaden
alle seine Gefolgsleute ausgesandt, die dich offen mit
brutaler Hand ausrauben.

2 Seine kalten Winde
haben deinen grünen Wald
fürchterlich zugerichtet.
Davon ist die Heide
der Vielfalt ihrer Blumen ganz beraubt.
Sie ist so zu Grunde gerichtet, daß sie sich bei Hofe
| beklagen will.
Blumen und Blätter
waren des Reifs erste Beute,
die er in die Säcke stopfte.
Er machte kurzen Prozeß.
Deshalb ist manches Herz leer,
das an seinem Freudverlust zu Recht leiden muß.
Eis und seine Begleiter
haben den Gesang der Vögel
in den Wäldern vollkommen verstummen lassen, wo sie
nun den ganzen Winter schweigen müssen.

3 Blumen und Klee
und noch so vieles an Freude mehr
vergällt uns der Schnee.
Es schmerzt mich die Sorge,
daß nichts vor ihm bestehen kann.

sumer, dîne holden von den huoben sint gevarn.
leit ist mir geschehen
an der liehten sunne brehen,
die wir dicke trüebe sehen,
des wir alle müezen jehen.
beidiu vinger unde zehen
sol ein ieslîch man vor disen winden wol bewarn.
ougen unde brâ
vor der winderæzen schrâ
sult ir wol behüeten, wan si verwet einen jungen, daz man wænet, er sî grâ.

4 Swaz ich tumber klage
bluomen und die liehten tage
unde an freuden niht verzage
bî dem kumber, den ich trage
(mêre, denne ich iemen sage),
daz ist ir gedienet, der ich vil gedienet hân
unde ir dienen wil
unz an mîner jâre zil,
ir sî lützel oder vil.
disen ruom ich nieman hil.
habe siz immer für ein spil,
doch sô wil ich dienen ir ûf einen guoten wân.
lîhte kumt ein tac,
daz ich sô gedienen mac,
daz mir von der guoten wirt gelônet, daz ich von ir füere freuden vollen sac.

5 Aller mîn gerinc
daz ist ein verloren dinc.
swenne ir alle sprechet: »sinc,
ungemüete von mir swinc!«,
sone lât ein getelinc

Sommer, deine Gehilfen haben das Land verlassen.
Mir ist Leid zugefügt worden
vom Glanz der sonst so hellen Sonne,
die wir jetzt oft trübe sehen.
Das müssen wir alle eingestehen.
Finger und Zehen
soll jedermann vor diesen Winden gut schützen.
Ihr sollt Augen und Wimpern
vor dem winterrauhen Schneewind
in acht nehmen, denn er verfärbt einen Jungen so, daß
man meint, er sei (alt und) grau.

4 Was immer ich Tor beklage
– den Verlust an Blumen und hellen Tagen –
ich habe Hoffnung auf Freude
trotz des Kummers, den ich trage
(mehr, als ich zugeben möchte) –
das geschieht ihr zuliebe, der ich sehr gedient habe
und immer dienen will
bis ans Ende meiner Jahre,
seien es ihrer wenige oder viel.
Diesen Anspruch will ich niemand verheimlichen.
Hält sie das auch nur für ein Spiel,
so will ich ihr doch in guter Hoffnung dienen.
Vielleicht kommt der Tag,
an dem ich ihr zu so dienen imstande bin,
daß mich die Liebenswürdige belohnt und ich mit
einem Sack voller Freuden von ihr gehen kann.

5 Mein ganzes Bemühen
ist eine verlorene Sache.
Wenn ihr alle sprecht: »Sing,
wende von mir Unglück ab!«,
so läßt ein Bauernrüpel

sî niht hœren mînen sanc: daz lât iuch wesen leit!
derst ir dicke bî
unde heizet mandelzwî;
wie der gouch getoufet sî,
der gewizzen bin ich vrî.
sîner nâchgebûren drî
habent ungevrâget etewenne alsô geseit,
daz er Eberzant
in der toufe sî genant.
disen sumer habent si mich verdrungen, er und ener sîn
geloufte Herebrant.

6 Die zwên geugeweten,
sint von Künehôhesteten.
als ein lew an einer keten
gênt si an dem tanze treten
bî der lieben ungebeten.
swaz si dâ mit ir gerûnent, deist mîn ungewin
und ist mir getân.
owê, welch ein sunderwân!
waz ich ungemaches hân
(mêre, dann ein ander man),
des ich niht erwenden kan!
sô mit ungenâden loufent mîne tage hin.
wê, gelückes rât,
wenne sol ich mîne stat
ûf dir vinden, oder wenn sol ich mînen vuoz gesetzen in
der sælden pfat?

7 In der sælden pfat
ich noch leider nie getrat.
dâ ich ie genâden bat,
dâ verstiez mich mîner stat
ein gebûwer gogelsat.

sie meinen Gesang nicht hören: das wird euch leid tun!
Der ist oft bei ihr
und heißt Mandelzweig;
wie der Narr wirklich heißt,
das weiß ich nicht.
Drei seiner Nachbarn
haben ungefragt einmal gesagt,
daß er auf Eberzahn
getauft worden sei.
Letzten Sommer haben sie mich bedrängt, er und einer seiner Kumpel namens Heerbrant.

6 Die zwei Gaugesellen
sint von Königstetten.
Wie ein Löw an einer Kette
tapsen sie ungebeten
im Tanze mit der Geliebten.
Was immer sie mit ihr flüstern, gereicht mir zum Nachteil
und geht zu meinen Lasten.
O Weh, welch eine freche Zuversicht!
Was ich doch für Unglück habe
(mehr als ein anderer),
das ich nicht ändern kann!
So vergehen meine Tage unglücklich dahin.
Ach, Glücksrad,
wann werde ich meinen Platz
auf dir finden oder wann meinen Fuß auf den Pfad des Glückes setzen?

7 Den Pfad des Glückes
habe ich leider noch nicht betreten.
Wo ich je um Erhörung bat,
dort stieß mich weg
ein Bauer namens Gogelsat.

solher vlüste hân ich her gespilt wol drîzec jâr,
minnehalp verlorn
beide schaden unde zorn,
den ich lîhter het verborn.
daz doch nimmer wirt verkorn,
des ich tiuwer hân gesworn.
an der lieben Vriderûnen hup ez Engelmâr,
der ir spiegel nam,
des im gouche niht gezam.
des ist unvergezzen: ich getuo ir einem sînes herzen
küneginne alsam.

6

1 »Sinc an, guldîn hûon! ich gibe dir weize.«
(schiere dô
wart ich vrô)
sprach si, nâch ir hulden ich vil gerne singe.
alsô vreut den tumben guot geheize
durch daz jâr.
würde ez wâr,
sô gestuont nie mannes muot sô ringe,
alsô mir der mîne danne wære.
mac si durch ir geilicheit
miniu leit
wenden? ja ist mir mîn kumber klagebære.

2 Los ûz! ich hœr in der stuben tanzen.
junge man,
tuot iuch dan!
dâ ist der dorefwîbe ein michel trünne.
dâ gesach man michel ridewanzen.
zwêne gigen.
dô si swigen,

Solche Verluste habe ich nun fast 30 Jahre eingespielt,
in Minneangelegenheiten verloren,
Schaden und Zorn (gewonnen),
die ich besser unterlassen hätte.
Nie wird das vergessen,
das habe ich fest geschworen.
Bei der holden Friderun begann es mit Engelmar,
der ihr den Spiegel raubte,
was ihm aber als Narren nicht zukam.
Doch ich denke daran: ich werde mit einer ihrer Herzensköniginnen ebenso verfahren.

6

1 »Sing an, goldenes Huhn, ich gebe dir Weizen«,
(sogleich
wurde ich froh)
sprach sie, um deren Gunst ich so gerne singe.
So freut den Toren die schöne Verheißung
das ganze Jahr hindurch.
Würde sie wahr,
so wäre nie eines Mannes Sinn so froh gewesen
wie mir.
Kann sie mit ihrer Geilheit
meine Leiden
wenden? Ja, wie ist mein Kummer beklagenswert.

2 Horch hin! Ich höre in den Stuben tanzen.
Ihr jungen Männer,
auf geht's!
Da ist ein ganzer Schwarm von Dorfmädchen.
Da sah man ein großes Ridewanzen [den Ridewanz tanzen].
Zwei spielten Geige.
Als sie schwiegen,

daz was geiler getelinge wünne.
seht, dô wart ze zeche vor gesungen!
durch diu venster gie der galm.
Adelhalm
tanzet niwan zwischen zwein vil jungen.

3 Rûmet ûz die schämel und die stüele!
heiz die schragen
vürder tragen.
hiute sul wir tanzens werden müeder.
werfet ûf die stuben, sô ist ez küele,
daz der wint
an diu kint
sanfte wæje durch die übermüeder!
sô die voretanzer danne swîgen,
sô sult ir alle sîn gebeten,
daz wir treten
aber ein hovetänzel nâch der gîgen:

4 Gôzbreht, Willebolt, Gumpreht und Eppe,
Willebreht,
meiers kneht,
Werenbolt und ouch der junge Tuoze,
Megenbolt, des meiers sun, und Reppe,
Irenwart,
Sigehart,
Gîselher und Fridegêr und Uoze:
der ist ein vil tumber Holingaere,
er gêt vrîen durch das jâr
(des nemt war!)
unde ist doch den meiden gar unmære.

war das lustiger Burschen Amüsement.
Seht, da wurde der Reihe nach vorgesungen!
Durch die Fenster drang der Lärm.
Adelhalm
tanzt immer nur mit zwei jungen Mädchen.

3 Räumt die Schemel und Stühle hinaus!
Laß die Tische
wegtragen.
Heute wollen wir vom Tanze todmüde werden.
Reißt die Türen auf, dann wird es kühl,
daß die Luft
den Mädchen
sanft durch die Mieder weht!
Wenn die Vortänzer dann fertig sind,
seid ihr alle aufgefordert,
daß wir wieder
ein höfisches Tänzchen nach der Musik der Geigen
machen:

4 Gozbrecht, Willebold, Gumprecht und Eppe,
Willebreht,
des Meiers Knecht,
Werenbold und auch der junge Tuße,
Megenbolt, des Meiers Sohn, und Reppe,
Irenwart,
Sigehart,
Giselher und Frideger und Uße:
der ist ein überaus törichter Hollinger;
er ist das ganze Jahr über auf Freiersfüßen
(das macht euch mal klar!)
und ist dennoch den Mädchen völlig gleichgültig.

5 Sâht ir ie gebûren sô gemeiten
als er ist?
wizze Krist!
er ist al ze vorderst anme reien.
niuwen vezzel zweier hende breiten
hât sîn swert.
harte wert
dünket er sich sîner niuwen treien.
diust von kleinen vier und zweinzec tuochen;
di ermel gênt im ûf die hant:
sîn gewant
sol man an eim œden kragen suochen.

6 Dörperlich stât allez sîn gerüste,
daz er treit.
mirst geseit,
er sinn Engelboltes tohter Âven.
den gewerp erteile ich im ze vlüste.
si ist ein wîp,
daz ir lîp
zæme wol ze minne einem grâven.
dâ von lâze er sich des wîsen tougen.
zecke er anderthalben hin!
den gewin
trüege er hin ze Meinze in sînem ougen.

7 Imst sîn treie nie sô wol zerhouwen
noch sîn kel
nie sô hel,
er enmüge sî sîn wol erlâzen.
disen sumer hât er si gekouwen
gar für brôt.
schamerôt
wart ich, dô sî bî einander sâzen.

5 Saht ihr jemals einen so stattlichen Bauern
wie er ist?
Weiß Gott!
Er ist immer der erste beim Reigen.
Ein neues Band, zwei Hände breit,
hat sein Schwert.
Sehr vornehm
tut er wegen seines neuen Wamses.
Das besteht aus vierundzwanzig kleinen Tüchern;
die Ärmel gehen ihm bis auf die Hand:
sein Gewand
wird man sonst an einen armen Hals suchen.

6 Bauernhaft ist seine gesamte Ausstattung,
die er trägt.
Man sagte mir,
er freie um Engelboltese Tochter Ava.
Dieses Ansinnen sehe ich scheitern.
Sie ist eine Frau,
deren ganze Erscheinung
einem Grafen zur Minne sehr wohl anstehen würde.
Darüber soll er sich diskret von einem Weisen belehren lassen.
Reize er an anderer Stelle!
Den Gewinn
könnte er leicht selbst ins ferne Mainz tragen.

7 Sein Wams ist nicht sonderlich schön geschnitten,
seine Kehle
nicht so hell,
daß er es unterlassen müßte, um sie zu werben.
Diesen Sommer hat er sie gleichsam gekaut
wie Brot.
Schamrot
wurde ich, als sie beieinander saßen.

wirt sî mir, der ich dâ gerne diene,
guotes gibe ich ir die wal,
Riuwental
gar vür eigen: deist mîn Hôhiu Siene.

7

1 **B**luomen und daz grüene gras
beidiu sunt verswunden.
nu treit uns aber diu linde vür die sunnen nindert schat.
ê, dô sî geloubet was,
dô hiet man dâ vunden
vil maneger hande vreuden. dâne gêt nu nindert phat,
dâ wir dô
ie sô vrô
bî ein ander wâren.
diu vreude hat ein ende, dô diu zît begunde swâren.
des trûret manic herze, des gemüete stuont ê hô.

2 Rôsen ist iu heide blôz
von des rîfen twange.
diu vogelîn in dem walde habent nindert obedach.
winder, dîn unstætic lôz
twinget uns ze lange:
von dir und einem wîbe lîde ich ungemach,
der ich gar
mîniu jâr
hân gedienet lange
von herzen williclîchen, eteswenne mit gesange.
des ist mir niht gelônet noch, wie kleine ist umbe ein hâr.

Gewinne ich sie, der ich da gerne diene,
gebe ich ihr mein Gut zur Wahl,
ja, Reuental
mache ich ihr zu eigen: das ist mein Hoch-Siena.

7

1 **B**lumen und das grüne Gras
sind verschwunden.
Nun bietet uns die Linde keinen Schatten mehr gegen | die Sonne.
Früher, als sie belaubt war,
hatte man dort finden können
vielerlei Freude. Da führt nun kein Pfad mehr hin,
wo wir
immer so vergnügt
zusammen waren.
Die Freude war vorbei, als die Jahreszeit trüb wurde.
Darüber trauern viele Herzen, die vorher frohgemut waren.

2 Ohne Rosen steht die Heide
durch den harten Reif.
Die Vöglein im Wald haben nirgends ein Obdach mehr.
Winter, dein rauhes Wesen
bedrängt uns zu lange:
von dir und einer Frau erleide ich Pein;
ihr hatte ich
sehr lange
gedient –
von ganzem Herzen und auch gelegentlich mit Gesang.
Dafür wurde mir kein Lohn zuteil, sei er auch noch so gering.

3 Man sol willetôre sîn
aller guoten wîbe,
und in ir willen hengen, der ir hulde welle haben.
daz ist der geloube mîn,
swie sô mir mîn schîbe
ze wunsche niht enloufe. ich wæne, ich werde alsô begraben,
dazs ir muot
mir ze guot
gein mir iht verkêre.
diu schult diu lît ûf Watken unde ûf jenem Ôtegêre,
daz sî nu alsô dicke mir sô toubez ôre tuot.

4 Geuden giengen sî gelîch
hiwer an einem tanze.
dâ muosten drîe vor im gîgen, und der vierde pheif.
sîner vröuden wart er rîch
under sînem kranze.
er nam im, dâ diu schœne gie, vil manegen umbesweif:
Erkenvrit
allez mit
vaste an sînem diehe;
er wunschte, daz er mir an ir daz helmel vor geziehe.
er hât den vuoz verlenket hiwer an einem geilen trit.

5 Dienest âne sælikeit
nieman kan volenden.
ich hân ez rehte ervunden: kleiner lôn ist mir beschert.
mîn verloren arebeit
wil mich dicke phenden
an vreuden. ungelücke maneger sælden mich behert.
ich verzage
daz mîne klage
niht ir herze entsliuzet

3 Man muß schon bereitwillig ein Tor
aller liebenswerten Frauen sein
und ihren Willen erfüllen, strebt man nach ihrer Gunst.
Das ist meine Auffassung,
obwohl mein Glücksrad mir
nicht nach Wunsch läuft. Ich glaube mich bald begraben,
wenn sie ihre Gesinnung
mir gegenüber
nicht zu meinen Gunsten ändert.
Schuld daran haben Watke und jener Oteger,
daß sie gegenwärtig oft nur taube Ohren für mich hat.

4 Wie Prahlhänse gingen sie
kürzlich bei einem Tanz einher.
Da mußten drei vor ihm geigen, einer vierter blies.
Große Freude hatte er
unter seinem Kranz.
Wo die Schöne ging, schlich er oft herum:
Erkfried,
ständig und
dicht an seiner Seite.
Er wünschte, daß ich den kürzeren bei ihr ziehe.
Er hat sich den Fuß verrenkt bei einem wilden Tanz.

5 Minnedienst ohne Erfüllung
kann niemand leisten.
Ich habe es wirklich erfahren: geringer Lohn wurde mir zuteil.
Meine verlorenen Liebesmüh
wird mir oft
die Freude nehmen. Erfolglosigkeit beraubt mich vieler Annehmlichkeiten.
Ich fürchte,

und daz er gegen ir in rûnewarten bölzel schiuzet,
sich güffent, daz er mich ze jungist von ir dienste jage.

6 Swer versmæhet mînen sanc
und sîn spottelachet,
wol singen unde rûnen habent ungelîchen lôn.
ê, d'r in diu ôren klanc,
was er ungeswachet.
nu klinget er ûf zwîvel, niene ûf rehten lobes dôn.
minne riet,
daz ich liet
nâch ir hulden sunge.
daz tet ich unde wânt des niht, daz mir dâ misselunge.
nu læt mir niht gelingen ein vil hiuziu dörperdiet.

Otto von Botenlauben

1

1 ›Wie sol ich den ritter nû gescheiden
und daz vil schœne wîp,
die dicke bî ein ander lâgen ê?
dâ rât ich an rehten triuwen beiden
und ûf mîn selbes lîp,
daz sie sich scheiden und er dannen gê.
mâze ist ze allen dingen guot.
lîp und êre ist unbehuot,

daß meine Klage
ihr Herz nicht öffnet
und daß er auf sie heimlich Pfeile abschießt,
und sich rühmt, daß er mich bald aus ihrem Dienst
jagen werde.

6 Wer auch immer meine Sangeskunst ablehnt
und über sie spottend lacht –
hohe Sangeskunst und heimliches Geflüster erhalten
ungleichen Lohn.
Früher, als er in die Ohren einging,
war mein Gesang nicht unangetastet.
Jetzt aber ist er unsicher, nicht mehr im Stile eines
Minne riet mir (einst), | echten Preisliedes.
daß ich Lieder
um ihrer Gunst willen singe.
Das tat ich und glaubte nicht an mein Mißlingen.
Ursache meiner Erfolglosigkeit ist jetzt ein freches
Bauernvolk.

Otto von Botenlauben

1

1 ›Wie soll ich den Ritter
und die zauberhaft schöne Frau voneinander trennen,
die oft schon beieinander lagen?
Da rate ich bei der Treue der beiden
und bei meinem eigenen Leben,
daß sie sich trennen und er weggehe.
Maßhalten ist in jeder Lebenslage richtig.
Leben und Ansehen sind ungeschützt,

ob man iht langer lît.
ichn singe eht anders niht wan: es ist zît.
stant ûf, ritter!‹

2 »Dîn kuslîch munt, dîn lîp klâr unde süeze,
dîn drucken an die brust,
dîn umbevâhen lât mich hie betagen.
daz ich noch bî dir betagen müeze
ân aller fröiden vlust!
sô daz geschiht, son dürfen wir niht klagen.
dîn minne ist gar ein zange mir;
si klemmet mich, ich muose ze dir,
gienc ez mir an den lîp.«
›dichn lât der tac, daz klage ich, sendez wîp.‹
›stânt ûf, ritter!‹

3 »Hœrstu, friunt, den wahter an der zinnen
wes uns sîn sanc verjah?
wir müezen uns nu scheiden, lieber man.
alsus muost du leider von mir hinnen,
dô der tac ûf brach
und uns diu naht sô flüchteclîche entran.
naht gît senfte, wê tuot der tac.
owê, herzelieb, in mac
dîn wol verbergen nieht.
uns nimt der fröide vil daz grâwe lieht.«
›stant ûf, ritter!‹

2

1 **W**ære Kristes lôn niht alsô süeze,
so enlieze ich niht der lieben frouwen mîn,
diech in mînem herzen dicke grüeze.
sie mac vil wol mîn himelrîche sîn,

wenn man jetzt noch länger liegt.
Ich singe anderes nicht als: es ist Zeit!
Steht auf, Ritter!‹

2 »Dein einladender Mund, dein reiner und schöner
dein sanftes Anpressen an meine Brust, | Körper
und deine Umarmung führen mich an den Tagbeginn.
O, daß ich doch noch mit dir
Liebesfreude ohne Einschränkung erleben möge.
Geschieht das nicht, dürfen wir nicht klagen.
Deine Liebe ist wie ein Zange für mich;
sie zwängt mich, ich muß zu dir –
und ginge es um mein ganzes Leben.«
›Der Tag verhindert dies, das beklag ich, liebende Frau.
›Steht auf, Ritter!‹

3 »Hörst du, Geliebter, den Wächter an der Zinne,
was uns sein Gesang verhieß?
Wir müssen uns jetzt trennen, lieber Freund.
Ja, du mußt leider von mir gehen,
da der Tag angebrochen ist
und uns die Nacht unter den Fingern zerrann.
Nacht schafft Wohlbehagen – Schmerzen beschert der
O Weh, Herzallerliebster, ich kann | Tag.
dich nicht mehr sicher verbergen.
Das graue Tageslicht nimmt uns viel Liebesglück.«
›Steht auf, Ritter!‹

2

1 Wäre die Belohnung durch Christus nicht so herrlich,
dann gäbe ich nicht meine liebe (Minne-) Herrin auf,
mit der ich in meinem Herzen oft rede.
Sie kann recht wohl mein Himmelreich sein,

swâ diu guote wone al umbe den Rîn.
herre got, nu tuo mir helfe schîn,
daz ich mir erwerbe noch die hulde dîn!

2 »Sît er giht ich sî sîn himelrîche,
sô habe ich in zuo gote mir erkorn,
daz er niemer fuoz von mir entwîche.
herre got, lâ dirz niht wesen zorn.
erst mir in den ougen niht ein dorn,
der mir hie ze fröiden ist geborn.
kumt er mir niht wider, mîn spilnde fröide ist gar verlorn.«

Burkhart von Hohenfels

1

1 Wir sun den winder in stuben enpfâhen,
wol ûf, ir kinder, ze tanz sun wir gâhen!
volgent ir mir,
sô sun wir smieren und zwinken und zwieren nâch lieplîcher gir.

2 Schône umbeslîfen und doch mit gedrange.
breste uns der pfîfen, sô vâhen ze sange,
respen den swanz:
sô sun wir rucken und zocken und zucken; daz êret den tanz.

3 Nieman verliuse sîner fröiden gewinne;
ie der man kiese sîn trût daz er minne.
sanfte daz tuot!

wo immer die Geliebte in der Rheingegend auch lebt.
Herrgott, erweise mir jetzt Hilfe,
damit ich mir und ihr deine Gnade erwerbe.

2 »Da er sagt, ich sei sein Himmelreich,
habe ich ihn mir zum Gott auserwählt,
damit er keinen Fußbreit von mir gehe.
Herrgott, sei deswegen nicht zornig,
er ist für mich wahrlich kein Dorn im Auge,
der mir hier als Freudenbringer geboren ist.
Kommt er nicht wieder (von der Kreuzfahrt) zurück, ist mein ganzes Glück zerstört.«

Burkhart von Hohenfels

1

1 Wir wollen den Winter in der Stube empfangen.
Wohlan, ihr Kinder, zum Tanz sollen wir eilen!
Folgt ihr mir,
so werden wir lächeln und zwinkern und blinzeln in lustvoller Begierde.

2 Schön wollen wir uns drehen und doch etwas drängen.
Fehlt's uns an Pfeifen, wollen wir zum Gesang greifen,
die Schleppe raffen:
so wollen wir rücken und ziehen und zerren; das gehört ja zum Tanz.

3 Niemand möge Einbuße an Tanzfreuden erleiden;
jeder wähle seinen Schatz aus, den er liebt.
Das ist so angenehm!

swie si dâ wenke, sô trefs anz gelenke, daz kützelt den muot.

4 Nieman sol stœren die minne ûz dem muote.
er wil sich tœren: si wehset von huote.
liep âne wanc,
swie si doch smucket, si luodert, si lucket ir friundes danc.

5 Fröide uns behuote vor sorclîchen dingen.
slîchendem muote 'z gevider lânt swingen.
nieman sol toben:
wenket si dicke die smierenden blicke, daz reizet zem kloben.

2

1 **D**ô der luft mit sunnen viure
wart getempert und gemischet,
dar gap wazzer sîne stiure;
dâ wart erde ir lîp erfrischet.
dur ein tougenlîchez smiegen
wart si fröiden frühte swanger.
daz tet luft, in wil niht triegen:
schouwent selbe ûz ûf den anger.
fröide unde frîheit
ist der werlde für geleit.

2 Uns treib ûz der stuben hitze,
regen jagte uns în ze dache:
ein altiu riet uns mit witze
in die schiure nâch gemache.
sorgen wart dâ gar vergezzen,
trûren muose vürder strîchen.

Wie sie da ausweicht, er fasse sie an der Hüfte, das regt die Sinne an.

4 Niemand soll die Liebe aus seinem Sinn verstoßen.
Er wird sich irren: sie wächst durch Nachstellung.
Liebe ohne zweifelndes Schwanken,
wie immer sie entschlüpft: sie reizt und lockt die Gedanken ihres Freundes.

5 Freude möge uns vor allem Schrecklichen bewahren.
Laßt sinkendem Mut wieder Flügel wachsen.
Niemand soll sich blenden lassen:
wenn sie oft ihre verführerischen Blicke schweifen läßt, dann lockt das in die Schlinge.

2

1 Als die Luft mit dem Feuer der Sonne
temperiert und gemischt wurde,
gab das Wasser seine Gabe dazu;
da wurde der Leib der Erde erfrischt.
Durch ein heimliches Schmiegen
wurde sie mit großer Fülle an Freude schwanger.
Das verursachte die Luft – ich will's nicht abstreiten:
schaut selber auf die Wiese hinaus.
Freude und Freiheit
liegt der Welt zu Füßen

2 Uns trieb die Stubenhitze hinaus,
Regen jagte uns wieder unter's Dach.
Eine Alte riet uns klug,
zu unserem Vergnügen in die Scheuer zu gehen.
Sorgen konnte man da vollkommen vergessen:
Trauerstimmung mußte verschwinden.

fröide hâte leit besezzen,
dô der tanz begunde slîchen.
  fröide unde frîheit
  ist der werlde für geleit.

3 Diu vil süeze stadelwîse
kunde starken kumber krenken.
eben trâtens unde lîse,
mengelîch begunde denken,
was im aller liebest wære.
swer im selben daz geheizet,
dem wirt ringe sendiu swære:
guot gedenken fröide reizet.
  fröide unde frîheit
  ist der werlde für geleit.

4 Heinlîch blicken, sendez kôsen
wart dâ von den megden klâren.
zühteclîch si kunden lôsen,
minneclîch was ir gebâren.
hôher muot was dâ mit schalle
nâch bescheidenheite lêre.
wunderschœne wârens alle
....
  fröide unde frîheit
  ist der werlde für geleit.

5 Sûsâ, wie diu werde glestet!
sist ein wunneberndez bilde,
sô si sich mit bluomen gestet.
swer si siht, demst trûren wilde.
des giht manges herze und ouge.
ein Ding mich ze fröide lücket:
sist mir in mîn herze tougen
stahelherticlich gedrücket.

Freude hatte den Kummer besiegt,
als der Tanz zu schreiten begann.
    Freude und Freiheit
    liegt der Welt zu Füßen

3 Die äußerst angenehme Scheuer-Melodie
vermochte auch starken Kummer zu brechen.
Ebenmäßig und langsam tanzten sie.
Manch einer begann daran zu denken,
was ihm das Allerliebste wäre.
Wer sich dazu selber aufgefordert hatte,
dem mindert sich die Liebessehnsucht:
angenehme Gedanken rufen Freude hervor.
    Freude und Freiheit
    liegt der Welt zu Füßen.

4 Heimliches Blickewerfen, verliebtes Plaudern
ging da von den schönen Mädchen aus.
Artig betrieben sie Konversation,
liebreizend war ihr Auftreten.
Eine feine Gesinnung war deutlich zu vernehmen,
ganz nach der genossenen Erziehung.
Wunderschön waren sie alle,
....
    Freude und Freiheit
    liegt der Welt zu Füßen.

5 Hei, wie die Edle strahlt!
Sie ist eine wunderbare Erscheinung,
wenn sie sich mit Blumen schmückt.
Wer sie erblickt, dem ist Trauern fern.
Das bestätigen eines jeden Herz und Auge.
Aber eins verlockt mich zu höchster Freude:
sie ist in mein Herz heimlich
und unvergänglich eingegraben.

fröide unde frîheit
ist der werlde für geleit.

3

1 Nach des aren site ir êre
hôhe sweimet unde ir muot.
schande wenket von ir sêre,
sam vor valken lerche tuot.
swer ir gruoz nimt, derst vor schanden
banden frî; sîst sælden wer.

2 Der wilde visch in dem bêre
nie gewan sô manegen wanc
als mîn herze in jâmers lêre
nâch ir; dest mîn fröide kranc.
wan mîn frîheit sich für eigen
neigen der vil lieben kan.

3 Swie der affe sî gar wilde,
doch sô vâhet in sîn schîn,
sô'r im spiegel siht sîn bilde.
sus nimt mir diu frouwe mîn
sin, lîp, herze, muot und ougen
tougen, dest mîn ungewin.

4 Einen fürsten hân die bîen;
swar der vert, si volgent nâch.
mînen gedenken den frîen
ist sus nâch der lieben gâch.
ir vil fröudenfrühtic lachen
machen kan wol fröude mir.

Freude und Freiheit
liegt der Welt zu Füßen

3

1 Wie ein Adler schwebt ihr Ansehen
und ihre Gesinnung in großer Höhe.
Schande flattert von ihr heftig weg,
wie es die Lerche vor dem Falken tut.
Wer auch immer in ihrer Gunst steht,
der ist frei von den Fesseln der Schande; sie ist ein Bürge des Heils.

2 Der wilde Fisch in dem Netz
erlebte nie ein so häufiges Hin und Her
wie mein Herz im Impuls des Verlangens
nach ihr; davon ist meine Freude angekränkelt.
Denn meine Freiheit wird sich dem
zuneigen, der intensiv lieben kann.

3 Wie immer der Affe auch unmäßig wild sei,
so fängt ihn doch sein eigenes Aussehen,
wenn er im Spiegel sein Ebenbild sieht.
Genauso raubt mir meine Herrin
meinen Verstand, Körper, Herz, Gesinnung und Augen
auf geheimnisvolle Art; das ist mein Unglück.

4 Einen Herrscher haben die Bienen;
wohin der sich bewegt – sie folgen ihm nach.
Meine Gedanken an die Freiheit
folgen so eifrig der Geliebten nach.
Ihr sehr freudvolles Lachen
vermag mir wirklich Freude zu bringen.

5 Der einhürne in megede schôze
gît durch kiusche sînen lîp.
dem wild ich mich wol genôze,
sit ein reine sælic wîp
mich verderbet: an den triuwen,
riuwen mac si der gerich.

Gottfried von Neifen

I

1 Sælic sî diu heide!
sælic sî diu ouwe!
sælic sî der kleinen vogellîne süezer sanc!
bluomen, loup, diu heide
stânt in manger schouwe,
diu der kalte winter hiure mit sîm froste twanc.
dien ist an ir fröiden wol gelungen.
alsô möhte ouch ich an mînen fröiden widerjungen,
trôste mich ein rôter munt nâch dem mîn herze ie ranc

2 Mir was, wie mîn swære
hæte ein lieplîch ende,
dô mir seite ein bote, ich solte in fröiden frœlîch sîn.
ich was fröidebære,
sorge was ellende
in mîm herzen, dô ich wânde, ir mundes rôter schîn
der wold in mîn herze lieplîch lachen.
alsô kan diu Minne ein wunder an uns beiden machen.
Minne, tuo mir swie du wellest. der gewalt ist dîn.

5 Das Einhorn im Schoße von Jungfrauen
gibt um der Keuschheit willen sein Leben hin.
Diesem Tier will ich mich gern vergleichen,
seitdem eine reine, heilbringende Frau
mich zu Grunde richtet: meiner Treu –
meiner Reue kann sie Richter sein.

Gottfried von Neifen

I

1 Gepriesen sei die Heide!
Gepriesen sei die Aue!
Gepriesen sei der liebliche Gesang der anmutigen
Blumen, Blätter, die Heide | Vögel!
– die vordem der kalte Wnter mit seinem Frost be-
stehen (jetzt) in vielfältiger Pracht. | zwang –
Sie haben ihre Freude wieder zurückgewonnen.
Genauso möchte auch ich wieder an Freude erstarken,
wenn mich ein roter Mund erheitert, nach dem mein
Herz schon immer dürstete.

2 Mir war, als ob mein Kummer
ein glückliches Ende gefunden hätte,
als mir ein Bote meldete, ich solle mit Freude heiter sein
Ich war tatsächlich voller Freude,
Sorge war fern
meinem Herzen, als ich glaubte, der rote Glanz ihres
Mundes
würde liebentfachend in mein Herz strahlen.
So kann die Minne ein Wunder an uns vollbringen.
Minne, verfahre mit mir, wie immer du willst. Die Macht
obliegt dir!

3 Rôter munt, nu lache,
daz mir sorge swinde;
rôter munt, nu lache, daz mir sendez leit zergê.
lachen du mir mache,
daz ich fröiden vinde.
rôter munt, nu lache, daz mîn herze frô bestê.
sît dîn lachen mir gît hôchgemüete,
neinâ, rôter munt, sô lache mir durch dîne güete
lachelîche, rœselehte: wes bedörfte ich mê?

4 Minnenclîch gedinge
fröit mich mange stunde,
daz mich trœste ein rôter munt, des ich noch nie vergaz
minnenclîch gelinge,
obe ich daz dâ funde,
sône kunde mir ûf erde niemer werden baz.
rôter munt, hilf mir von senden nœten!
âne got sô kan dich nieman alse wol gerœten!
got der was in fröiden dô er dich als eben maz.

5 Wolde mir diu hêre
sende sorge ringen,
daz næm ich für vogel sanc und für der bluomen schîn
und mir nâch ir lêre
ruochte fröide bringen,
seht, sô wær mîn trûren kranc und wolde in fröiden sîn
hilf mir, helferîchiu süeze Minne!
twinc die lieben sam si hât betwungen mîne sinne,
unze si bedenke mînen senelîchen pîn.

3 Roter Mund, nun lache,
daß mir der Kummer schwindet;
roter Mund, nun lache, daß mir die Sehnsucht schwinde.
Mache mich lachen,
damit ich Freude erlange.
Roter Mund, nun lache, daß mein Herz froh bleibt.
Weil dein Lachen mich in selige Stimmung versetzt,
ja doch, roter Mund, so lache mir deiner Güte wegen
lachschön und rosenfarben: was wollte ich mehr?

4 Die Hoffnung auf Minne
erfreut mich oft,
daß mich ein roter Mund tröste, den ich noch nie vergessen konnte.
Minneglück,
wenn ich es da fände –
auf Erden könnte mir nie Besseres widerfahren.
Roter Mund, hilf mir aus meinen Liebesnöten!
Außer Gott kann dich niemand so schön rot machen!
Gott war in froher Stimmung, als er dich so ebenmäßig schuf.

5 Wenn mir die Hohe
die Sehnsuchtsqual lindern wollte,
so nähme ich das für Vogelsang und die Blumenpracht;
und wenn sie mir nach ihrer Vorstellung
Freude bescheren wollte,
seht, so wäre mein Trauern besiegt, und ich würde in Freude leben.
Hilf mir, hilfreiche, liebliche Minne!
Bezwinge die Geliebte, so wie sie mich bezwungen hat,
bis sie meine Sehnsuchtsqual verinnerlicht hat.

2

1 **O**wê liehten tage,
owê bluomen rôt,
owê vogel sanc,
owê grüener walt!
nû wirt aber kalt,
nû der winter lanc.
dast der vogel nôt
unde ir meistiu klage.
noch klage ich die schulde,
daz diu sældebære
mich enterbet hulde.
daz sint mîne swære,
die ich von ir dulde.
Minne, wende ir süezen haz!

2 Minne, frouwe mîn,
tuo mir helfe kunt.
hilf, est an der zît.
bit daz reine wîp,
daz ir kiuscher lîp
gein mir lâ den strît
unde ir rôter munt
mir tuo helfe schîn.
seht, sô wolde ich singen
der vil reinen süezen;
diu kan swære ringen,
dâ bî kumber büezen.
sol mir wol gelingen,
Minne, sich, des bist du wer.

2

1 **O** Weh, ihr hellen Tage,
O Weh, ihr roten Bumen,
O Weh, Vogelsang,
O Weh, grüner Wald!
Jetzt wird es kalt,
jetzt wird der Winter lang.
Das ist der Vögel Not
und ihre größte Klage.
Ungeachtet dessen beklage ich die Tatsache,
daß die Heilbringende
mich ihrer Gunst enterbt hat.
Das sind meine Kümmernisse,
die ich von ihr zu ertragen habe.
Minne, kehre ihre süße Abneigung um!

2 Minne, meine Dame,
zeige mir Hilfe auf.
Hilf, es ist an der Zeit.
Bitte die edle Frau,
daß ihr keuscher Leib
den Kampf gegen mich aufgibt
und ihr roter Mund
mir Hilfe zuteil werden läßt.
Seht, dann würde ich auch
für die Reine, Liebliche singen;
sie vermag Beschwernis zu lindern
und dabei von Kummer frei zu machen.
Soll mir Glück widerfahren –
Minne, sieh zu; dafür bist du Bürge.

3 Wîp, dîn süezer nam
und dîn werdekeit
gît vil hôhen muot
dem der tugende hât,
der untugende lât.
wê, wie wol daz tuot!
dem wirt tugent bereit
und diu rehte scham.
reiner wîbe güete
kan wol fröide lêren
(sie gît hôchgemüete),
dâ bî fröide mêren.
got mir sie behüete,
die der ich wol guotes gan.

4 Mich hât lieber wân
in die fröide brâht,
daz ich wânde sîn
lôn erarnen gar.
nû wird ich gewar
an der frouwen mîn,
ir ist ungedâht
lônes: si wil lân
mich in den senden sorgen.
mir ist wê ze muote.
iemer an dem morgen
sô sorg ich nâch guote.
muoz ich minne borgen,
frouwe mîn, wie stêt daz dir?

3

1 »Sol ich disen sumer lanc
bekumbert sîn mit kinden,
sô wær ich vil lieber tôt.

3 Frau, dein lieber Name
und dein hohes Ansehen
geben dem die frohe Gesinnung,
der Tugend hat
und von der Untugend läßt.
Hei, wie gut das tut!
Dem wird Tugend gegeben
und das richtige Ehrgefühl.
Die Güte edler Frauen
kann sehr gut Freude lehren
(sie bewirkt Hochgefühl)
und dabei die Freude mehren.
Gott möge sie mir behüten –
sie, der ich nur Gutes wünsche.

4 Mich hat Liebeshoffnung
in einen freudvollen Zustand versetzt,
so daß ich hoffe,
Lohn zu verdienen.
Nu entdecke ich
an meiner Dame,
daß sie aber nicht bedacht ist,
Lohn zu geben: sie will mich
im Sehnsuchtskummer lassen.
Mir ist ganz elend zu Mute.
Jeden Morgen
sorg ich mich um ein gutes Ende.
Muß ich Minne leihen,
meine Herrin – wie hast du's damit?

3

1 »Soll ich diesen langen Sommer
mit diesen Kindern beschäftigt sein,
dann wäre ich lieber tot.

des ist mir mîne fröide kranc,
sol ich niht zer linden
reigen. owê dirre nôt!
  wigen wagen, gigen gagen,
  wenne wil ez tagen?
  minne minne, trûte minne, swîc, ich wil dich wagen.

2 Amme, nim daz kindelîn,
daz ez niht enweine,
alse liep als ich dir sî.
ringe mir die swære mîn.
du maht mich aleine
mîner sorgen machen frî.
  wigen wagen, gigen gagen,
  wenne wil ez tagen?
  minne minne, trûte minne, swîc, ich wil dich wagen.«

4

1 **E**z fuor ein büttenære
vil verre in frömdiu lant.
der was sô minnebære,
swâ er die frouwen vant,
daz er die gerne bant.

2 Dô sprach der wirt mære
zim waz er kunde.
»ich bin ein büttenære:
swer mir des gunde,
sîn vaz i'im bunde.«

3 Dô truoc er sîne reife
und sînen tribelslagen.

Mein Freude schwindet mir,
werde ich nicht unter der Linde
den Reigen tanzen. O welch traurige Lage!
  Wigen, wagen, gigen, gagen,
  wann wird es Tag werden?
  Minne, Minne, liebe Minne, schweig, ich will dich wiegen.

2 Amme, nimm dies Kindchen
– damit es nicht weint –
genauso lieb an wie ich dir gegenüber bin.
Lindere mir meinen Kummer.
Du allein kannst mich
von meinen Sorgen befreien.
  Wigen, wagen, gigen, gagen,
  wann wird es Tag werden?
  Minne, Minne, liebe Minne, schweig, ich will dich wiegen.«

4

1 **E**s zog ein Faßbinder
sehr weit in fremde Länder.
Der war so liebestoll,
daß er – wo immer er Frauen antraf –
sie mit Wollust band.

2 Einst sprach ein ehrenwerter Wirt
zu ihm, was er könne?
»Ich bin ein Faßbinder:
wer immer es wünscht,
dem binde ich sein Faß.«

3 Da trug er seine Reife
und seinen Treibelhammer herbei.

mit sînem umbesweife
kund er sich wol bejagen,
ein guot geschirre tragen.

4 Sînen tribelwegge,
den nam sî in die hant
mit sîner slehten egge.
si sprach: ›heilant,
got hât iuch har gesant.‹

5 Dô si dô gebunden
dem wirte sîn vaz
neben und ouch unden,
si sprach: ›ir sint niht laz.
mir wart nie gebunden baz.‹

Ulrich von Winterstetten

I

1 **D**er sumer mit gewalde hât
bekleidet walt und ouwe.
der anger wol beblüemet stât
in süezem meientouwe.
diu heide breit hât grüniu kleit
an sich geleit, ist mir geseit,
in wunneclîcher schouwe.
mîn frouwe ist guot, swie sî doch tuot mich ungemuot.

Mit seinem Umherziehen
konnte er sich gut ernähren,
konnte gutes Werkzeug mit sich führen.

4 Seinen Treibkeil,
den nahm sie in die Hand
an seinem glatten Ende.
Sie sprach: ›Heiland,
Gott hat euch hierher gesandt!‹

5 Als sie dann gebunden hatten
dem Wirte sein Faß,
seitlich und auch unten,
sprach sie: ›Ihr seid nicht träge!
Nie wurde ich besser gebunden!‹

Ulrich von Winterstetten

1

1 **D**er Sommer hat mit Macht
Wald und Aue ausstaffiert.
Der Anger steht mit Blumen geschmückt
im sanften Tau des Maien.
Die breite Heide hat sich grüne Kleider
angelegt – wie mir gesagt wurde –
in wunderbarer Manier.
Meine Herrin ist edel, obwohl sie mich doch
unglücklich macht.

2 Mîn ungemüete ist gar ze grôz,
als ich iu wil bescheiden.
ich stên ir helfe leider blôz,
diu mich in senden leiden
mit fremder tât in allen rât,
swiez mir ergât, nu lange lât
als einen wilden heiden.
mîn frouwe ist guot, swie sî doch tuot mich ungemuot.

3 Ich lobe ir kiusche und ouch ir lîp,
ir schœne und ir gebâren.
in sach nie minneclîcher wîp
bî allen mînen jâren.
swie daz mich nie ir lop vervie,
doch sanc ichz ie dort unde hie
swâ ie die besten wâren.
mîn frouwe ist guot, swie sî doch tuot mich ungemuot.

4 Sol ich niht herzeliep bejagen
noch hôhe fröude erwerben,
sô mac ich doch von schulden klagen
und muoz von leide ersterben.
kumt ir gerich sô grimmeclich
als über mich, sô scham si sich,
sol ich alsus verderben.
mîn frouwe ist guot, swie sî doch tuot mich ungemuot.

5 Mich bant ir liehter ougen blic
und wil mich niht enbinden.
ich want mich in ir minne stric
und kan mich niht entwinden.

2 Mein Verdruß ist übergroß,
wie ich euch zeigen werde.
Ich erhalte leider keine Hilfe von ihr,
die mich in Sehnsuchtsschmerz
mit unverständlichem Tun in allen Dingen,
wie immer es mir ergeht, nun lange mich
wie einen wilden Heiden behandelt.
Meine Herrin ist edel, obwohl sie mich doch unglücklich macht.

3 Ich preise ihre Keuschheit und ihren Körper,
ihre Schönheit und ihr Auftreten.
Ich sah nie eine liebenswertere Frau
so lange ich lebe.
Obwohl ich doch nie ihr Lob erhielt,
sang ich es immer – hier und dort –,
wo immer die besten waren.
Meine Herrin ist edel, obwohl sie mich doch unglücklich macht.

4 Soll ich die Herzallerliebste nicht bekommen
und auch keine große Freude erlangen,
so kann ich zu Recht klagen
und muß aus Kummer sterben.
Kommt ihr Strafe so hart
über mich, so schäme sie sich,
soll ich auf diese Weise zugrunde gehen.
Meine Herrin ist edel, obwohl sie mich doch unglücklich macht

5 Mich fing der Blick ihrer strahlenden Augen ein,
und sie will mich daraus nicht entlassen.
Ich wandte mich in den Banden ihrer Liebe
und kann mich daraus nicht befreien.

sus wart ich wunt zer selben stunt.
hei rôter munt, nu tuo mir kunt:
sül ich genâde vinden?
  mîn frouwe ist guot, swie sî doch tuot mich
ungemuot.

2

1 »Ist iht mêre schœnes«,
sprach ein altez wîp,
»danne des der schenke singet?
dast ein wunder grôz.
wê mir dis gedœnes,
daz mir dur den lîp
und dur die ôren dringet.
des mich ie verdrôz;
wan si gelfent sînen sanc tac unde naht
in dirre gazzen,
unde ist er doch hübschen sange niht geslaht:
man sol in hazzen.«
  daz erhôrte ich sâ:
  ›alter hiute wagen, des bist dû sô grâ.‹

2 ›Hœra‹, sprach diu junge,
›wes bist im gehaz?
dur got mich des bescheide,
liebez müeterlîn.
ober iht guotes sunge,
wen beswæret daz?
jâ tuot er nieman leide:
er muoz frœlich sîn.‹
»dâ wolt er dich vernent mir genomen hân an mînem
bette.
kumt der übel tiuvel her, ich wil dich lân,
ê deich dich rette.«

So wurde ich krank   zur gleichen Zeit.
Hei, roter Mund,   nu tu mir kund:
soll ich Erhörung finden?
  Meine Herrin ist edel,   obwohl sie mich doch
                unglücklich macht.

2

1 »Gibt's wahrhaftig nicht Schöneres mehr«,
sagte eine alte Frau,
»als das, was der Schenke singt?
Das ist doch recht sonderbar.
Wie schmerzt mich das Getöne,
das mir durch den ganzen Körper fährt
und durch die Ohren dringt.
Das hat mich schon immer mächtig verdrossen.
Denn sie gröhlen seinen Lieder Tag und Nacht
in dieser Gasse,
dabei ist er doch zu einem gepflegtem Gesang nicht fähig:
man soll ihn hassen.
  So bekam ich's bald zu hören:
  ›Wagen voll alter Haut, drum bist du so grau!‹

2 ›Höre‹, sagte die Junge,
›weshalb haßt du ihn?
Bei Gott, kläre mich auf,
liebes Mütterchen.
Ob er jemals etwas Vernünftiges gesungen hat –
wen stört das schon?
Schließlich tut er ja niemand etwas zu Leide:
er muß (als Sänger) fröhlich sein.‹
»da wollte er dich (doch) vorig's Jahr
auf meinem Bett gewaltsam nehmen.
Kommt dieser schlimme Teufel hierher, dann überlasse
ehe ich versuche, dich zu retten.« | ich dich halt ihm,

daz erhôrte ich sâ:
›alter hiute wagen, des bist dû sô grâ.‹

3 ›Liebiu muoter schœne‹,
sprach daz megetîn,
›du solt dich baz bedenken,
erst unschuldic dran.
niht sô hœne,
liebe, lâz ez sîn.
du zürnest an den schenken,
der dâ singen kan.
ûf mîn triuwe, ez was im ûz der mâze leit:
ez tet sîn bruoder!‹
d'alte sprach: »ir keiner hât bescheidenheit,
und wære ein fuoder.«
daz erhôrte ich sâ:
›alter hiute wagen, des bist dû sô grâ.‹

4 »Dû gestant dien liuten
umbe ir tôrheit bî«,
sô sprach der megde muoter,
»dû bist missevarn.
waz sol ez betiuten?
dû bist alze frî.
du minnest niemen guoter,
vil unsælic barn!
wænest dir der schenke gebe sînen sanc,
den er dâ singet?
dû bist niht diu schœnste diu in ie betwanc
ald noch betwinget.«
daz erhôrte ich sâ:
›alter hiute wagen, des bist dû sô grâ.‹

So bekam ich's bald zu hören:
›Wagen voll alter Haut, drum bist du so grau!‹

3 ›Liebe, brave Mutter‹,
sagte das Mädchen,
›du sollst dich besser besinnen,
er ist daran nicht schuld.
Verachte ihn nicht so,
Liebe, laß es sein.
Du bist sauer auf den Schenken,
der da zu singen weiß.
Bei meiner Treu', es tat ihm über die Maßen leid:
es war sein Bruder!‹
Die Alte sagte: »Keiner von den beiden hat Anstand,
und wären es noch so viele.«
So bekam ich's bald zu hören:
›Wagen voll alter Haut, drum bist du so grau!‹

4 »Steh du nur den Leuten
noch in ihrer Torheit bei«,
sprach darauf die Mutter des Mädchens,
»du irrst dich gewaltig.
Was soll das denn heißen?
Du bist überaus frech.
Du liebst keinen Anständigen,
du unglückseliges Kind!
Glaubst du etwa, das Lied des Schenken,
das er da singt, gelte dir?
Du bist nicht die Schönste, die ihn je für sich gewann
oder noch gewinnen wird.
So bekam ich's bald zu hören:
›Wagen voll alter Haut, drum bist du so grau!‹

5 Sî begunde singen
hovelich ein liet
ûz rôserôtem munde,
diu vil stolze maget.
sî lie suoze erklingen,
daz von sorgen schiet,
ein liet daz sî wol kunde:
sî was unverzaget.
»owê«, sprach diu muoter, »wes hâst dû gedâht?
du wilt von hinnen:
schenken lieder hânt dich ûz dien sinnen brâht:
du wilt endrinnen.«
sî sprach: ›muoter, jâ,
ich wil in die erne anderswâ.‹

3

1 »Verholniu minne sanfte tuot«,
sô sanc ein wahter an der zinne –
»doch sol sich liep von liebe scheiden.
dar nâch sô wende er sînen muot.
ist ieman tougenlîche hinne,
deswâr sô tuot er wol in beiden.
er sol sorgen   wier von hinnen kêre.
est an dem morgen.   volge er mîner lêre,
sît daz ich warnen sol.
sô tuot er wol   und sint sîn êre.«

2 Der frouwen dienerinne kluoc
erhôrte dâ des wahters singen.
dâ von erschrac diu vil getriuwe.
diu mær si hin zer frouwen truoc.
si sprach: ›wol ûf und lât iuch lingen:
der tac ist komen.‹ Dâ huop sich riuwe.

5 Sie begann schön
ein Lied
aus rosenrotem Mund zu singen,
das stolze Mädchen.
Sie ließ aufs Angenehmste erklingen,
was die Sorgen vertrieb,
ein Lied, das sie genau verstand:
sie war selbstbewußt.
»O Weh«, sagte die Mutter, »an was denkst du?
Du willst fort von hier:
die Lieder des Schenken haben dich vollig um den Verstand gebracht:
du willst fort von hier.«
    Sie sprach: ›Ja, Mutter,
    ich will in die Ernte oder sonstwohin.‹

3

1 »Heimliche Liebe tut ja so gut«
– so sang ein Wächter an der Burgzinne –,
»doch muß sich der Geliebte von der Geliebte trennen.
Darauf richte er (jetzt) seine Gedanken.
Wenn sich hier jemand heimlich aufhält,
dann kommt sein Scheiden beiden zugute.
Er muß überlegen, wie er von hier fortkommt.
Der Morgen naht. Er folge meiner Aufforderung,
denn ich muß ihn warnen.
Dann handelt er richtig und bewahrt sein Ansehen.«

2 Die kluge Dienerin der Dame
hörte da den Gesang des Wächters.
Davon erschrak die Treue.
Die Nachricht überbrachte sie der Herrin.
Sie sprach: ›Auf, auf und beeilt euch:
der Tag ist angebrochen.‹ Da machte sich Sorge breit.

»est ân sünde«, sprach diu tugenderîche,
»der in sô fünde ligen minneclîche:
erst entslâfen, nû sich hie!
in weiz niht wie er hin entwîche.«

3 Die rede erhôrt der werde gast,
dâ er lac bî der minneclîchen
bî liebes brust an blanken armen.
dâ von im slâfes dô gebrast.
er sprach: ›sol ich von hinnen strîchen,
owê daz müeze got erbarmen.‹
beider sinne wurden dâ versêret,
(daz schuof frou Minne) fröide gar verkêret.
dâ schiet leit der wunnen spil.
der trehene vil wart dâ gerêret.

4

1 **H**æte mich der winter baz verlâzen,
gen dem sumer sunge ich hübschen sanc.
nû muoz ich mich fröidensanges mâzen,
sît mîn hôchgemüete ist worden kranc.
bruoder tôt birt mir grôze swære.
wizzet daz ich fröide gar verbære;
wan daz sterben ist gemeiniu nôt.
ich bin drîer hande schaden
vaste überladen.

2 Sost ein ander swære diu mich twinget,
daz die herren muotes sint sô kranc
unde ir tugende nieman dar zuo bringet,
daz man singe hovelîchen sanc.
hie bî vor was ir danc niht kleine:

»Es ist keine Sünde«, sprach die Edle,
»wenn ihn jemand hier so liebversunken liegen fände:
er ist eingeschlafen, sieh nur hier!
Ich weiß nicht, wie er von hier fortkommen wird.«

3 Diese Klage hörte der geschätzte Gast,
als er bei der Allerliebsten
an der Brust und in ihren nackten Armen lag.
Dadurch war der Schlaf ihm geraubt.
Er sprach: ›Muß ich von hier weggehen –
ach, das müsse Gott erbarmen.‹
Beider Empfinden wurde da vehement gestört
– das bewirkte Frau Minne – und Freude in ihr Gegenteil verwandelt.
Leid beendete das Spiel der Lust.
Viele Tränen wurden dabei vergossen.

4

1 **H**ätte mich der Winter unter besseren Verhältnissen entlassen,
würde ich zu Sommerbeginn froher singen.
Nun aber muß mich im Freudengesang zügeln,
da meine Hochgestimmtheit ganz schwach gworden ist.
Des Bruders Tod beschert mir große Kümmernis.
Wißt, daß ich auf Freude ganz verzichten muß;
denn das Sterben ist ein allgemeines Leid.
Ich bin mit dreifachem Verlust
schrecklich belastet.

2 Ein zweiter Verlust, der mich in die Knie zwingt,
ist, daß die Gesinnung der Herren so schlecht ist
und ihre Einstellung niemand dazu bringt,
daß man höfischen Sang darbietet.
Früher war ihre Geneigtheit nicht gering:

nûst ir lôn den leider ungemeine,
den ir herze in fröiden swebte enbor.
   ich bin drîer hande schaden
   vaste überladen.

3 Sost der dritte schade mir gar ze swære:
der ich lange her gedienet hân,
diu tuot rehte als obe ir sî unmære,
swaz ich ir ze dienste habe getân.
wære ir lôn gen mir baz erschozzen,
dienstes wære ich iemer unverdrozzen
unde sunge ir noch vil mangen dôn.
   ich bin drîer hande schaden
   vaste überladen.

4 Obe ich nû verdurbe von der schulde,
daz der tôt mir ungenâde tuot
unde ich darbe mîner frouwen hulde,
daz wær gar verzagtes mannes muot,
ald um daz ich der herren schande
sumelîcher hœre in tiutschem lande.
ich wils elliu driu versuochen baz.
   ich bin drîer hande schaden
   vaste überladen.

jetzt aber verweigern sie ihren Lohn denjenigen,
deren Herz einst in Freude sich hoch erhoben hat.
Ich bin mit dreifachem Verlust
schrecklich belastet.

3 Deshalb ist mir der dritte Verlust ungemein groß:
der ich lange bis jetzt gedient habe
tut so, als ob ihr (völlig) unbekannt sei,
was immer ich an Minnedienst ihr gegenüber geleistet
Wäre ihr Lohn mir gegenüber besser gewesen, | habe.
würde mich der Dienst nicht verdrießen
und ich sänge noch so manches Lied.
Ich bin mit dreifachem Verlust
schrecklich belastet.

4 Ob ich nun zugrunde gehe an der Tatsache,
daß der Tod mir Unheilvolles zufügt
und ich vergebens auf die Gunst meiner Herrin warte –
das wäre die Gesinnung eines Verzagten,
genauso wenn ich von der Sittenlosigkeit der Herren
hie und da in deutschem Land höre.
Ich will Besserung versuchen bei allen dreien.
Ich bin mit dreifachem Verlust
schrecklich belastet.

Steinmar

I

1 Sît si mir niht lônen wil,
der ich hân gesungen vil,
seht sô wil ich prîsen
den, der mir tuot sorgen rât,
Herbest, der des meien wât
vellet von den rîsen.
ich weiz wol, ez ist ein altez mære,
daz ein armez minnerlîn ist rehte ein marteraere.
seht, zuo den was ich geweten:
wâfen! die wil ich lân und wil inz luoder treten.

2 Herbest, underwint dich mîn,
wan ich wil dîn helfer sîn
gegen dem glanzen meien.
durh dich mîde ich sende nôt.
sît dir Gebewîn ist tôt,
nim mich tumben leien
vür in zeime stæten ingesinde.
»Steinmâr, sich daz wil ich tuon, swenn ich nu baz bevinde,
ob du mich kanst gebrüeven wol.«
wâfen! ich singe daz wir alle werden vol.

3 Herbest, nu hœr an mîn leben.
wirt, du solt uns vische geben
mê dan zehen hande,
gense hüener vogel swîn
dermel pfâwen sunt dâ sîn,

Steinmar

I

1 **D**a sie mir nicht lohnen will,
der ich viel gesungen habe,
seht, so will ich den preisen,
der mir meine Sorgen nimmt,
den Herbst, der das Kleid des Mai
von den Zweigen abstreift.
Ich weiß genau, es gibt eine alte Erzählung,
daß ein ärmlicher kleiner Liebhaber in Wahrheit ein Märtyrer ist.
Seht, mit denen war ich eingejocht:
Hilfe! Die will ich meiden und mich der Schlemmerei ergeben.

2 Herbst, bemächtige dich meiner,
denn ich will für dich kämpfen
gegen den glänzenden Mai.
Deinetwegen meide ich Liebeskummer.
Da Gebewein gestorben ist,
nimm mich Unerfahrenen
für ihn zu deinem treuen Diener.
»Steinmar, sieh, das will ich tun, wenn ich genauer weiß,

ob du mich auch richtig zu schätzen verstehst.«
Heia! Ich singe darauf, daß wir alle gesättigt und berauscht werden.

3 Herbst, nun vernimm aus meinem Leben.
Wirt, du sollst uns Fische geben
– mehr als zehn Arten –,
dazu Gänse, Hühner, Vögel, Schweine,
Würste (und) Pfauen sollen da sein,

wîn von welschem lande.
des gib uns vil und heiz uns schüzzel schochen:
köpfe und schüzzel wirt von mir unz an den grund
erlochen.
wirt, du lâ dîn sorgen sîn:
wâfen! joch muoz ein riuwic herze trœsten wîn.

4 Swaz du uns gîst, daz würze uns wol
baz dan man ze mâze sol,
daz in uns werde ein hitze,
daz gegen dem trunke gange ein dunst,
alse rouch von einer brunst,
und daz der man erswitze,
daz er wæne daz er vaste lecke.
schaffe daz der munt uns als ein apotêke smecke.
erstumme ich von des wînes kraft,
wâfen! sô giuz in mich, wirt durh gesellescaft.

5 Wirt, durh mich ein strâze gât:
dar ûf schaffe uns allen rât,
manger hande spîse.
wînes, der wol trîbe ein rat,
hœret ûf der strâze pfat.
mînen slunt ich prîse:
mich würget niht ein grôziu gans so ichs slinde.
Herbest, trûtgeselle mîn, noch nim mich zingesinde.
mîn sêle ûf eime rippe stât,
wâfen! diu von dem wîne drûf gehüppet hât.

Wein aus welschem Land.
Davon gib uns viel und laß uns Schüssel aufhäufen:
Becher und Schüsseln werden von mir bis auf den Grund geleert.
Wirt, du must nicht sorgen:
auf auf! Ein bekümmertes Herz kann doch mit Wein getröstet werden.

4 Was immer du uns darreichst, das würze uns richtig –
kräftiger als man das mit Maß tun soll,
damit uns richtig heiß werde,
daß dem Trunk ein Dunst entgegenschlage,
wie Rauch von einer Feuersbrunst,
damit jeder so heftig ins Schwitzen gerät,
daß er meint, er schlage kräftig mit dem Badewedel um sich.
Mach', daß uns der Mund wie eine Apotheke rieche.
Macht mich dann der Wein stumm –
Heisa! –, so gieß in mich hinein, Wirt, um unserer Freundschaft willen!

5 (Mein) Wirt, durch mich geht eine Straße:
auf ihr richte für uns alle Vorräte an,
allerhand Speisen.
(So viel) Wein, daß er ein (Wasser-) Rad antreiben könnte
gehört auf die Bahn dieser Straße.
Meinen Rachen muß ich preisen:
mich würgt nicht einmal eine Gans, wenn ich sie verschlinge.
Herbst, lieber Freund, nimm mich zu deinem Diener.
Meine Seele steht auf einer Rippe,
heisa! die ist von Wein darauf gehüpft

2

1 **E**in kneht der lac verborgen,
bî einer dirne er slief
unz ûf den liehten morgen.
der hirte lûte rief:
»wol ûf, lâz ûz die hert!«
des erschrac diu dirne   und ir geselle wert.

2 Daz strou daz muost er rûmen
und von der lieben varn.
er torste sich niht sûmen;
er nam si an den arn.
daz höi daz ob im lac,
daz ersach diu reine   ûf fliegen in den tac.

3 Dâ von si muoste erlachen;
ir sigen diu ougen zuo.
sô suoze kunde er machen
in dem morgen fruo
mit ir daz bettespil.
wer sach ân geræte   ir fröiden mê sô vil!

Der Tannhäuser

I

1 **D**er winter ist zergangen,
daz prüeve ich ûf der heide.
aldar kam ich gegangen;
guot wart mîn ougenweide.

2

1 **E**in Knecht lag heimlich
bei einer Magd; er schlief
bis in den hellen Morgen hinein.
Da rief der Hirte laut:
»Auf, auf, laß die Herde heraus!«
Davon erschrak sie und ihr treuer Geselle.

2 Das Stroh(lager) mußte er verlassen
und von der Geliebten scheiden.
Er wagte es nicht, noch länger zu bleiben;
er nahm sie in die Arme.
das Heu, das auf ihm lag,
das sah die Schöne hoch auffliegen in den Tag hinein.

3 Darüber mußte sie lachen;
ihr fielen die Augen zu.
So zärtlich konnte er
an diesem frühen Morgen
das Liebesspiel mit ihr treiben.
Wer sah ohne jede Mühe je so große Freuden?

Der Tannhäuser

I

1 **D**er Winter ist vergangen,
das erkenne ich an der Heide.
Dorthin war ich gegangen;
schön war, was ich sah.

2 Von den bluomen wol getân
wer sach ie sô schœnen plân?
der brach ich zeinem kranze.
den truoc ich mit tschoie zu den frouwen an dem tanze.
welle ieman werden hôhgenuote, der hebe sich ûf die schanze!

3 Dâ stêt viol unde klê,
sumerlaten, gamandre,
die werden zîtelôsen,
ôstergloien vant ich dâ, die liljen und die rôsen.
dô wunsche ich, daz ich sant mîner frouwen solde kôsen.

4 Si gap mir an ir den prîs,
daz ich wære dulz amîs
mit dienste disen meien;
durh si sô wil ich reien.

5 Ein fôres stuont dâ nâhen;
aldar begunde ich gâhen.
dâ hôrte ich mich enphâhen
die vogel alsô suoze.
sô wol dem selben gruoze!

6 Ich hôrt dâ wol tschantieren,
die nahetgal toubieren.
aldâ muost ich parlieren
ze rehte, wie mir wære:
ich was ân alle swære.

7 Einen riviere ich dâ gesach;
durch den fôres gienc ein bach
ze tal übr ein plâniure.

2 Von den wunderbaren Blumen –
wer sah jemals einen so schönen Teppich davon
geknüpft?
Die Blumen pflückte ich für einen Kranz.
Den trug ich mit Freude zu den tanzenden Frauen.
Will jemand frohgemut werden, dann ergreife er die
Gelegenheit!

3 Da stehen Veilchen und Klee,
frische Triebe, Gamander,
die kostbaren Narzissen;
Osterglocken sah ich dort, Lilien und Rosen.
Da wünschte ich, zusammen mit meiner Dame zu
plaudern.

4 Sie gab mir den Vorzug,
daß ich ihr süßer Freund sein könne
mit Minnedienst in diesem Mai.
Um ihretwillen will ich einen Tanz veranstalten.

5 Ein Wald war da in der Nähe;
dorthin begab ich mich.
Da hörte ich, wie mich
die Vögel freundlich empfangen.
Gelobt sei ein solcher Gruß!

6 Ich hörte da im herrlichen Gesang
die Nachtigall musizieren.
Sogleich mußte ich darüber reden,
wie mir zumute sei:
ich war so völlig ohne Kümmernis.

7 Einen Fluß sah ich da;
durch den Wald schlängelte sich ein Bach
zum Tal hinab über eine Ebene.

ich sleich ir nâch, unz ich si vant, die schœnen
bî dem fontâne saz diu klâre, süeze von faitiure.

8 Ir ougen lieht und wolgestalt,
si was an sprüchen niht ze balt,
man mehte si wol lîden.
ir munt ist rôt, ir kele ist blanc,
ir hâr reitval, ze mâze lanc,
gevar alsam die sîden.
solde ich vor ir ligen tôt, in mehte ir niht vermîden.

9 Blank alsm ein hermelîn
wâren ir die ermelîn.
ir persône diu was smal,
wol geschaffen überal.

10 Ein lützel grande was si dâ,
smal geschaffen anderswâ.
an ir ist niht vergezzen:
lindiu diehel, slehtiu bein, ir füeze wol gemezzen.
schœner forme ich nie gesach, diu mîn cor hât besezzen
an ir ist elliu volle.
dô ich die werden êrest ersach, dô huop sich mîn parolle.

11 Ich wart frô
und sprach dô:
»ich bin dîn, du bist mîn,
der strît müeze iemer sîn!
du bist mir vor in allen.

Ihm folgte ich, bis ich sie fand, die Schöne;
an der Quelle saß die Feine, lieblich von Gestalt.

8 Ir hellen und schönen Augen –
sie war in der Rede nicht zu vorlaut,
man konnte sie sehr wohl gernhaben.
Ihr Mund ist rot, ihr Hals ist weiß,
ihr Haar blondlockig, gerade richtig in der Länge
und geschmeidig wie Seide.
Sollte ich auch einmal tot vor ihr liegen, kann ich sie selbst dann nicht aufgeben.

9 Weiß wie Hermelin
waren ihre zarten Arme.
Ihre Gestalt war schlank
und wohlgeformt.

10 Ein wenig füllig war sie an einer Stelle,
dafür woanders wieder schlank;
an ihr wurde nichts vergessen:
weiche Schenkel, gerade Beine, wohlgeformte Füße.
Ich erblickte nie eine schönere Gestalt, die mein Herz so gefangen nahm.
An ihr ist alles vollkommen.
Als ich die Liebenswerte zum erstenmal sah, begann mein Lobpreisen auf sie.

11 Ich wurde heiter
und sagte da:
»Ich gehöre dir, du gehörst zu mir,
dieses Wetteifern darf nie aufhören!
Du bist für mich die erste vor allen andere Frauen.

12 iemer an dem herzen mîn muost du mir wol gevallen.
swâ man frouwen prüefen sol, dâ muoz ich für dich schallen
an hübsch und ouch an güete.
du gîst aller contrâte mit tschoie ein hôch gemüete.«

13 Ich sprach der minneclîchen zuo:
»got und anders nieman tuo,
der dich behüeten müeze!«
ir parol was süeze.

14 Sâ neic ich der schoenen dô.
ich wart an mînem lîbe frô
dâ von ir saluieren.
si bat mich ir tschantieren
von der linden esten
und von des meien glesten.

15 Dâ diu tafelrunde was,
dâ wir dô schône wâren,
daz was loup, dar under gras;
si kunde wol gebâren.

16 Dâ was niht massenîe mê
wan wir zwei dort in einem klê.
si leiste, daz si solde,
und tet, daz ich dâ wolde.

17 Ich tet ir vil sanfte wê;
ich wünsche, daz ez noch ergê.
ir zimet wol daz lachen.
dô begunden wir beide dô ein gemellîches machen.
daz geschah von liebe und ouch die wunderlîchen sachen.

12 Für immer wirst du mir in meinem Herzen gefallen.
Wo immer man Frauen beurteilt, da muß ich für dich die Stimme erheben:
deiner Schönheit und Güte wegen.
Du bringst alle Länder mit Freude in Hochstimmung.«

13 Ich sagte weiter zu der Lieblichen:
»Gott und niemand anders sonst
möge dich beschützen!«
Ihre Antwort war wunderbar.

14 Gleich darauf verneigte ich mich vor der Schönen.
Ich wurde herzlich froh
über ihren Gruß.
Sie bat mich um Gesang
über die Zweige der Linde
und das Leuchten des Mai.

15 Dort, wo die (unsere) Tafelrunde war
und wo wir uns so wohl fühlten,
waren Blätter, darunter Gras;
sie verhielt sich sehr liebenswürdig.

16 Da gab's keine Gesellschaft mehr
als wir zwei im Klee.
Sie führte aus, was sie sollte
und tat, was ich da wünschte.

17 Ich tat ihr auf sanfte Weise weh;
ich wünschte, es wiederholte sich noch einmal.
Lachen steht ihr gut an.
Da begannen wir beide ein ausgelassenes Spiel zu treiben.
Das geschah aus Liebe und wegen seltsamer anderer Dinge.

18 Von amûre seit ich ir;
daz vergalt si dulze mir.
si jach, si lite ez gerne,
daz ich ir tæte, als man den frouwen tuot dort in Palerne.

19 Daz dâ geschach, dâ denke ich an:
si wart mîn trût und ich ir man.
wol mich der âventiure!
erst iemer sælic, der si siht,
sît daz man ir des besten giht.
si ist alsô gehiure.
elliu granze dâ geschach von uns ûf der plâniure.

20 Ist iemen, dem gelinge baz,
daz lâze ich iemer âne haz.
si was sô hôhes muotes,
daz ich vergaz der sinne.
got lône ir alles guotes!
sô twinget mich ir minne.

21 Waz ist daz, daz si mir tuot?
allez guot. hôhen muot
habe ich von ir iemer.
in vergizze ir niemer.

22 Wol ûf, wol ûf, Adelheit!
du solt sant mir sîn gemeit.
wol ûf, wol ûf, Irmengart!
du muose aber an die vart.

23 Diu niht enspringet, diu treit ein kint.
sich fröunt algemeine, die dir sint.

18 Von Amore sprach ich zu ihr;
das vergalt sie mir auf's schönste.
Sie sagte, sie litte es bereitwillig,
daß ich es mit ihr trieb, wie man in Palermo (und anderswo in der ganzen Welt) mit Frauen so umgeht.

19 Was da geschah, daran denke ich noch:
sie wurde meine Allerliebste und ich ihr Mann.
O, welch Erlebnis!
Der ist glücklich, der sie anschauen darf,
da man von ihr nur das Beste sagt.
Sie ist ja so angenehm.
Volle Übereinstimmung herrschte zwischen uns auf der Lichtung.

20 Gibt's jemand, der noch größeres Glück genoß –
das laß ich ihm ohne jeden Neid.
Sie war in so großer Hochstimmung,
daß ich von Sinnen war.
Gott belohne sie für alles Gute!
So sehr hat mich ihre Liebe bezwungen.

21 Was ist das, was sie mir antut?
Alles denkbar Gute. Hochgestimmtheit
habe ich allezeit durch sie.
Nie werde ich sie vergessen.

22 Auf, auf – Adelheid!
Du sollst zusammen mit mir fröhlich sein.
Auf, auf – Irmgard!
Du mußt mit auf die Fahrt.

23 Die nicht tanzt, bekommt ein Kind.
Alle freuen sich, die bei dir hier sind.

24 Dort hœr ich die flöuten wegen,
hie hœr ich den sumber regen.
der uns helfe singen,
disen reien springen,
dem müeze wol gelingen
z'allen sînen dingen!

26 Wâ sint nû diu jungen kint,
daz si bî uns niht entsint?

26 Sô sælic sî mîn Künigunt!
solt ich si küssen tûsentstunt
an ir vil rôsevarwen munt,
sô wære ich iemer mê gesunt,
diu mir daz herze hât verwunt
vaste unz ûf der minne grunt.

27 Daz ist enzwei.
heia nu hei!

28 Des videlæres seite
der ist enzwei.

Mechthild von Magdeburg

1

Were alle die welt min,
und were si luter guldin,
und sollte ich hie nach wunsche eweklich sin
die alleredelste, die allerschöneste,
die allerricheste keyserin –
das were mir iemer unmere,

24 Dort hör ich die Flöten anheben;
hier höre ich die Handtrommel beginnen.
Wer uns mit Singen hilft,
diesen Reigen zu tanzen,
dem möge bestens gelingen,
was immer er sich vornimmt.

25 Wo halten sich die nun die jungen Leute auf,
die nicht bei uns sind?

26 Daher lob ich dich, meine Kunigunde!
Dürfte ich sie ungezählt oft küssen
auf ihren rosenfarbenen Mund,
so würde ich immer mehr gesunden –
sie, die mir das Herz verwundet hat
ganz bis auf den Grund hinab.

27 Das Herz ist entzwei,
Heia nun hei!

28 Des Viedlers Saite
ist entzwei!

Mechthild von Magdeburg

1

Gehörte die ganze Welt mir,
und wäre sie aus reinem Gold,
und sollte ich hier nach meiner Vorstellung ewig
die alleredelste, die allerschönste,
die allermächtigste Kaiserin sein –
das wäre mir auf immer verhaßt;

also vil gern
sehe ich Jesum Christum minen lieben herren
in siner himelschen ere.
Pröefent was si liden, die sin lange beiten.

2

Swelch mensche wirt ze einer stunt
von warer minne reht wunt,
der wirte niemer me wol gesunt,
er enküsse noch den selben munt,
von dem sin sel ist worden wunt.

3

Swenne ich schine, so muost du lühten,
swenne ich vlüsse, so muost du wuethen,
swen du süfzest, so zühest du min götlich herze in dich
swenne du weinest na mir, so nim ich dich an den armen min;
swennen du aber minnest, so werden wir zwöe ein,
und wenn wir zwöi alsust eines sin, so mag da nimmer geschehen scheiden;
mere ein wonenklich beiten wonet zwünschent uns beiden.
herre, so beit ich denne mit hunger und mit durste,
mit jagen und mit luste,
unz an die spilnden stunde,
das us dinem götlichen munde
vliessen die erwelten wort,
die von nieman sin gehort,
mere von der sele alleine,
die sich von der erde enkleidet
und leit ir ore für dinen munt –
ja die begriffet der minne funt.

viel lieber
sähe ich Jesus Christus, meinen lieben Herrn
in seiner himmlischen Herrschaft.
Bedenkt, was diejenigen erleiden, die lange auf ihn warten

2

Welcher Mensch ganz plötzlich
von wahrer Liebe sehr krank wird,
der wird nie mehr richtig gesund,
wenn er nicht denselben Mund küßt,
von dem seine Seele krank geworden ist.

3

Wenn ich scheine, dann mußt du leuchten,
wenn ich fließe, dann mußt du rasen,
wenn du seufzst, dann ziehst du mein göttliches Herz in dich hinein.
Wenn du nach mir weinst, dann nehme ich dich in meinen Arm;
wenn du aber liebst, so werden wir zwei eins sein,
und wenn wir zwei so eins sind, so ist da nie mehr eine Trennung möglich;
(denn) ein freudiges Aufeinanderwarten wohnt zwischen uns beiden.
Herr, so warte ich denn mit Hunger und mit Durst,
mit Eile und mit Verlangen
bis zur entscheidenden Stunde,
da aus deinem göttlichen Mund
die erlesenen Worte fließen,
die von niemandem vernommen wurden
als allein von der Seele,
die sich der Erde enthoben hat
und ihr Ohr auf deinen Mund legt –
ja, die begreift das Wunder der Liebe.

Reinmar von Zweter

1

Wache Cristen, ez wil tagen!
der han hât zwir gekræt, ich wilz iu wærlîchen sagen:
ez nâhet gegen den morgen, daz Got wil rechen alliu siniu leit.
er wil uns alle lâzen sehen,
swaz im grôzer marter durch uns sünder ist geschehen;
daz solten wir besorgen, sô wær sîn helfe gegen uns gar bereit.
swenne er uns zeiget sper, criuze unde crône,
der gewaltic sitzet in dem trône,
sô kan im nieman widerstrîten.
erst gewaltic über elliu lant:
ir Cristen, dar an sît gemant
unt warnet iuch gein im in kurzen fristen!

2

Grôz wunder, daz uns ist geschehen
von einer megde, des mir alle Cristen müezen jehen!
den des himels wîte nie umbevie, diu ende nie gewan
noch mit der hœhe in umbevie
noch mit der wîten tiefen grundelôsen helle nie,
den umbevie ir cleiner lîp: dâ merket alle wunder an!
si leite in minneclîchen zuo ir schôzen.
waz wunders mac dem wunder sich genôzen?
kintlîchen leite er sich zir brusten,
muoterlîche sougte si in;

Reinmar von Zweter

1

Wacht auf, ihr Christen, es wird Tag werden!
Der Hahn hat zweimal gekräht, ich will's euch wahrheitsgemäß sagen:
es naht der Morgen, an dem Gott all sein Leid rächen wird.
Er wird uns alle sehen lassen,
was immer ihm an großer Pein um unsretwillen angetan wurde;
bedenken wir das, dann käme seine Hilfe uns ganz und gar zugute.
Wenn er – der mächtig auf seinem Throne sitzt –
uns Speer, Kreuz und Krone zeigt,
kann ihm niemand widerstreiten.
Er hat Macht über alle Länder:
ihr Christen, seid daran erinnert
und macht euch für ihn in kürzester Zeit bereit!

2

Großes Wunder ist uns widerfahren
von einer Jungfrau, wozu mir alle Christen beipflichten müssen!
Den niemals vorher die Weite des Himmels, die doch so unendlich ist, umschlossen hat,
noch ihn mit ihrer (unermeßlichen) Höhe umschloß,
noch mit der weiten, tiefen, unergründlichen Hölle –
den umschloß ihr kleiner Körper: da sollt ihr alle das Wunder erkennen!
Sie legte ihn liebevoll auf ihren Schoß.

si wante ir ougen dicke an in:
wir habenz dâ vür, si hiels in unde kusten.

3

Der triuwen triskamerhort,
ein ankerhaft der stæte, ein vürgedanc ûf ieglich wort,
ein wahter Cristentuomes, Rœmischer êren gruntveste unde grunt,
ein bilder houbethafter zuht,
ein volliu gruft der sinne, ein sâme sældebernder vruht.
ein zunge rehter urteil, vrides hant, gewisser worte ein munt.
ein houbet, dem nie smit deheine crône
vol machen kunde sîner tugent ze lône.
dem houbet suln wir al gelîche
wünschen lange wernder tage:
wes lîp, wes herze daz lop trage?
des suln wir jehen dem keiser Vriderîche!

4

Got, alter und niuwer Crist,
sît alle crêatiure in dîner hant belozzen ist,
der himel unt diu erde, wazzer, viur, luft unt alliu engelschaft.
den liehten tac, die trüeben naht
mit loufe wol berihtet hât dîn götelîchiu maht,
diu ie ân anegenge unt immer ist mit endelôser craft
dû angesihticlîchen wunder tæte,

Welches Wunder vermag sich mit diesem Wunder | vergleichen?
Kindgemäß legte er sich an ihre Brust,
mütterlich stillte sie ihn;
sie wandte ihm ihre Augen oft zu:
wir sind ganz sicher, sie umarmte und küßte ihn.

3

Der Treue Schatzkammer,
ein Ankergrund der Beständigkeit, ein genauer Prüfer jeden Wortes,
ein Wächter des Christentums, Fundament und Grund der Ehre Roms,
ein Anreger bester Lebensart,
eine volle Grube des Verstandes, ein Same mit heilbringender Frucht,
eine Zunge gerechter Urteile, Hand des Friedens, ein Sprachrohr wahrer Worte.
Ein Kopf, dem nie ein Schmied eine Krone
seinen Tugenden gemäß fertigen könnte.
Diesem Kopf sollen wir alle gleichermaßen
ein lange währendes Leben wünschen:
welcher Person, welchem Herz soll dieses Lob zustehn?
Das sollen wir ausbringen auf den Kaiser Friedrich!

4

Gott, Vater und Sohn,
da alle Geschöpfe in deiner Macht stehen,
der Himmel und die Erde, Wasser, Feuer, Luft und die ganze Engelschar.
Den hellen Tag und die finstere Nacht
hat in ihrem Wechsel deine göttliche Macht eingerichtet,
die seit jeh ohne Anfang und immerzu von nie endender | Kraft ist.
Du vollbrachtest vor aller Augen Wunder,

dô man dich sach in menschlîcher wæte
unt vor den juden sunderlîche:
lât uns alrêrst dîn ellen sehen,
des dir die Cristen müezen jehen,
unt widerstant von Stoufen Vriderîche!

5

Diu trunkenheit tuot grôzen schaden.
si tuot der sêle sünden unde schanden überladen,
si machet manegen man, daz im Got unt diu liute werdent gram.
diu trunkenheit tuot dannoch mê;
si schadet an dem guote unt tuot dâ bî dem lîbe wê,
si stummet unde blendet, si tœret unde machet manegen lam.
sît daz si tœtet sêle, lîp unt êre
unt benimt daz guot unt prüevet schaden noch mêre,
wie sol man in heizen dannen,
der ir wil volgen zaller stunt?
»her trunkenbolt, her trunkenslunt«
sus heizt er wol von wîben unde mannen.

Der Marner

1

Merkent an die kleine âmeiz:
sô si den winter vor ir weiz,
samnet in des sumers ernde kündeclîche ir spîse.
sam tuo, dû mensche, und bûwe enzît.
ein starker winter ûf dir lît,
der machet dich in sorgen alt und in dem alter grîse.

als man dich in menschlicher Kleidung sah,
abgehoben von den Juden:
laß uns jetzt erst recht deine Tatkraft wahrnehmen,
die dir die Christen zuerkennen –
und leiste Widerstand gegen den Staufer Friedrich!

5

Die Trunksucht verursacht großes Übel.
Sie überfrachtet die Seele mit Sünde und Schande.
Sie macht viele Männer bei Gott und in der Gesellschaft unbeliebt.
Die Trunksucht tut aber noch ein übriges;
sie ist besitzschmälernd und schadet der Gesundheit,
sie macht stumm und blind, sie macht dumm und manchen sogar lahm.
Weil sie Seele, Körper und Ansehen tötet,
den Besitz raubt und noch weiteren Schaden verursacht,
wie soll man denjenigen nennen,
der ihr allzeit gehorsamster Diener ist?
»Herr Trunkenbold, Herr Trunkschlund« –
so wird er zu Recht von Männern und Frauen benannt.

Der Marner

I

Merkt (euch) an der klugen Ameise:
wenn sie weiß, der Winter steht bevor,
sammelt sie mit der Sommerernte voraussorgend ihre Nahrung.
Genau so verhalte dich, du Mensch, und bestelle rechtzeitig das Feld.

dû macht hie bûwen unde sæn
mit guoten werken gegen gote und dînem ebenkristeten
daz dû maht snîden unde mæn
und ouch dich dort gein dînem hôhen hêrren maht gefristen,
sô dû den zins ze hove gîst,
die sêle gote, und dû in armem melwe begraben lîst:
dû schaffez sô, daz dîn diu sêle warte im paradîse.

2

Ez nâhet gein der suone tage,
daz got wil süenen alle klage.
wir haben niht gewisses für des tôdes offenunge.
wiltû dem tôde entrinnen dort,
sich mensch, vernim daz gotes wort,
erfülle mit den werken, daz dû sprichest mit der zunge.
wie snel ist eines ougen blic,
sô snel ist dâ ze Jôsaphat des algerihtes ende.
die rehten füerent dâ den sic,
sô windent die vertânen dâ vil jæmerlîch ir hende.
die müezen in des tievels kewen;
dâ sint si lebende in jâmer tôt von êwen unze êwen.
dâ samne uns gotes güete zuo der rehten samenunge.

3

Sing ich dien liuten mîniu liet,
sô wil der êrste daz,
wie Dieterich von Berne schiet,

Ein schwerer Winter liegt vor dir,
der macht dich mit Sorgen traurig und im Alter grau.
Du kannst hier (auf Erden) das Feld bestellen und säen
und zwar mit guten Werken gegenüber Gott und deinem
indem du ernten kannst und mähen | Mitchristen,
und dich auch gegenüber deinem Patron behaupten
wenn du den Zins am Hofe ablieferst, | kannst,
die Seele aber Gott (anvertraust). Und wenn du einst im
grauen Staub begraben darnieder liegst:
richte du es so ein, daß deine Seele Anwartschaft habe im
Paradies.

2

Es naht die Zeit des Jüngsten Gerichts,
an dem Gott alle Not beseitigen wird.
Wir haben keine Gewißheit über den Eintritt des Todes.
Willst du dem Tod dann dort entrinnen,
wache auf, Mensch, vernimm Gottes Wort,
erfülle mit Werken, was deine Zunge versprochen hat.
Wie schnell ist doch ein (kurzer) Augenblick –
so schnell ist dann das Weltgericht da.
Die Rechtschaffenen bestehen siegreich,
während die Verfluchten in Jammer ihre Hände flechten.
Sie müssen in den Rachen des Teufels;
dort sind sie in ihren Jammer lebendig tot auf alle Ewigkeit.
Gottes Güte möge uns dort zur ewigen Vereinigung
zusammen führen.

3

Trage ich den Leuten meine Lieder vor,
so möchte der erste (hören),
wie Dietrich von Bern (ins Exil) ging,

der ander, wâ künec Ruother saz,
der dritte wil der Riuzen sturm, so wil der vierde Ekhartes nôt,
der fünfte, wen Kriemhilt verriet;
dem sechsten tæte baz,
war komen sî der Wilzen diet.
der sibende wolde eteswaz
Heimen ald hern Witchen sturm, Sigfries ald hern Eggen tôt.
sô wil der ahtode niht wan hübschen minnesang.
dem niunden ist diu wîle bî den allen lanc,
der zehend enweiz wie;
nû sust nû sô, nû dan nû dar, nû hin und her, nû dort nû hie.
dâ bî hæte manger gerne der Nibelunge hort.
der wîgt mîn wort
ringer danne ein ort:
des muot ist in schatze verschort.
sus gât mîn sanc in manges ôre, als der mit blîge in marmael bort
sus singe ich unde sage iu, des iu niht bî mir der künec enbôt.

4

Lebt von der Vogelweide
noch, mîn meister hêr Walthêr,
der Venis, der von Rugge, zwêne Regimâr.
Heinrich der Veldeggære, Wahsmuot, Rubîn, Nîthart!
Die sungen von der heide.
von dem minnewerden her,
von den vogeln, wie die bluoem sint gevar:
sanges meister lebent noch: si sint in tôdes vart.
die tôten mit den tôten, lebende mit den lebenden sîn!

der zweite, wo König Rother lebte,
der dritte möchte vom Russen-Kampf (hören), der vierte Eckharts Not,
der fünfte, wen Kriemhild verriet,
dem sechsten gefiele besser,
wohin es die Wilzen verschlagen hat.
der siebte will etwas (vernehmen) über
den Kampf Heimes oder Herrn Witichs, von Sigfrieds oder Eggens Tod.
Der achte aber wünscht nichts als gefälligen Minnesang.
Dem neunten ists bei allem langweilig,
der zehnte ist sich völlig unsicher.
Ja, die Interessen schwanken nun mal in alle Richtungen.

Und dabei hätten viele so gern den Nibelungenschatz!
Ein anderer hält aber auch gar nichts
von meinem Vortrag:
sein Sinn ist bei seinem Schatz begraben.
Meine Lieder dringen manchen so ins Ohr, wie wenn man Blei in Marmor bohren will.
Dabei singe und sage ich euch, was noch nicht einmal der König für euch bestellt hat.

4

Ach, lebte doch der von der Vogelweide
noch, mein Meister, Herr Walther,
der Venis, der von Rugge, zwei Reinmare,
Heinrich von Veldecke, Wahsmuot, Rubin, Neithart!
Die sangen von der Heide,
von der liebenswürdigen Schar (der Damen),
von den Vögeln und wie die Blumen gemustert sind:
die Meister der Sangeskunst leben noch: sie stehen aber am Rande des Todes.

ich vorder ie zuo ze geziuge
von Heinberc den herren mîn
– dem sint rede, wort und rîme in sprüchen kunt –,
daz ich mit sange nieman triuge.
lîhte vinde ich einen vunt,
den si vunden hânt, die vor mir sint gewesen.
ich muoz ûz ir garten und ir sprüchen bluomen lesen.

5

Wê dir von Zweter Regimâr!
dû niuwest mangen alten funt.
dû speltest als ein milwe ein hâr,
dir wirt ûz einem orte ein pfunt,
ob dîn liezen dich niht triuget.
dir wirt ûz einem tage ein jâr,
ein wilder wolf wirt dir ein hunt,
ein gans ein gouch, ein trappe ein star,
dir spinnet hirz dur dînen munt:
wâ mit hâstû daz erziuget?
ein lüg dur dîne lespe sam ein slehtiu wârheit vert.
dû hâst den vischen huosten, krebzen sât erwert.
bî dir sô sint driu wundertier:
daz ist der gît,
haz unde nît.
dû dœnediep,
dû briuwest âne malz ein bier:
supf ûz! ir ist ein lecker liep,
der den herren vil geliuget.

Die Toten sollen mit den Toten, die Lebenden mit den Lebenden sein.
Ich nominiere schon immer als Zeugen
den von Heinberg, meinen Herren
– dem sind (meine) Vorträge, der Inhalt und die Strophenform meiner Sangsprüche bekannt –,
daß ich mit meiner Sangeskunst niemand betrüge.
Leicht mache ich einen (Dichter) aus, den (meine)
Vorgänger schon für sich entdeckt haben.
Ich muß aus ihren Gärten und ihren Sangprüchen die Kostbarkeiten herauslesen.

5

Weh dir, Reinmar von Zweter!
Du möbelst so manches alte Lied wieder neu auf.
Du spaltest wie eine Milbe ein Haar auf,
du machst aus einem Viertel ein Pfund,
wenn deine Wahrsagerei dich nicht trügt.
Dir wird aus einem Tag ein ganzes Jahr,
ein Wolf wird dir zu einem Hund,
eine Gans ein Kuckuck, eine Trappgans ein Star,
dir spinnt der Hirsch dank deinem Mund:
womit kannst du das beweisen?
Eine Lüge fährt über deine Lippen wie eine schlichte Wahrheit.
Du hast den Fischen Husten, den Krebsen Samenkorn verweigert.
Bei dir sind drei Wundertiere:
das ist der Geiz,
Haß und Neid.
Du Tönedieb,
du brauest ohne Malz ein Bier:
sauf aus! Dem wird eine leckere Freude zuteil,
der den Herren viele Lügen aufgetischt hat!

6

Die tier zesamen kâmen,
und wolten einen künec weln:
eln und ûren, wisent und helfant, lewen unt bern,
hirz und einhorn. swaz vier beine hât, des kam vil aldar
mislîchen kriec sie nâmen,
des enkan ich niht erzeln.
ein krote diu kam ouch dar; diu wolte niht enbern,
si wære an der wal. des nâmn die tier dur spotten war.
si sprach: »ich hân ouch vier bein, ich wil daz künicrîch.«
der lewe sprach: › bôsheit, var verwâzen!
dû bist tieren niht gelîch.‹
noch grôzer si sich blât, hie mite si gar zerbrast.
diz bîspel kumt nû den ze mâzen,
die êren gernt und sint ir gast,
dâ von daz natûre an in niht tugende treit;
swâ frô Êre wol gevert, daz ist frô Schanden leit.

7

Wer kan den liuten lüge erwern?
lüg ist ein alter hort;
mit lüge muoz sich vil maneger nern.
lüg hât gestiftet mangen mort.
lüg hât einen argen vater, lüg hât tumber kinde vil.
lüg lât sich als ein weich wahs bern;
lüg hât vil süeziu wort,
mit lüge kan manger eide swern.
lüg hât manic spitzic ort:

6

Die Tiere kamen zusammen
und wollten einen König wählen:
Elche und Auerochsen, Wisent und Elephant, Löwen und Bären,
Hirsch und Einhorn. Alles, was vier Beine hat, kam dahin.
Unangenehmen Streit hatten sie,
von dem ich nichts erzählen will.
Eine Kröte kam auch hinzu; die wollte darauf verweisen,
sie wäre an der Wahl. Nur mit Spott vernahmen das die Tiere.
Sie sagte: »Ich habe auch vier Beine, ich will das Königreich.«
Der Löwe sprach: ›Bosheit, sei verflucht!
Du bist den Tieren nicht gleich.‹
Noch mehr blähte sie sich auf, wodurch sie ganz zerplatzte.
Diese Fabel kommt denen entgegen,
die nach Ehre verlangen und ihr willkommen sind
und deren Natur sie nicht hindert, Tugenden zu haben:
wo immer es Frau Ehre gut geht, geschieht Frau Schande Leid.

7

Wer vermag den Menschen die Lüge zu verbieten?
Lüge ist ein lang aufgehäufter Schatz;
mit Lüge müssen viele ihr Brot verdienen.
Lüge hat so manchen Mord verursacht.
Lüge hat einen bösen Vater, Lüge hat viele törichte Kinder.
Lüge läßt sich wie weicher Wachs formen;
Lüge kennt viele verführerischen Worte;
mit Lüge können manche Eide schwören.
Lüge hat viele markante Orte:

lüge ist ein vil snellez übel, lüg ist der bœsen geiste spil.
lüge ist in dem wazzer, lüge ist komen über mer,
lüg hât gein der wârheit ein vil breitez her,
lüg kumt an bâbest tür,
lüg wont ouch schœnen frouwen bî, man treit ouch lüge den vürsten für.
lüg ist in dörfern und in bürgen, lüge ist in der stat.
lüg hât den pfat
den der tiuvel trat,
dô er Âdâmen ezzen bat
den apfel: lüg gît mangem schâch, lüg spilt ûf maneges tôren mat.
lüg hât sâmen unde krût, des
wurze niht erdorren wil.

8

Dû blüende gerte Arônes,
diu sünde nie bekort,
dû sippe Salomônes;
die dîn geburt schuof uns ein wort.
der werlte hort; dû trüege ân alle swære.
daz was der werde reine,
der süeze Altissimus,
den dû geboren al eine,
und leitest an in manegen kus.
er schuof ez sus, daz dû meit in gebære.
wol uns, daz er ie wart geborn!
ûz al der werlte hât er dich ze muoter im erkorn.
von dîner liebe wart versüenet der alte zorn,
den uns Êvâ brâhte ân alle schulde.
da genuzzen wird der güete dîn:
des muoz dîn lop im himelrîch vor allen megden sîn.

Lüge breitet sich sehr rasch aus, Lüge ist böser Geister
Zeitvertreib.
Lüge ist im Wasser, Lüge ist übers Meeer zu uns gekommen,
Lüge bietet gegen die Wahrheit eine starke Steitmacht
Lüge dringt bis zum Papst vor, | auf,
Lüge ist auch schönen Frauen eigen, Lüge trägt man auch
den Fürsten vor.
Lüge ist in Dörfern und Burgen, Lüge ist in der Stadt.
Lüge ist von der Art,
die der Teufel verfolgte,
als er Adam zum Essen des Apfels verführte:
Lüge bietet manchem Schach, Lüge ist auf das Matt
Lüge hat Samen und Blätter, | manchen Toren aus.
deren Wurzel nicht verdorren wird.

8

Du blühender Zweig Arons,
die du Sünde nie kanntest,
du, aus der Familie Salomons;
deine Geburt schenkte uns Segen.
Du, Schatz der Welt, du wurdest ohne alle Beschwernis
Das war der kostbare Reine, | schwanger.
der liebliche Allerhöchste,
den du ganz allein gebarst
und ihn mit vielen Küssen bedachtest.
Gepriesen seien wir, daß er je geboren wurde!
Er (Gott) bewirkte, daß du als Jungfrau ihn gebären sollst.
Aus der gesamten Menschheit hat er dich als Mutter für
ihn erwählt.
Deine Liebe sühnte die alte Last,
die uns Eva ohne Absicht auf uns brachte.
Da kamen wir in den Genuß deiner Güte:

dû bist ein helfærîn; nû hilf uns, frouwe mîn,
daz wir verdienen dînes kindes hulde.

9

Sünder, besich die strâzen
in der werlte, war sî gân,
wannen dû sîst komen ald wie dîn leben sî,
war dû wellest, sô dû mit der werlte für dich verst.
sich, wie si hât gelâzen
die, die si niht wolden lân:
lâ diu werlt, ir wont ein bitter ende bî;
sich für dich die strâze, wie dû die zem tôde kêrst.
sich hinder dich, wie nôt dir von dem reinen schepfer ist,
des lîp sich an das kriuze hêre
für unsich bôt, der süeze Krist.
wiltû des gedenken, waz er dur dich leit,
sich über dich, waz wunne und êre
dir ze himel ist bereit;
under dir besich die iemerwernden nôt
in der helle; schiuhe und fliuch den êweclîchen tôt.

Der Wilde Alexander

1

1 Hie vor dô wir kinder wâren
und diu zît was in den jâren,
daz wir liefen ûf die wisen
her von jenen wider ze disen,

deshalb gebührt dir (Maria) Preis im Himmel vor allen Jungfrauen.
Du bist eine Helferin; nun hilf uns, meine Herrin,
daß wir die Gnade deines Kindes verdienen.

9

Sünder, sieh dir die Straßen
in der Welt an, wohin sie führen,
woher du gekommen bist oder wie dein Leben verläuft,
wohin du willst, wenn du dich mit der Welt einläßt.
Sieh doch, wie hat sie diejenigen im Stich gelassen,
die nicht von ihr ablassen wollten:
laß die Welt, ihr ist ein bitteres Ende eigen;
sieh vor dir die Straße, die du zum Tode wählst.
Sieh hinter dich, wie nötig du den edlen Schöpfer hast,
dessen Leib um unsretwillen an das hohe Kreuz
sich darbot, der herrliche Christ.
Wenn du das bedenkst, was er um deinetwillen litt,
dann sieh über dich (und erkenne), was an Freuden und Ehre
für dich im Himmel bereitet sind;
sieh unter dir die immerwährende Qual
in der Hölle; meide und fliehe den ewigen Tod.

Der Wilde Alexander

1

1 **E**instens, als wir Kinder waren
und die Zeit reif war,
daß wir auf die Wiesen eilten,
hin zu jenen, dann zu diesen;

dâ wir under stunden
vîol vunden –
dâ siht man nu rinder bisen.

2 Ich gedenk wol, daz wir sâzen
in den bluomen unde mâzen,
welch diu schœnest möhte sîn.
dô schein unser kintlich schîn
mit den niuwen kranze
zuo dem tanze.
alsus gêt diu zît von hin.

3 Seht, dô lief wir ertber suochen
von der tannen zuo der buochen
über stoc und über stein,
der wîle daz diu sunne schein.
dô rief ein waltwîser
durch die rîser:
»wol dan, kinder, und gêt hein!«

4 Wir empfiengen alle mâsen
gestern, dô wir ertber lâsen;
daz was uns ein kintlich spil.
dô erhôrten wir sô vil
unsern hirte ruofen
unde wuofen
»kinder, hie gêt slangen vil!«

5 Ez gienc ein kint in dem krûte;
daz erschrac und rief vil lûte:
›kinder, hie lief ein slang în,
der beiz unser gfeterlîn;
daz enheilet nimmer;
ez muoz immer
sûren unde unsælic sîn.

daß wir zuweilen
Veilchen fanden –
dort sieht man jetzt Rinder hin und herrennen.

2 Ich erinnere mich gut, daß wir
in den Blumen saßen und erwogen,
welche die schönste sei.
Damals strahlte unsere jugendliche Erscheinung
unter dem frischen Kranz
beim Tanz.
So vergeht die Zeit.

3 Seht, damals gingen wir zum Erdbeerensuchen
von der Tanne bis zur Buche,
über Stock und über Stein,
solange die Sonne schien.
Da rief ein Waldhüter
durch die Zweige:
»Auf Kinder, geht nach Hause!«

4 Wir bekamen alle Flecken
gestern, als wir Erbeeren pflückten.
Das war für uns ein unbeschwertes Spiel.
Da hörten wir vernehmlich
unseren Hirten rufen
und klagen:
»Kinder, hier sind viele Schlangen!«

6 Es ging (einst) ein Kind im Gras;
das erschrak und rief sehr heftig:
›Kinder, hier lief eine Schlange hinzu,
die biß unser Vetterlein;
das wird nie mehr gesund;
es wird auf immer
kränkeln und unglücklich sein.

8 Wol dan, gêt hin ûz dem walde!
unde enîlet ir niht balde,
iu geschicht als ich iu sage:
werbet ir niht bî dem tage,
daz ir den walt rûmet,
ir versûmet
îuch und wird iur vröude ein klage.

9 Wizzet ir, daz vünf juncvrouwen
sich versûmten in den ouwen
unz der künic den sal beslôz?
ir klag und ir schade was grôz;
wande die stocwarten
von in zarten,
daz si stuonden kleider blôz.‹

2

1 **H**erre got, dir sungen schône
hiute naht vor dîme trône
Cherbin und Seraphin
niuwez lop in hôher wunne.
hiute enpfienc ouch menschen kunne
den gotelîchen vride von in.
hiute qaum von himele mære,
daz got menschen worden waere.
daz ist uns ein hôch gewin.

2 Hiute quam ûz vremden lande
uns ein kempfe in dem gewande,
dâ in er den sige erstreit.
manic engel in ze ringe
brâhte und sanc dem jungelinge
lop, dô er ze kampfe schreit
alse er vür uns wolde strîten.

7 Nun denn, verlaßt den Wald!
Und eilt ihr nicht sogleich,
geschieht euch, was ich hiermit voraussage:
bemüht ihr euch nicht schon bei Tage,
den Wald zu verlassen
und versäumt ihr euch dabei,
wird aus eurer Freude ein (bitteres) Unglück.

9 Wißt ihr nicht, daß fünf Jungfrauen
sich in der freien Natur so lange verspäteten,
bis der König den Saal schloß?
Ihre Klage und der Schaden waren groß;
denn die Gefängniswärter
zerrten die Kleider von ihnen,
daß sie nackt dastanden.‹

2

1 **H**err Gott, zu dir sangen wunderbar
heute nacht vor deinem Thron
Cherubin und Seraphin
frisches Lob in höchster Freude.
Heute empfing auch das Geschlecht der Menschen
von ihnen den göttlichen Frieden.
Heute kam vom Himmel Kunde,
daß Gott Mensch geworden sei.
Das ist uns allerhöchstes Geschenk.

2 Heute kam aus fremdem Land
zu uns ein Streiter in dem Gewand,
in dem er den Sieg erstritt.
Manch Engel führte ihn auf den abgesteckten Kampf-
und pries den Jüngling, | platz
als er zum Kampfe schritt,
um für uns zu kämpfen.

der werde man von beiden sîten
vertreip uns unser altez leit.

3 Er quam, alse er wart empfangen
schône, schône vür gegangen.
dô rief maniger engel schar:
»lop in himile, vride ûf erde!«,
dô der gotes sun in werde
vür trat rehte alse er dar
komen was vor vierzic wochen:
unzevuort und ungebrochen
ir magetuom der bleip ir gar.

Konrad von Würzburg

1

1 **M**ir ist, als ich niht lebende sî, swenne ich entnücke sêre.
dâvon den tôt bediutet mir der slâf mit sîner lêre.
bî der Sunnen kêre
bezeichent mir der schate mîn,
daz im gelîch zergât mîn leben; sô wirde ich bî der hitze
der helle ermant, swenn ich in einer badestuben sitze.
bî der bluomen glitze
spür ich unstæter wunnen schîn.
in dem spiegel ich erkenne, daz ich asche bin als er.
sô kan mir der kerenter
mit den gebeine künden,
daz mich die würme nagende werdent mit unreinen münden.

Als Gott und Mensch
befreite er uns von unserm alten Leid.

3 Er kam genauso, wie er freundlich empfangen wurde,
freundlich daher.
Da riefen viele aus der Schar der Engel:
»Ehre (sei) im Himmel, Friede auf Erden!«
Als dann Gottes Sohn in Würde
hervortrat, wie er vor vierzig Wochen
erschienen war:
vollkommen unzerstört und ungebrochen
blieb ihre Jungfräulichkeit.

Konrad von Würzburg

1

1 **Mir** ist, als lebte ich nicht (mehr), wenn ich tief ein
schlafe.
Dabei wird mir der Tod vor Augen geführt vom Schlaf mit seinen Gesetzmäßigkeiten.
Beim Gang der Sonne
zeigt mir mein Schatten,
daß – ihm ähnlich – mein Leben dahingeht; so werde ich an die Hitze
der Hölle erinnert, wenn ich in einer Badestube sitze.
Beim Glanz der Blumen
verspüre ich den Schein vergänglicher Freuden.
Im Spiegel erkenne ich, daß ich Asche bin wie er.
So kann mir das Beinhaus
mit den Knochen sagen,
daß mich die Würmer mit ihren gräßlichen Mäulern annagen werden.

wil ich dabî nicht hüeten mich vor allen houbetsünden,
in der helle gründen
muoz ich ân ende quelnde sîn.

2 Mich wundert, daz ich mazzes iemer willeclîche enbîze,
und daz ich in der zuoversiht diu mîniu jâr verslîze,
sît des tôdes wîze
ze jungest mich ersterben wil.
ein wildes tier enæze es niht vor angestlîchen sorgen
ob ez erkante sînen tôt, der vor im lît verborgen;
âbent unde morgen
sô het sîn herze sorgen vil.
hungers ez vor leide erstürbe, wære im niht der wân gegeben,
daz ez solte iemer leben.
sus spür ich unde erkenne,
daz ich ie nâher und nâher gein dem tôde renne.
sît ich daz weiz, warumbe fröuwe ich mich sô dicke denne?
trûren eteswenne
solt ich gein mînes endes zil.

2

Der Mîssenær hât sanges hort in sînes herzen schrîne;
sîn dôn ob allen ræzen dœnen vert in êren schîne;
dâmit er bî Rîne
die singer leit in sîn getwanc.
in fuorten überz lebermer der wilden grîfen zwêne.
dâ lêrte in underwegen dœne singen ein syrêne.
lebte noch Elêne
von Kriechen, si seit im ir danc

Wenn ich mich nicht vor allen Hauptsünden vorsehen
werde,
werde ich in den Abgründen der Hölle
ohne Ende Qual leiden.

2 Mich wundert, daß ich Speise immer wieder gerne
genieße,
und daß ich in der Hoffnung mein Leben verschleiße,
da doch die Strafe des Todes
mich letztlich sterben läßt.
Ein wildes Tier würde es (die Speise) aus angstvollen
Sorgen nicht verzehren,
wenn es seinen Tod erkennt, der ihm bevorsteht;
den ganzen Tag über
wäre sein Herz mit vielen Sorgen erfüllt.
Aus Leid würde es den Hungertod sterben, wäre ihm
nicht die Erwartung gegeben,
daß es immer leben sollte.
Ich dagegen spüre und erkenne,
daß ich immer näher auf den Tod hinzurenne.
Weil ich das weiß – warum freue ich mich dann so
sehr?
Trauern sollte ich endlich
über den Zeitpunkt meines Lebensendes.

2

Der Meißner trägt einen Schatz von Liedern im Schrein
seines Herzens;
seine hell tönende Dichtung bewegt sich im Glanz der
Ehre;
damit zieht er am Rhein
die Sänger (-kollegen) in seinen Bann.
Ihn führten über das Lebermeer zwei wilde Greife.
Da lehrte ihn unterwegs eine Sirene Lieder singen.

durch sîn adellîchez dœnen, daz dâ klinget hôhe enbor.
er gât an der wirde vor
smaragden und saphîren.
er dœnet vor uns allen sam diu nahtegal vor gîren.
man sol ze sînem sange ûf einem messetage vîren.
»alsus kan ich lîren«,
sprach einer, der von Ecken sanc.

3

Swâ tac er- schînen sol zwein liuten,
die ver- borgen inne liebe stunde müezen tragen,
dâ mac ver- swînen wol ein triuten:
nie der morgen minne- diebe kunde büezen
er lêret ougen weinen trîben;
sinnen wil er wünne selten borgen.
swer mêret tougen reinen wîben
minnen spil, der künne schelten morgen.

4

Ein lob geblüemet vert in hôher werdekeite solde;
ez wahset ûf ze berge sam des zêderboumes tolde.
sam gesteine ûz golde
kan ez vil wünneclîchen brehen.
ez schînet sam ein lieht jungfrouwe in kiuschem
magetuome,
sîn varwe glestet sam der liehten morgensterne in
ruome;

Lebte die griechische Helena noch,
sie ließe ihm ihre Anerkennung zukommen
um seiner herrlichen Gesangeskunst willen, die da
herrlich emporklingt.
An Wert übertrifft er
Smaragde und Saphire.
Er tönt vor uns allen hervor wie die Nachtigall vor
Geiern.
Man könnte mit seinen Gesang eine Messe feiern.
»So kann ich auch herumleiern«,
sagte einer, der ein Lied vom Riesen Ecken vortrug.

3

Wo der Tag zwei Menschen erscheinen wird,
die im Schlafgemach (ihre) Liebesbegegnung heimlich
vollziehen müssen,
da wird das traute Beieinander schnell vorbei sein:
nie konnte der Morgen dem heimlich Liebenden seine
Klage vergelten.
Er lehrt die Augen, Tränen zu ergießen;
den Sinnen wird er keine Freude mehr bereiten.
Wer auch immer heimlich mit edlen Frauen
Liebe pflegt, der könnte wohl den Morgen schelten.

4

Ein geblümtes Lob geht um als Lohn hoher Würde;
es wächst hinan wie der Wipfel einer Zeder.
Wie Gestein aus Gold
kann es ganz herrlich aufglänzen.
Es leuchtet wie eine strahlende Jungfrau in ihrer
Keuschheit,
seine Farbe glänzt wie der helle Morgenstern im
Gepränge;

sam in touwe ein bluome
lât ez sich wünneclîchen sehen.
ez kan glenzen sam dur einen clâren mîol lûter wîn,
reht alsam der sunnen schîn
dur blâwen himel schœne,
und kan ouch glesten sam nâch dienste werder wîbe lœne:
von Strâzeburc ein Lichtenberger, iuwer lob ich crœne!
iu muoz mîn gedoene
durlûterlîcher tugende jehen!

Frauenlob (Heinrich von Meissen)

1

Gevîolierte blüete kunst;
dîns brunnen dunst
unt dîn gerœset flammenrîche brunst
diu hâte wurzelhaftez obez.
gewidemet in dem boume künste rîches lobes
hielt wipfels gunst
sîn list, durchliljet kurc.
durchsternet was sîns sinnes himmel;
glanz als ein vimmel,
durchkernet lûter golt nâch wunsches stimel,
was al sîn bluot, geveimt ûf lop.
gevult mit margarîten niht ze klein unt grop,
sîns silberss schimel
gap gimmen velsen schurc.
ach kunst ist tôt! nu klage, armonie!
planêten tirmen klage niht verzîe,

wie eine Blume im Tau
läßt es sich prächtig sehen.
Es kann glänzen wie ein reiner Wein in einem
herrlichen Pokal,
genau so wie Sonneschein
in der Schönheit eines blauen Himmels
und kann auch leuchten als Dank für Dienste um edle
Damen;
von Straßburg, ein Lichtenberger, euer Lob kröne ich!
Ich muß mein Singen
durch und durch reiner Tugend widmen!

Frauenlob (Heinrich von Meissen)

1

Du veilchengezierte Blüte der Kunst;
der Atem deiner Quelle
und dein rosig flammenreiches Feuer
trugen wurzelkräftige Frucht.
Angesiedelt im Baum künstereichen Ruhmes
erhielt sein lilienverziertes Können
die Gunst des Wipfels zugewiesen.
Mit Sternen war der Himmels seines Verstandes
ein leuchtender Strahl, | geschmückt;
durchsetzt von reinem Gold, nach Wunsches Begehr,
war all sein Blühen, abgeschäumt von falschem Lob.
Besetzt mit Perlen – nicht zu klein, nicht zu dick –,
gab der Glanz seines Silbers
Edelsteinen die Kraft von Felsen.
Ach, die Kunst ist tot! Nun klage, (Sphären-) Harmonie!
Das Areal der Planeten unterdrücke nicht die Klage,

pôlus jâmer drîe.
genâde im, süeze trinitât;
maget reine, enpfât:
ich meine Kuonrât
den helt von Wirzeburc.

2

Swaz ie gesang Reimar und der von Eschenbach;
swaz ie gesprach
der von Vogelweide,
mit vergoltem kleide
ich, Vrouwenlob, vergulde ir sang, als ich iuch bescheide.
sie hân gesungen von dem feim, den grunt hânt sie verlâzen.
ûz kezzels grunde gât min kunst, sô gicht mîn munt.
ich tun iu kunt
mit worten und mit dönen
âne sunderhönen:
noch solte man mins sanges schrîn gar rîlîchen.
sie hân gevarn den smalen stîg bî künstenrîchen strâzen.
swer ie gesang und singet noch
– bi grünem holze ein fûlez bloch –,
sô bin ichz doch
ir meister noch.
der sinne trage ich ouch ein joch,
dar zuo bin ich der künste ein koch.
mîn wort, mîn döne traten nie ûz rechter sinne sâzen.

der Himmelspol (unterdrücke) nicht den dreifachen
Sei ihm gnädig, hohe Trinität; | Schmerz.
reine Jungfrau, empfange ihn:
ich meine Konrad,
den Helden von Würzburg.

2

Was je Reinmar (der Alte) sang und der (Wolfram) von
was je vortrug | Eschenbach;
(Walther von) der Vogelweide –
mit einem vergoldeten Gewand –
überrage ich, Frauenlob, ihre Sangeskunst, wie ich euch
kund tue.
Sie haben nur vom (oberflächlichen) Schaum gesungen,
den (tiefen) Urgrund haben sie verlassen.
Auf dem Boden des Kessels hinab geht meine Kunst, das
versichere ich euch.
Ich sage euch
in Text und Melodie
(und) ohne Herabsetzung (anderer):
man sollte den Schrein meiner Sangeskunst wirklich auf
herrliche Weise krönen.
Sie (die andern) sind nur den schmalen Pfad statt der an
Kunst so reichen Straßen gegangen.
Wer je sang und noch immer singt
– am grünen Holz ein abgefaultes Stück –,
so bin ich immer
noch ihr Meister.
Den Verstandesdingen bin ich (sehr) verpflichtet;
dazu bin ich ein (vorzüglicher) Koch der Künste.
Meine Worte und meine Melodien verließen noch nie den
Wohnsitz der echten Kunst.

3

Wer ist ein man got unt der diet?
an swem geriet,
daz in diu zît der vierzig jâr besiet,
ob er im selben angesiget,
sô daz diu tugent selp vierde in sîner zellen liget,
unt nie verschriet
die wârheit mit ir sage.
treit er den reinen frouwen prîs
mit manheit wîs,
blüet im ûz mâze ganzer milte ein rîs,
teilt im bescheidenheit ir maht,
gedult, barmungen, êlich leben, diu sint geslaht.
ze snel, ze lîs
niht rehtes zorn voljage.
in der zuht und in der triuwe sol sîn herze velzen;
swen ich nu spür sîn manheit alsô velzen,
sêt, dem wil ich smelzen
ein lop ûz mîner münze golt.
swer dient den solt,
wîp, sît dem holt:
mit liebe er iu behage.

3

Wer gilt Gott und den Menschen als ein (wahrer) Mann?
Bei dem es gelang,
daß ihn die Zeit vierzig Jahre lang formte,
indem er sich selbst besiegt,
so daß die Tugend selber als Vierte in seinem Herzen liegt
und die Wahrheit sie nie
mit ihrer Säge zerschnitt.
Pries er die edlen Damen
in kluger Mannesart,
blüht ihm aus dem Maß großer Sittsamkeit ein Reis,
teilt ihm Klugheit ihre Macht zu
und Geduld, Barmherzigkeit, eheliches Leben – die sind
Weder zu schnell noch zu sachte | von guter Art.
soll er den Zorn des Rechtes durchsetzen.
In der Erziehung und in der Treue soll sein Herz konform
gehen;
wenn ich nun seine ganze Art so ausgeprägt wahrnehme –,
seht, dem will ich ein Lob
aus dem Gold meiner Münzen schmelzen.
Wer Belohnung verdient,
Frau, dem sei zugetan:
mit Liebe wird er euch wohlgefallen.

Johannes Hadlaub

1

1 Ach mir was lange
nâch ir sô wê gesîn.
dâ von ich dâhte vil ange,
daz ir daz würde schîn.
ich nam ir achte
in gwande als ein pilgrîn,
sô ich heinlîchste machte,
dô sî gienc von mettin.
dô hât ich von sender klage
einn brief, dar an ein angel was;
den hieng ich an sî, daz was vor tage,
daz si niht wisse daz.

2 Mich dûht si dæchte
»ist das ein tobic man?
waz wolde er in die næchte,
daz er mich grîfet an?«
sî vorchte ir sêre,
mîn frouwe wol getân.
doch sweic sî dür ir êre;
vil bald sî mir entran.
des was ich gein ir sô gæhe,
daz echt sî balde kæm hin în,
dür daz den brief nieman an ir gesæhe:
sî brâchte in tougen hin.

3 Wie sim dô tæte,
des wart mir niht geseit,
ob sin hin wurfe ald hæte.
daz tuot mir sende leit.

Johannes Hadlaub

1

1 Ach, lange schon hatte ich
Sehnsucht nach ihr.
Deshalb war ich sehr angelegentlich darauf bedacht,
daß ihr das offenbar werde.
Ich erregte ihre Aufmerksamkeit
im Gewand eines Pilgers,
so heimlich wie ich konnte,
als sie aus der Frühmette kam.
Da hatte ich einen Brief
mit (meiner) Sehnsuchtsklage an einem Widerhaken befestigt;
den hängte ich ihr an – das war noch vor Tagesanbruch,
damit sie nichts merke.

2 Mir schien, sie überlegte:
»Ist das ein verrückt gewordener Mann?
Was wollte er bloß in solcher Nähe,
daz er mich berührte?«
Sie fürchtete sich sehr,
meine schöne Dame.
Sie schwieg jedoch ihres Rufes wegen;
sehr schnell entschlüpfte sie mir.
Deshalb war ich so zudringlich ihr gegenüber,
damit sie bald hinein ins Haus käme
und niemand den Brief an ihr sähe:
sie brachte ihn ungesehen weg.

3 Was sie mit ihm machte,
wurde mir nicht mitgeteilt (– auch nicht),
ob sie ihn weggeworfen oder behalten hätte.
Das tut mit bitter weh.

las sin mit sinne,
sô vant si sælikeit,
tief rede von der minne,
waz nôt mîn herze treit.
dem tet sî nie sît gelîche,
daz ir mîn nôt ie würde kunt.
Owê, frouwe reine minneclîche,
du tuost mir sêre wunt.

4 In torst gesenden
nie keinen botten ir,
wan sî nie wolt genenden
ir trôst erzeigen mir,
der ir kunt tæte,
wie kûme ich sî verbir,
und sî genâden bæte
nâch mînes herzen gir.
dâ vorcht ich ir ungedulde,
wan sî mir ist darumb gehaz,
daz ich sô gar gerne hæte ir hulde.
warumbe tuot sî daz?

5 Mîn herze sêre
sî mir dürbrochen hât,
wan sî dâ dür, diu hêre,
sô gwalteclîche gât
hin und her wider,
doch ez sî gerne enphât:
sî lât sich drinne ouch nider
mit wunnen die sî hât.
sî kan sô gefüege wesen,
swie sî mêr dan mîn herze sî.
swie sî drinne gât, des mag ich gnesen.
arges ist sî sô vrî.

Las sie ihn besonnen,
so fand sie Freude darin,
tiefempfundene Worte der Liebe
und welche Qual mein Herz erfüllt.
Sie hat aber nie gezeigt,
daß ihr meine Qual jemals bekannt geworden sei.
O Weh, edle und liebenswerte Dame,
du verwundest mich schmerzlich.

4 Ich wagte nicht, ihr
einen Boten zu senden,
denn sie wollte niemals sich dazu entschließen,
ihren Zuspruch mir gegenüber zu erzeigen,
der ihr kund getan hätte,
wie wenig ich sie entbehren kann
und wie ich sie um Erhörung gebeten hätte
für das Verlangen meines Herzens.
Ich fürchtete da ihren Verdruß,
denn sie haßt mich darum,
daß ich so rasend gern ihre Huld hätte.
Warum tut sie das?

5 Mein Herz hat sie mir
schmerzhaft durchbohrt,
denn sie, die Hohe,
geht so brutal durch es hindurch
– vorwärts und rückwärts –,
obwohl sie es (andererseits) auch gern empfängt:
sie läßt sich in ihm nieder
mit Genuß, den sie dort erhält.
Sie kann so schmiegsam sein,
wenn sie auch größer als mein Herz ist.
Wie immer sie sich in ihm aufhält, mir schadet es nicht.
Sie ist frei von jeder Falschheit.

6 Mich dunket man sæhe
mîn frouwen wol getân,
der mir mîn brust ûfbræche,
in mînem herzen stân,
sô lieplich reine,
gar wîplich lobesan.
ine wige ez doch nicht kleine,
daz ich sî sô mac hân.
nu muoz sî mir doch des gunnen,
swie sêre sî sich frömdet mir:
doch gan sî mir nicht der rechten wunnen,
der ich ie muote zir.

7 Owê, diu minne –
wie wil sî mich nû lân,
und ich doch mîne sinne
an ir behalten hân!
daz noch mîn herze
nie trôst von ir gewan –
des wil mich sender smerze
von nôt gesigen an,
sin kêr mirz dannoch ze guote,
die reinen twinge gegen mir ê,
daz sî mir ze heil der leiden huote
dür triuwe gar engê.

2

1 **W**â vunde man sament sô manic liet?
man vunde ir niet   in dem künicrîche,
als in Zürich an buochen stât.
des prüvet man dik dâ meister sanc.
der Manesse ranc   dar nâch endlîche,
des er diu liederbuoch nu hât.
gegen sîm hove mechten nîgin die singære,

6 Mir scheint, man könnte
meine schöne Herrin sehen,
wenn jemand mir die Brust aufbräche,
wie sie in meinem Herzen steht –
lieblich und rein,
ganz und gar auf weiblich feine Art.
Ich erachte es als nicht wenig,
daß ich sie so haben darf.
Aber, sie muß mir dies gönnen,
wie sehr sie sich mir entzieht:
dennoch gewährt sie mir nicht die rechten Freuden,
die ich schon immer von ihr wünschte.

7 O Weh, Liebe –
warum will sie mich nun verlassen,
da ich doch mit all meinem Sinnen
an ihr fetgehalten habe!
Daß ich noch nie
Zuversicht von ihr erhielt –
davon wird mich Sehnsuchtsschmerz
sicher besiegen,
es sei denn, er wendet es mir dennoch zum Guten
und treibe die Reine zu mir,
daß sie zu meinem Glück der lästigen Aufpasser um
unserer gegeseitigen Treue willen entfliehe.

2

1 **W**o fände man so viele Lieder beisammen?
Man fände sie nirgends sonst im Königreich,
wie sie hier in Zürich in Büchern stehen!
Deshalb beschäftigte man sich intensiv mit Sang der Meister.
Der Manesse bemühte sich eifrig darum,
so daß er die Liederbücher nun endlich beisammen hat.
Vor seinem Hof müßten sich die Sänger verneigen

sîn lop hie prüvn und anderswâ,
wan sanc hât boun und würzen dâ.
und wisse er, wâ guot sanc noch wære,
er wurb vil endelîch darnâ.

2 Sîn sun, der kuster, der treibz ouch dar,
des hânt si gar vil edels sanges,
die herren guot, hânt semne brâcht.
ir êre prüvet man dâ bî.
wer wiste sî des anevanges,
der hât ir êren wol gedâcht.
daz tet ir sin: der richtet sî nâch êren;
daz ist ouch in erborn wol an.
sanc, dâ man dien frowen wol getân
wol mitte kan ir lop gemêren,
den wolten sî niht lân zergân.

3 Swem ist mit edelem sange wol,
des herze ist vol gar edeler sinne.
sanc ist ein sô gar edelez guot:
er kumt von edelem sinne dar.
dür frouwen clâr, dür edel minne –
von dien zwein kumt sô hôher muot.
waz wær diu welt, enwærn wîp niht sô schœne?
dür sî wirt sô vil süezekeit,
dür sî man wol singt und seit
sô guot getiht und süez gedoene.
ir wunne sanc ûz herzen treit.

und seinen Ruhm hier und anderswo herausstellen,
denn die Sangeskunst hat (in Zürich) Stamm und
Wurzeln.
Und wüßte er, wo es noch gute Liedkunst gäbe,
er würde sich intensiv darum bemühen.

2 Sein Sohn, der Kustos, sammelte auch Lieder.
Deshalb haben sie, die angesehenen (Zürcher) Herren,
eine reiche und kostbare Liedersammlung zusammen-
gebracht.
Daran lernt man ihre Verdienste schätzen.
Wer sie in ihre Sammelarbeit einführte,
hat für ihren Nachruhm aufs Beste gesorgt.
Das tat ihr verständiger Sinn, ausgerichtet auf Ruhm.
Er ist ihnen schon wohl angeboren gewesen.
Liedkunst, mit der man der schönen Damenwelt
eindrucksvoll noch mehr Ansehen gewinnen läßt,
wollten sie nicht verloren gehen lassen.

3 Wem bei edler Sangeskunst wohl ist,
dessen Herz ist voll edler Gedanken.
Sangeskunst ist doch ein wirklich edler Schatz:
sie speist sich von einer edlen Gesinnung.
Von der Damen Reinheit, von der edlen Liebe –
aus diesen beiden resultiert große Hochgestimmtheit.
Was wäre die Welt, wären die Frauen nicht so schön?
Um ihretwillen geschieht so viel Erfreuliches,
um ihretwillen singt und trägt man
so kostbare Dichtung und angenehme Musik vor.
Ihr bezauberndes Wesen lockt die Sangeskunst aus dem
Herzen.

3

1 Sich fröit ûf die edelen nacht
ein geslacht minnære harte,
des sîn frouwe ruochen wil.
sô der tac sîn liecht verlât,
secht, sô gât si an die warte,
als sî hânt geleit ir zil:
sô kumt er gegangen tougenlîche
und rüert daz tor sô lîse iesâ.
sô sî daz erhœrt, diu minnelclîche,
sô spricht sî: »mîn herre, bist dû dâ?«
er spricht: ›edeliu frouwe, ja! tuo mir ûf, vil wunnen
daz ich dich al umbevâ.‹

2 Im wont wilde fröide bî,
swanne sî daz tor entsliuzet;
und daz hœrt der werde man,
und sî engegen im danne ûf tuot:
dast ein guot, des nicht verdriezet
beider lîp sô lobesân.
sî vüert in mit ir sô wîzen hende
vür ir bette dür das huote bant
alsô stille, daz'z echt nieman wende.
wie schier sî sich danne enkleidet hânt!
sî gênt zemene. liep bewant
wirt dâ wol mit liebem ende.
in wirt beiden minne erkant.

3 Wer möcht bezzer fröide hân,
des enkan ich nicht volspehen,
als sî hânt die nacht sô gar.
dâ wirt manic umbevanc
lieplîch lanc, dâ mac geschehen

3

1 Es freut sich ungemein auf die schöne Nacht
ein edler Liebhaber,
den seine Dame erhören will.
Sobald der Tag sein Licht verliert,
seht nur, geht sie auf den Ausguck,
wie sie es abgesprochen hatten.
Er kommt heimlich herbei
und berührt ganz leise bald das Tor.
Als sie das vernahm, die Herzallerliebste,
fragt sie: »Mein Lieber, bist du da?«
Er antwortet: ›Holde Dame, ja! Mach mir auf, meine Herzensfreude,
damit ich dich innig umarmen kann.‹

2 Ihn befällt vehemente Liebeslust,
als sie das Tor aufschließt;
der ehrenhafte Mann hört das,
wie sie für ihn aufsperrt:
das ist etwas so Wunderbares,
daß beide Liebende darüber nicht verdrossen sind!
Sie führt ihn mit ihrer weißen Hand
zu ihrem Bett, unentdeckt von den Aufpassern
und so behutsam, damit niemand es verhindern könne.
Wie schnell sie sich entkleidet haben!
Sie umschlingen sich. Das Liebe verbindet
sich sehr schön mit Zielen der Liebe.
Beide sind in Liebe vereint.

2 Wer könnte größeres Glück erlangen
– ich vermag das nicht auszuloten –,
als sie die ganze Nacht lang erleben.
Da geschieht so manche Umarmung
liebvoll lang; da werden

manic kus sô falsches bar.
dâ wirt brust an brust sô wol gedrücket,
daz dâ sorgen mac belîben nicht,
beider lîp ze semene nâch gesmücket:
dâ von dâ daz liebste liep geschicht.
doch hânt sî die zuoversicht,
daz in fröide wirt verzücket,
sô der wachter tages gicht.

4

1 **E**r muoz sîn ein wol berâten êlich man,
der hûs sol hân, er müeze in sorgen stên.
Nœtic lidic man fröit sich doch mangen tac,
er spricht: »ich mac mich einen sanft begên.«
ach nœtic man, kumst dû zer ê,
wan dû kûme gwinnen macht muos unde brôt,
dû kumst in nôt: hûssorge tuot sô wê!

2 Sô dich kint an vallent, sô gedenkest dû:
»war sol ich nû? mîn nôt was ê sô grôz.«
wan diu frâgent dik, wâ brôt und kæse sî,
sô sitzt dâ bî diu muoter râtes blôz.
sô spricht sî: ›meister, gip uns rât.‹
sô gîst in dan Riuwental und Siuftenhein
und Sorgenrein als der nicht anders hât.

3 Sô spricht sî dan: ›ach, daz ich ie kan zuo dir!
jan haben wir den witte noch daz smalz,
noch daz fleisch noch vische, pfeffer noch den wîn:
waz wolte ich dîn? son hân wir niender salz.‹

Küsse ausgetauscht – ganz ohne jeden Falsch.
Da wird Brust an Brust so lieb gedrückt,
daß da kein Kummer übrig bleiben kann
und werden beider Körper eng aneinander geschmiegt:
davon geschieht das Allerliebste in der Liebe.
Doch, sie wissen,
daß ihnen die Freude genommen ist,
wenn der Wächter den Tag ankündigt.

4

1 **D**er muß ein wohlversorgter Ehemann sein,
der einen Haushalt haben kann, ohne in Sorgen zu sein.
Ein in Not lebender lediger Mann freut sich dennoch oft
und sagt sich: »Ich kann mich gut alleine durchbringen.«
Ach, bedrängter Mann, trittst du in die Ehe ein –
wo du dir doch jetzt kaum Mus und Brot leisten kannst –,
kommst du in echte Not: Hausstandssorgen sind doch so schmerzlich!

2 Wenn dann noch Kinder kommen, denkst du:
»Wohin führt das? Meine Notlage war vorher schon so groß.«
Denn die (Mäuler) fragen oft, wo Brot und Käse bleiben,
und die Mutter sitzt ratlos dabei.
Sie sagt: ›Meister, gib uns Rat!‹
Dann gibst du ihnen, weil du nichts anderes hast,
Jammertal und Seufzenheim und Sorgenrain.

3 So spricht sie weiter: ›Weh, daß ich je zu dir kam!
Haben wir doch weder Brennholz noch Schmalz,
noch Fleisch, noch Fische, Pfeffer und Wein:
was soll ich mit dir? Wir haben ja noch nicht mal Salz.‹

sô riuwetz ir. dâ sint fröid ûz,
dâ vât frost und turst den hunger in daz hâr
und ziehent gar   oft in al dür daz hûs.

4 Mich bedunket, daz hûssorge tüeje wê:
doch klage ich mê,   daz mir mîn frouwe tuot.
swenne ich für sî gên dür daz sî grüeze mich,
sô kêrt sî sich   von mir, daz reine guot.
sô warte ich jæmerlîche dar
unde stên verdâcht als ein ellender man,
der nicht enkan und des niemen nimt war.

5 Daz sî mich versêret hât so manic jâr,
daz wolte ich gar lieplîch vergeben ir,
gruozte sî mich als man friunde grüezen sol:
sô tæt sî wol.   sî sündet sich an mir,
wan ir mîn triuwe wonet bî.
dâ vôn solte sî mich grüezen âne haz.
wan tuot sî daz?   dazs iemer sælic sî!

5

1 Ich was, dâ ich sach
in ir swert zwên dörper grîfen junge:
Ruodolf dâ begonde in zorne stetchen.
Chuonze dar zuo sprach:
»nieman ist dem an mir ie gelunge.
ich hân dînen zorn nicht wan vür getschen.«
Ruodolf sprach: ›dû hâst Ellen gemeinet,
nâch der ich vil dicke hân geweinet.
hüet dîs lîbs vor mir

Dann reut es sie. Da ists aus mit (Ehe-) Freuden;
da fahren Frost und Durst dem Hunger in das Haar
und treiben ihn oft durch alle Türen des Hauses.

4 Ich denke, daß Hausstandssorgen arg weh tun.
Aber noch mehr beklage ich, was mir meine Herrin antut.
Wenn ich vor sie trete, damit sie mich grüße,
wendet sie sich ab von mir – sie, das hohe Gut.
Dann schaue ich ihr klagend nach
und stehe gedankenverloren wie ein Fremder da,
der erfolglos ist und den niemand beachtet.

5 Daß sie mich so viele Jahre verletzt hat,
wollte ich ihr um der Liebe willen vergeben,
wenn sie mich nur grüßen würde, wie man Freunde grüßt:
dann handelte sie gut. Sie versündigt sich an mir,
denn sie hat meine ganze Ergebenheit.
Deshalb sollte sie mich ohne Feindseligkeit grüßen.
Warum tut sie das nicht? – Ach, sie sei (trotzdem) immer vom Glück begünstigt!

5

1 Ich hielt mich einmal dort auf, wo ich sah,
wie zwei junge Dorfburschen zu ihren Schwertern griffen.
Rudolf begann da aus Zorn die Zähne zu fletschen.
Kunze sagte dazu:
»Niemand hat mich je besiegt.
Ich halte deinen Zorn nur für leeres Getue.«
Rudolf sagte: ›Du hast Ellen geliebt,
um die ich oft geweint habe.

an dem werde an sunnentage vor ir.
dîn schuld ist, daz ir huld gegen mir kleinet.«

2 Sî swîgen dar zuo,
daz manz verre vernam in kurzer stunde.
dar kam dörper vil mit grôzem schalle.
Ruodolf malch sîn kuo
und rouft dien dien er gutes gunde:
›trinket unde sint mir bî hiut alle.
helf man im, sô helfent mir ouch sêre,
daz ich hiut bejage vor Ellen êre.
ich wil Chuonzen slân,
daz hund in in mügen zem herzen gân:
ern gewirbt umb Ellen niemer mêre.‹

3 »Wir sunz understân,«
sprâchen zwên der wægsten und der meijer:
»bittent Cuonzen, daz er Ellen ab lâze.«
›des mac nicht ergân,
ich gab ir ein geiz und hundert eijer
und bin ir holt recht âne mâze.‹
»dâ vür sol dich Ruodolf vil wol mieten.«
›nû lânt hœren, waz wil er mir bieten?‹
»zwô geiz und ein huon.«
Chuonze sprach: ›daz wil ich gerne tuon:
ich tet ie daz biderbe liut mir rieten.‹

6

1 Wol der süezen wandelunge!
waz winter truobte   daz tuot sumer clâr.
daz fröit alte, daz fröit junge,

Verteidige dein Leben vor mir,
am Sonntag auf der Insel, in ihrem Beisein.
Deine Schuld ist es, daß ihre Liebe mir gegenüber
kleiner wird.«

2 Sie ›schweigen‹ so dazu,
daß man es überall in kürzester Zeit vernahm.
Viele Bauernlümmel kamen mit lautem Getöse herzu.
Rudolf melkte seine Kuh
und rief denjenigen, denen er gesonnen war, zu:
›Trinkt und steht mir heute alle bei.
Hilft man ihm, so helft auch mir kräftig,
damit ich heute bei Ellen in der Gunst steige.
Ich werde den Kunzen so zurichten,
daß die Hunde sich über sein Herz hermachen können:
er wird um Ellen nie mehr werben.‹

3 »Wir werden das verhindern«,
sagten zwei der Besonnensten und der Meier:
»Bittet Kunze, daß er Ellen aufgibt.«
›Das kann überhaupt sein,
ich gab ihr nämlich eine Geiß und hundert Eier
und bin ihr über die Maßen zugetan.‹
»Dafür wird dich aber Rudolf reichlich entschädigen.«
›Nun laßt hören, was will er mir bieten?‹
»Zwei Geißen und ein Huhn.«
Kunze entgegnete: ›Darauf gehe ich mit Freuden ein:
schon immer habe ich mich nach den Ratschlägen
kluger Leute gerichtet.‹

6

1 Gepriesen sei die wunderbare Verwandlung!
Was der Winter eintrübte, macht (jetzt) der Sommer
hell und klar

wan sumer uobte doch ie wunnen schar.
wol im, swer sich nû fröiwen sol!
dem ist sô wunnenclîchen wol.
swaz ab ich von wunnen schouwe,
doch wil mîn frouwe, daz ich kumber dol.

2 Owê, solt ich und mîn frouwe
unsich vereinen und uns danne ergên
in ein schœnen wilden ouwe,
daz ich die reinen sæhe in bluomen stên!
dâ sungen uns diu vogellîn:
wâ mecht mir danne baz gesîn?
sô vund ich dâ schœn geraete
von sumerwæte zeinem bette fin.

3 Daz wolt ich von bluomen machen,
von vîol wunder und von gamandrê,
deiz von wunnen möchte lachen.
dâ müesten under münzen unde klê.
die wanger müesten sîn von bluot,
daz culter von bendicten guot,
diu lînlachen clâr von rôsen:
ez wære ir lôsen lîbe nicht vor behuot.

4 Wær sî nicht sô lobelîche,
sî wær ze danke an das bette mir.
sî ist sô rein, sô wunnen rîche,
dâ von nicht kranke wunne hôrte zir.
sô spræche ich: »liep, nû sich, wie vil
daz bette hât der wunnen spil:
dar ûf gê mit mir, vil hêre.«
ich fürchte sêre, daz sî spræche ›in wil.‹

Das erfreut Junge und Alte,
denn der Sommer bescherte doch immer eine Vielzahl
Wohl dem, der sich nun freuen wird! | von Freuden.
Der ist in so herrlicher Stimmung.
Was immer ich an Freude um mich wahrnehme –
meine Herrin will aber, daß ich Kummer erleiden solle.

2 Ach, könnten meine Herrin und ich uns
doch vereinen und dann hinausgehen
auf eine schöne, wunderbare Wiese,
daß ich die Holdselige in Blumen stehen sähe!
Da sängen für uns die Vöglein:
was könnte mir Schöneres widerfahren?
Ich fände dort auch einen prächtigen Vorrat
von Sommerkleidern (der Natur) für ein feines Bett.

3 Das würde ich aus Blumen machen,
aus vielen vielen Veilchen und aus Gamander,
so daß es vor Freude nur so lachte.
Dabei müßten auch sein Minze und Klee.
Die Kopfkissen sollten aus Blüten sein,
die Steppdecke aus kostbaren Benedikten,
die Laken aus leuchtenden Rosen:
es würde ihrer anmutigen Erscheinung nichts vorent-
halten werden.

4 Wäre sie nicht so unantastbar,
dann wäre sie mir geneigt für das Bett.
So aber ist sie so rein, so reich an Freuden,
daß kein billiges Vergnügen ihr anstünde.
Denn spräche ich: »Liebste, nun sieh doch,
wie viele Liebesspiele das Bett ermöglicht:
komm mit mir, du Holde« –
ich fürchte sehr, sie sagte: ›Ich will das nicht!‹

5 Wan daz mir ir zorn wê tæte,
ich würde ân lougen dâ gewaltic ir.
swes ich sî lieplîch erbæte,
daz bræchte tougen hôhe fröide mir.
ê daz ab ich sî wolte lân,
ich wolde sî doch umbevân
und sî dan anz bette swingen –
owê! daz ringen mac mir wol vergân!

Heinrich von Mügeln

1

Ein gans, die sprach, sie wer ein meister aller kunst.
sie sorget kleine vor der sûren rüben dunst,
wie das ir muter drin gesoten were.
»bi mînem adel ich nimmer bî den gensen gê;
in einem vogelhûse wil ich singen mê.«
der ackermann erhôrte dise mere.
er satzt sie hô in einen bûr.
sie sprach, sie wold die zisel gar verdringen,
ir kunst wer feste sam ein mûr.
»giga« sie schrei und kunde nimmer singen.
da nu der here das ersach,
das er was an der gense gar betrogen,
das tet im leit und ungemach;
er hieng sie zu der wende bî dem kragen.
nicht underslach dich meisterschaft, der du nicht macht vollbrengen,
und hüete dich vor gense tât, das ist min rât.
der keiser ist unschuldig dran, wirstu in schanden hengen.

Wenn mich ihr Zorn nicht träfe,
würde ich ihr wahrhaftig Gewalt antun.
Was ich in liebvoller Absicht von ihr erbitten würde,
das brächte mir heimlich große Freude.
Bevor ich sie aber gehen ließe,
würde ich sie doch umarmen
und sie dann behend aufs Bett zwingen wollen –
O Weh! Dieser Kampf kann schlecht für mich ausgehen!

Heinrich von Mügeln

1

Eine Gans sagte, sie wäre Meister in allen Künsten.
Sie kümmert nicht der Geruch der sauren Rüben,
obwohl ihre Mutter darin gekocht worden war.
»Bei meinem Adel meide ich die Gesellschaft der Gänse;
ich will nunmehr in einem Vogelkäfig singen.«
Der Bauer vernahm diesen Wunsch.
Er setzte sie hoch in einen Käfig.
Sie sagte, sie wolle die Zeisige vollkommen ausstechen,
(denn) ihre Sangeskunst sei fest wie eine Mauer.
»Giga« schrie sie bald darauf und konnte nicht mehr singen.
Als der Bauer nun bemerkte,
daß er durch die Gans betrogen worden war,
bereitete ihm das Ärger und Verdruß;
er hängte sie am Hals an der Wand auf.
Maße dir nicht Kunstfertigkeit an, die du nicht ausüben kannst,
und hüte dich vor dem Verhalten der Gans. Das ist mein Rat.
Den Kaiser trifft kein Schuld, wenn du in Schande aufgehängt wirst.

2

1 Ein frouwe sprach: »mîn valk ist mir enpflogen
sô wît in fremde lant.
des vorchte ich, den ich lange hân gezogen,
den vest ein fremde hant.
ich habe der trûwe fezzel
im gar zu lang gelân.
des bruet die afterrûwe sam ein nezzel
mîn herze sunder wân.

2 Ich hoffe doch, das er mir komet wider,
wie er nu sweimet wît.
wann er verlûst die schell und das gefider
bricht und die winterzît
im drouwet und die beize
vorgât und rîst der hag,
sô swinget er dann wider in sînen weize,
wann er nicht furbaz mag.

3 Ach, hete ich einen blâfûß vor den falken,
ab er nicht wêr sô risch,
doch blibe er stân ûf mînes herzen balken.
was hilfet mich der fisch,
der in des meres grufte
wart alles angels frî?
mich stûret klein der vogel in der lufte,
wie edel das er sî.«

2

1 Eine Dame sagte: »Mein Falke ist mir entflogen,
weit in fremde Länder hinein.
Deshalb fürchte ich, daß ihn, den ich lange erzogen habe,
eine fremde Person festhält.
Ich habe ihm die Fessel der Treue
allzuweit gelassen.
Deshalb brennt die nachträgliche Reue wie eine Nessel
erbarmungslos in mein Herz.

2 Ich hoffe aber, daß er wieder zu mir zurückkommt,
wie weit er jetzt auch umherschwebt.
Wenn er die Schelle verliert und das Gefieder
bricht und die Winterzeit
ihm droht und die Jagdzeit
vergeht und der Wald die Blätter niedergehen läßt,
dann schwingt er sich zurück in seinen Weizen (in sein altes zu Hause),
wenn er nicht mehr weiter weiß.

3 Ach, hätte ich einen Blaufuß statt des Falken.
Wenn er auch nicht so schnell wäre,
bliebe er doch auf dem Balken meines Herzens sitzen.
Was nutzt mir der Fisch,
der im (tiefen) Meeresgrund
– frei von jeder Angel – wartet?
Nur wenig hilft mir der Vogel in der Luft,
wie edel er auch immer sein mag.«

Der Mönch von Salzburg

1

Untarn ist gewonlich reden ze Salzburg und bedeutt so man isset nach mittem tag über ain stund oder zwo

1 **U**ntarn slaf tut den sumer wol,
der an straf liblich ruen sol
pey der diren auf dem stro;
in den stiren macht es fro.

Sy ich muss hin mein traut gesell.
ich hab ze lang geslaffen hy pey dir.
Er traut gespil, ge wy got well:
ich las dich schaiden nicht so pald von mir.
Sy ja sint dy kchü noch ungemolchen
darumb ist mir gach.
gespottet wurd mir von den volchen,
sold ich treiben nach.

ain frische wolgemute diren
kan und wais gelympf.
darumb sorg nyman umb dy iren.
es ist nur yr schympf.

2 Dy mit lust dem gesellen gut
drukt sein brust – hey wy wol es tut!
der ist zoren, wer sy wekt
mit dem horen und erschreckt.

Er herczen trost, wy wol ich spür,
das du mir pist ain ungetreues weib.

Der Mönch von Salzburg

1

›Untarn‹ ist ein gängiges Wort in Salzburg und bedeutet: Mahlzeit einnehmen zwischen ein und zwei Uhr nachmittags.

1 **M**ittagsschlaf tut im Sommer dem gut,
der ohne Strafe angenehm ruhen kann
bei der Kuhmagd auf dem Stroh;
in dem Kopfe macht es froh.

Sie Ich muß weg, mein lieber Freund.
Ich habe (schon) zu lange bei dir hier gelegen.
Er Traute Gespielin, geh (nur) wie gottbefohlen.
Ich laß dich (aber) nicht so schnell von mir.
Sie Aber, die Kühe sind noch nicht gemolken,
darum habe ich Eile.
Ich würde von den andern verhöhnt,
sollte ich hinterhertreiben.

Eine frische und fröhliche Magd
kann und weiß sich zu benehmen.
Deshalb sorge sich niemand um ihre Ehre.
Es ist allein ihr Vergnügen.

2 Die mit Lust ihre Brust an die des
lieben Freundes drückt – hei, wie gut das tut!
Der ist verwünscht, der sie
mit dem Kuhhorn weckt und erschreckt.

Er Ach Herztrost, wie schmerzlich spüre ich,
daß mir du untreu bist.

Sy dinst un lon ich gar verlür,
wiss got nit das ich lenger hy beleib.
gehab dich wol. ich kum her wider
so ich peldist kan
und leg mich wider zu dir nyder
herczenlibster man.

ain frische wolgemute diren
kan und wais gelympf.
darumb sorg nyman umb dy iren.
es ist nur yr schympf.

3 In dem lauss so der herter schreit:
»ho, treib auss hoho, des ist zeit!«
sy erwachet nach der mü.
unbesachet sint dy kchü.

das fügt wol ainem armen knecht,
dem gut und mut stet allzeit in dem saus,
gold und vechs ist ym nit recht.
ym fügt vil pas dy dyren in dem haus.
wenn sy des morgens fru wil haiczen,
so wekt sy yn vor;
sein hercz kann sy zu freuden raiczen,
das es webt enpor.

ain frische wolgemute diren
kan und wais gelympf.
darumb sorg nyman umb dy iren.
es ist nur yr schympf.

2

Der Herbst mit süessen trawben
mir mein hawben machet stauben,

Sie Meinen Dienst und Lohn verlöre ich ganz,
wenn ich – bei Gott – noch länger bei dir bliebe.
Halte dich gut. Ich komme wieder zurück,
so schnell ich nur kann
und werde mich wieder zu dir legen,
herzallerliebster Mann!

Eine frische und fröhliche Magd
kann und weiß sich zu benehmen.
Deshalb sorge sich niemand um ihre Ehre.
Es ist allein ihr Vergnügen.

3 Im Versteck schreit der Hirte:
»Ho, steh auf, hoho, es ist (höchste) Zeit!«
Sie erwacht nach der Bedrängnis.
Unversorgt sind die Kühe.

Das schickt sich halt für einen armseligen Knecht,
dem Besitz und Gesinnung allzeit ungewiß sind
und Gold und Hermelin nicht anstehen.
Zu ihm paßt besser die Kuhmagd in das Haus.
Wenn sie morgens in der Früh heizen will,
so weckt sie ihn vorher;
sein Herz vermag sie (dann) zu Liebesfreuden erregen,
daß es hoch emporschwebt.

Eine frische und fröhliche Magd
kann und weiß sich zu benehmen.
Deshalb sorge sich niemand um ihre Ehre.
Es ist allein ihr Vergnügen.

2

Der Herbst mit (seinen) süßen Trauben
macht meinen Kopf mir zu Staub,

so ich klawben wirt als ein tawben
mir czu ainem kroph manigen troph.
aus dem koph; meinen schoph
machet waiben als ein toph.
söleich saft hat kraft
und schaft das haft
mein czung, das sy nicht klaft.
ain weil pin ich sangwineus
und secz mein synn wie ich beginn,
das ich gewyyn dy lieben mynn.
darnach ain träg fflegmaticus,
czam als ein schaf, ich slacg noch rawf,
ich spring noch lawf; ich sicz und slaff.
dann fraydig als ein colericus.
ich schilt und swer, mit starcker wer
ain grosses her ich pald verker.
nw trawer ich melancholicus.
schier in ain klaws hin gein garthaws;
in gotes haus ich leb in saws
allain und wain vast umb mein sünd.
sölich fünd erdengk ich, wann ich trunken pin.

3

1 Ich het czu hannt geloket mir
ain valcken waidenleichen.
das hat verloren all sein gir
und tuet sich von mir streichen.
hiet ichs gepaist nach meinen muet,
es wär als willd nye worden.
das tet ich nicht und lies durch guet;
darumb han ichs verloren.
    es ist mir worden ungeczäm:
    das tut mir we im herczen.

wenn ich wie ein Taube mir klauben werde
so manchen Tropfen für meinen Kropf
aus dem Becher; meinen Schopf bereiten
Frauen als einen Topf.
Solcher Saft hat Kraft
und bewirkt, daß meine Zunge
gezähmt ist – damit sie nicht hermtönt.
Eine Weile bin ich Sanguiniker
und erwäge, wie ich es anstelle,
daß ich für mich die liebe Minne erobere.
Danach bin ich ein träger Phlegmatiker,
zahm wie ein Schaf, mache keine Rauferei,
springe und laufe nicht; ich sitze und penne.
Dann (bin ich) aufgedreht wie ein Choleriker.
Ich schelte und schwöre, daß ich mit großer Kraft
ein großes Heer zum Umkehren zwinge.
Darauf trauere ich wie ein Melancholiker.
Bald jedoch bin ich in einer Klause am Gartenhaus;
in Gottes Haus leb ich ohne Saus und Braus
und weine bitterlich wegen meiner Sünden.
Solche (wie die oben beschriebenen) Erfindungen
denke ich mir (nur) aus, wenn ich betrunken bin.

3

1 **I**ch hatte mir zur Hand gelockt
einen herrlichen Falken.
Der hat sein ganzes Verlangen (auf Jagd) verloren
und fliegt mir nun davon.
Hätte ich ihn nach meinem Willen gebeizt,
wäre er nie so wild geworden.
Das tat ich nicht und unterlies es in guter Absicht.
Darum habe ich ihn verloren.
  Er ist mir ungehorsam geworden:
  das tut mir zutiefst weh.

gar übel ich im des gan,
es kund wol wennden smerczen.

2 West ich sein strich, ich volgt im nach,
ob ich es möchte gewynnen.
chain vederspil ich nye gesach,
das sich tät mynner swingen.
es wust sein vart wie weit es gieng
und hat sich doch verflogen:
mit ainem trappen, der es fieng;
der hat mein fälklein betrogen.
hiet ichs gepaist nach meinen muet,
es wär als willd nye worden.
das tet ich nicht und lies durch guet;
darumb han ichs verloren.

3 Nw traw ich allen waidgesellen,
die habent mirs versprochen,
das sy den trappen paissen wellen,
pis das ich werd gerochen.
fürbas ich mir stellen wil
allain nach edelm vederspil,
das sich nicht tuet verfliegen
und kainen fürbas betriegen.
hiet ichs gepaist nach meinen muet,
es wär als willd nye worden.
das tet ich nicht und lies durch guet;
darumb han ichs verloren.

Übel vermerke ich ihm das.
Er könnte sehr wohl Schmerzen heilen.

2 Wüßte ich seinen Weg, ich folgte ihm nach
und möchte ihn wieder für mich gewinnen.
Nie sah ich einen Falken,
der sich schöner in der Luft bewegte.
Er kannte seinen Weg, wie weit es auch ging –
und doch hat er sich
zu einer Trappgans, die ihn fing, verflogen:
die hat meinen Fälklein verführt.
Hätte ich ihn nach meinem Willen gebeizt,
wäre er nie so wild geworden.
Das tat ich nicht und unterlies es in guter Absicht.
Darum habe ich ihn verloren.

3 Nun vertraue ich allen Jagdgefährten
– die haben mir es versprochen –,
daß sie die Trappgans jagen wollen,
bis ich gerächt bin.
Ja, in Zukunft will ich nur noch ganz
allein edlen Falken nachstellen,
die sich nicht verfliegen
und niemand mehr verblenden.
Hätte ich ihn nach meinem Willen gebeizt,
wäre er nie so wild geworden.
Das tat ich nicht und unterlies es in guter Absicht.
Darum habe ich ihn verloren.

Oswald von Wolkenstein

1

1 Freu dich, du weltlich creatur,
das dir nach maisterlicher kur
gemessen ist all dein figur,
verglanzt zetal nach der mensur,
an tadel, adel kreftiklich darinn verslossen.
der possen gossen ist an mail.
dem er sich geben hat zu tail,
der mag sich des erfreuen wol von herzen.

2 Ain höbtlin klain, des nam ich war,
darauff kraus, plank, krumliert das har,
zwo smale pra, die euglein clar,
ain mündlein rubein-, rösleinvar,
nas, kinn und kel; das vel plaich, weiss, mit wenglin prinnen.
die tinnen sinnen volgestakt,
von jungen jaren darinn verstrakt.
dank hab ain man, der es schon wurcht an smerzen.

3 Wann ich durch all mein sinn betracht
des pildes form, leib, schön und macht,
wie es der maister hat bedacht,
und darnach genzlich wirt volpracht,
das kain so rain ir gleich auff erd mug simulieren,
regniren, pulchrieren, wie man wil:
gewaltiklich behalt si das spil;
mit eren zwar tar si wol ernsten und scherzen.

Oswald von Wolkenstein

1

1 Freu dich, du irdisches Geschöpf,
daß dir nach meisterlicher Wahl
deine ganze Gestalt geschaffen wurde,
glänzend nach rechtem Maß von oben bis unten,
tadellos und Adel deutlich mit eingeschlossen.
Das Ganze ist ohne Makel gewirkt.
Wem es zuteil geworden ist,
Der darf sich darüber gewiß von Herzen freuen.

2 Einen zierlichen Kopf erkannte ich,
darauf kraus, hell und gelockt das Haar,
zwei schmale Brauen, helle Äuglein,
ein Mündlein rubin- und rosenfarbig,
Nase, Kinn und Kehle; die Haut hell und weiß mit roten Wänglein.
Die Stirn (ist) mit Klugheit ausgefüllt,
von Jugend an schon darin ausgebreitet.
Dank habe der Mann, der das ohne Mühsal geschaffen hat.

3 Wenn ich mit meinem ganzen Verstand
dieses Bild betrachte – Leben, Schönheit und Kraft,
wie es der Meister ausgedacht
und wie es danach so vollkommen ausgeführt wird,
daß auf Erden kein weiteres Bild ihr gleichkommt,
im Regieren und im Schönsein und in vielem anderen:
triumphal gewinnt sie den Wettstreit;
wahrlich, in großer Vollendung bewegt sie sich zwischen Ernst und Scherz.

2

1 »Los, frau, und hör des hornes schal!
perg und tal,
über al ane qual auch höre ich die nachtigal:
des liechten morgen röte
sich vor der pläw her dringt. plas schon!
wachter, ich spüre dein zoren michel gross.«
›sag an, herzlieb, nu was bedeut uns so gar schricklicher hal
mit seinem don?‹
»aahü! aahü! wolauff, die nacken ploss!«

2 »Mich rüert ain wind von orient,
der entrent,
auch plent das firmament und der uns die freud hier went;
zart minnekliche dieren,
das horen pollret grimmiklich.
ich hör dich wol; du trüebst die fraue mein.« –
›ainiger man, sol uns der gast erstören hie so ach ellent?
wem last du mich?‹
»aahü! aahü! her get des tages schein!«

3 »Pald ab dem wag, die geren lag!«
›hör, hör, gesell,
klüeglichen geschell!‹
»stand up! risch up! snell up!
die voglin klingen in dem hard,
amschel, droschel, der vink
und ain zeiselein, das nennet sich gugguck.«
›los, los, los, los!
senleiche klag!

2

[Er] 1 »Horch, Frau, und vernimm den Ton des Horns!
Über Berg und Tal
höre ich überall mit Freude auch die Nachtigall:
die Röte des hell werdenden Morgens
dringt vor der Bläue (des Himmels) hervor. Blas jetzt!
Wächter, ich spüre deinen sehr großen Zorn.« –
[Sie] ›Sag, mein Liebster, was bedeutet uns der so gräsliche Schall
mit seinem Ton?
[W] »Aahü! Aahü! Wohlauf, die Decken weg!«

[Er] 2 »Mich berührt ein Wind von Osten,
der entfernt
und verdunkelt das Firmament, und der beendet unsere Liebesfreuden hier;
meine zarte, liebliche Freundin,
das Horn dröhnt furchtbar.
Ich höre dich genau; du betrübst meine Geliebte.« –
›Alleinziger Schatz, soll uns der Fremde hier so heftig stören?
Wem überläßt du mich?‹
[W] »Aahü! aahü! Herauf zieht das Tageslicht!«

[W] 3 »Eile weg von hier, die du mit Verlangen hier lagst!«
[Sie] ›Hör, hör, hör, Geliebter,
auf das warnende Getöne!‹
[W] »Steh auf! Rasch hoch! Schnell weg!
Die Vöglein ertönen im Wald,
Amsel, Drossel, der Fink
und ein Zeisiglein, das Kuckuck heißt.«
[Sie] ›Horch, horch, horch, horch!

mordlicher tag,
wie lang sol unser not mit dir bestan?
hab urlaub, höchster schatz,
kurzlich herwider ruck!‹

3

1 »Stand auff, Maredel! liebes Gredel, zeuch die rueben auss!
zint ein, setz zue flaisch und kraut! eil, pis klueg!
get, ir faule tasch! die schüssel wasch!
wer wett, Küenzel knecht der dieren flecht?
auss dem haus, ir verluechter dieb!
Gret, lauff gen stadel, suech die nadel, nim den rechen mit!
gabel, drischel, reiter, sichel vindstu dort.
Jans, Kathrei nim mit dir, der Kuenz pleib mir!
sweig, du vaige haut, und schrei nicht laut!
dein schand wird prait und er sicherlichen smal.
pfäch dein, Gredlein!
spin, ker, dich ner!
nicht verzer deinen rock!
pock, so wirst du ain lock.
tock, vier schock
gib ich dir zu ainem manne vil schier.«

2 ›Frau, ich enmag, wann es ist verre gen dem tag.
nu wol, wenn sol ich vol slaffen mir genueg?
zue lat euch der weil! ja trag wir auch ain peil.
pleib hie, nicht eil,
mein trauter Küenzel- Süenzel ist mir wärlich lieb.
wer kumpt hernach, der mir went meinen ungemach
so schain und rain allain? arbeit ist ein mort.
Kathrei ist unnutz, Jänsleins pin ich urdrutz.

Sehnsüchtige Klage!
Totbringender Tag,
Wie lang soll unser Leiden an dir noch dauern?
Nimm Urlaub, allerbester Schatz;
komm bald wieder zrück!‹

3

1 Steh auf, Margaretlein, liebe Gretel! Zieh die Rüben heraus!
Schüre ein, setze Kraut und Fleisch auf! Eile, sei klug!
Komm, du faules Weibstück! Die Schüssel gewaschen!
Wer wettet, daß der Knecht Kunz die Magd knutscht?
Aus dem Haus mit dir, elender Dieb!
Grete, lauf zur Scheune, such die Nadel, nimm den Rechen mit!
Gabel, Dreschflegel, Reute, Sichel sind dort.
Nimm Hans und Kathrein mit, der Kunz bleibt bei mir!
Schweig, du feige Haut, schrei nicht so heftig!
Deine Schande wird groß und deine Ehre schwindet ganz gewiß.
Schäm dich, Gretelein!
Spinne, kehre, kümmere dich um dich!
Verunstalte nicht deinen Rock!
Bleibst du liegen, wirst du ein Luder.
Mädel, vier Schock
geb ich dir, wenn du sehr bald heiratest.«

2 ›Frau, ich kann nicht, denn lang ist's noch bis zum Tag hin.
Nun ja, wann soll ich einmal richtig ausschlafen?
Laßt euch doch Zeit! Wir können uns auch wehren.
Bleib hier, gehe nicht fort (Geliebter),
mein lieber Künzel-Sünzel ist mir wahrlich lieb.
Wer ist's sonst, der mir mein Liebesleid beendet,
so schön und rein und ganz allein? Arbeit ist tödlich.

mit liebem smutz
pin ich genzlich des Küenzeleins auss dem edlen Zilerstal.
frau, eur straffen ist enwischt.
spinnen, keren mag ich nicht.
pflicht
trag ich zue dem Küenelein,
wann er ist wol mein.
sein leib geit freuden vil, darnach sich sent mein gier.‹

4

1 **A**in graserin durch külen tau
mit weissen, blossen füsslin zart
hat mich erfreut in grüner au.
das macht ir sichel brawn gehart.
do ich ir half den gattern rucken,
smucken für die schrencken,
lencken, sencken in die seul,
wolbewart, damit das freul
hinfür an sorg nicht vfliesen möchte ir gensel.

2 Als ich die schön her zeunen sach,
ain kurze weil ward mir ze lanck,
bis das ich ir den ungemach
tett wenden zwischen zwaier schranck.
mein häcklin klein hett ich ir vor
embor zu dienst gewetzet,
gehetzet, netzet; wie dem was,

Kathrein ist zu nichts nutz, das Hänslein ist mir über.
Mit einem innigen Kuß
bin ich ganz dem Künzlein aus dem schönen Zillertal
zugetan.
Frau, eure Zurechtweisung ist zwecklos.
Spinnen und kehren mag ich nicht.
Eine Verpflichtung
habe ich nur gegenüber dem Künzlein,
denn er ist mein Herzallerliebster.
›Sein Leib schenkt viele Freuden, nach denen sehne ich
mich mächtig.‹

4

1 **E**ine Gräserin hat im kühlen Tau
mit ihren weißen, nackten, zarten Füßlein
mich auf grüner Au erfreut.
Das machte ihre braun gehaarte Sichel.
Als ich ihr half, das Gatter zu rücken,
hineinzwängen in die Verflechtung,*
lenken, senken in den Schaft,
fest verwahrt, damit das Frauchen
nicht mehr sorgen müsse um sein Gensel.

2 Als ich die Schöne mit dem Zaun beschäftigt sah,
wurde es mir schnell zu lang,
bis ich ihr die Mühe
(in Lust) umkehrte zwischen zwei Abgrenzungen.
Meine kleine Axt hatte ich zuvor
zum Dienste scharf gemacht,
angetrieben, genetzt; wie man soll,

* Schönmetzler: die Ritze ihm verschränkte

schübren half ich ir das gras.
»zuck nicht mein schatz!« ›simm nain ich, lieber Jensel.‹

3 Als ich den kle hett abgemät
und all ir lucken wolverzeunt,
dannocht gert si, das ich jät
noch ainmal inn der nidern peunt;
ze lon wolt si von rosen winden,
binden mir ain krenzel.
»swenzel, renzel mir den flachs!
treut in, wiltu, das er wachs!«
›herz liebe gans, wie schön ist dir dein grensel.‹

5

1 **W**olauff, wolan!
kind, weib und man,
seit wolgemuet,
frisch, frölich, fruet!
tanzen, springen,
härpfen, singen
gen des zarten
maien garten grüene!
die nachtigal,
der droschel hal
perg, au erschellet.
zwai gesellet
freuntlich kosen,
haimlich losen –
das geit wunne
für die sunne küene.
amplick herte,
der geverte
süll wir meiden
von den weiben ungestalt.

half ich ihr das Gras aufhäufen.
»Zuck nicht, mein Schatz!« ›Bestimmt nicht, lieber Jensel.‹

2 Als ich den Klee abgemäht
und alle ihre Lücken gut verzäunt hatte,
verlangte sie dennoch, daß ich
noch einmal in den niederen Point hineinjäte –
als Lohn wolle sie Rosen winden
und mir ein Kränzlein binden.
»Schwänzel, schwinge mir den Flachs!
Liebkos ihn, wenn du willst, daß er wächst!«
›Herzliebe Gans, wie zugetan ist dir dein Kränzel.‹

5

1 **W**ohl auf, wohlan!
Kinder, Frauen, Männer,
seid guten Mutes,
frisch, fröhlich und munter!
(Kommt) tanzen, springen,
harfen, singen
angesichts des grünen Gartens
in feiner Maienzeit!
Die Nachtigall,
der Drossel Gesang
schallt über Berg und Wiese.
Zu zweit vereint,
zärtlich kosen,
heimlich freundlich sein –
das gibt noch mehr Freude
als die kräftige Sonne.
Den unerfreulichen Anblick
und das Schicksal
von häßlichen Frauen
sollen wir meiden.

mündlin schöne,
der gedöne
macht uns höne manigvalt.

2 Rauha, steudli,
lupf dich, kreudli!
in das pädli,
Ösli, Gredi!
pluemen plüede
went uns müede.
laubes decke
rauch bestecke, Mätzli!
pring den puttren!
lass uns kuttern:
»wascha, maidli,
mir das schaidli!«
›reib mich, knäbli,
um das näbli!
hilfst du mir,
leicht vach ich dir das rätzli.‹
amplick herte,
der geverte
süll wir meiden
von den weiben ungestalt.
mündlin schöne,
der gedöne
macht uns höne manigvalt.

3 Ju haia hai,
zierlicher mai,
scheub pfifferling,
die mauroch pring!
mensch, laub und gras,
wolf, fuchs, den has
hast du erfreut,

Schöne Mündlein
und deren lieblicher Gesang
machen uns (hingegen) stolz.

2 Belaube dich, Stäudlein!
Erhebe dich, Kräutlein!
In das Bädlein,
Öslein und Gretli!
Die Pracht der Blumenblüte
vertreibt unsere Müdigkeit.
Wie aus Blättern ein Schutz
laß Rauch aufgehen, Mädchen!
Bring den Bottich!
Laß uns lachen:
»Wasche, Mädchen,
mir das Scheitlein!«
›Reib mich ums Näbelchen,
Knäblein!
Hilfst du mir,
fange ich dir vielleicht das Mäuslein.‹
Den unerfreulichen Anblick
und das Schicksal
von häßlichen Frauen
sollen wir meiden.
Schöne Mündlein
und deren lieblicher Gesang
machen uns (hingegen) stolz.

3 Juchheißa,
schöner Mai,
schieb Pfifferlinge heraus,
bring die Morchel hervor!
Mensch, Laub und Gras,
Wolf, Fuchs und den Hasen
hast du erfreut,

die welt bestreut grüenleichen.
und was der winder
vast hinhinder
in die mauer
tieffer lauer
het gesmogen
ser betrogen,
die sein erlöst,
mai, dein getröst fröleichen.
amplick herte,
der geverte
süll wir meiden
von den weiben ungestalt.
mündlin schöne,
der gedöne
macht uns höne manigvalt.

6

1 »Sim Gredli, Gret, traut Gredelein,
mein zarter puel, herzlieb gemait,
dein züchtlich er an mir nicht weich.«
›halt wie es get, mein Öselein,
in deiner schuel treustätikeit
die wil ich leren ewikleich.‹
»die wort sol ich behalten mir
und schreiben in meins herzen grunt
von deinem röselochten munt.«
›mein hort, dasselb ist wol mein gir,
wann ich wil nicht wenken.‹
»das sol ich bedenken.«
›gedenk, liebs Öselein, an mich;
dein Gredlin sol erfreuen dich.‹

die ganze Welt grün bestreut.
Und was der Winter
fest hinein
in das Gemäuer
langen Wartens
gedrückt
und sehr betrogen hat –
das ist jetzt durch dich, Mai, befreit
und zur fröhlichen Erwartung geworden.
    Den unerfreulichen Anblick
    und das Schicksal
    von häßlichen Frauen
    sollen wir meiden.
    Schöne Mündlein
    und deren lieblicher Gesang
    machen uns (hingegen) stolz.

6

1 »Ei Gretli, Gret, liebes Gretelein,
mein zarter Buhl, lebenslustige Herzallerliebste,
deine reine Ehre bewahre mir.«
›Nimm's wie's ist, mein Öslein,
in deiner Schule will ich
Treue und Beständigkeit immerzu kennen lernen.‹
»Diese Worte werde ich mir merken
und einschreiben in meines Herzens Grund
von deinem rosenleuchtenden Mund.«
›Mein Schatz, das selbe ist auch mein Verlangen,
denn ich will keinen Deut wanken.‹
»Dessen werde ich eingedenk sein.‹
›Denk, liebes Öslein, an mich;
dein Gretlein wird dich erfreuen.’

2 »Du kanst mich nicht erfreuen pas,
wann das ich läg an dinen arm
verslossen als ain kleusenär.‹
›in deiner pflicht wurd ich nicht lass;
an sainlich träg mach ich dir warm;
und ist mir das ain kleine swär.‹
»hab dank, mein zarter aidgesell,
das mag ich dir vergessen klain,
wann du pist wol, die ich da main.«
›an wank von mir kain ungevell,
herz lieb, nicht enwarte.‹
»Dank so hab die zarte.«
›zart liebster man, mir ist so wol,
wann ich dein prust umbsliessen sol.‹

3 »Vor aller freud tröst mich dein herz;
dazue dein wunnikleicher leib,
wenn der sich freuntlich zue mir smuckt.«
›gesell, so geud ich wol den scherz,
und gailt sich fro dein ainig weib,
wenn mir dein hand ain prüstlin druckt.‹
»ach frau, das ist mein zuckernar
und süesst mir alle meine glit,
seit mir dein er halt günstlich frit.«
›getrau mir sicherlichen zwar,
Oeslin, gar an ende!‹
»Gredlin, das nicht wende!«
›Kain wenden zwischen mein und dir
sei uns mit hail beschaffen schier.‹

2 »Du kannst mich nicht mehr erfreuen,
als daß ich in deinem Arm ruhte,
eingeschlossen wie ein Klausner.«
›In deiner lieben Fürsorge würde ich nicht träge;
schnell und gerne mache ich dir warm –
das fällt mir doch überhaupt nicht schwer.‹
»Hab Dank, mein zarter Eidgesell,
das kann ich dir nie vergessen,
denn nur du bist es, die ich da liebe.«
›Ganz sicher hast du, Herzliebste,
von mir nichts Böses zu erwarten.‹
»Dank hab dafür, du Zarte.«
›Zarter, innig geliebter Mann, mir ist so wohl,
wenn ich dich umarmen darf.‹

3 »Dein Herz erheitert mich vor jeder anderen Freud;
dazu dein herrlicher Leib,
wenn der sich liebevoll an mich drückt.«
›Geliebter, so genieße ich ganz das Vergnügen,
und es aalt sich in Freude dein einzig Weib,
wenn deine Hand mir eine Brust streichelt.‹
»Ach Frau, das ist meine Zuckernahrung
und fährt mir durch alle meine Glieder,
da mir deine Ehre Obdach und wohligen Frieden gibt.«
›Vertraue mir wahrlich voll und ganz,
Öslein, immerdar!‹
»Gretlein, ändere daran nichts!«
›Keine Unbeständigkeit zwischen mir und dir
möge uns das Glück verheißen.‹

7

1 Wolauff, wir wellen slaffen!
hausknecht, nu zünt ain liechtel,
wann es ist an der zeit,
damit wir nicht verkaffen;
der letzt sei gar verheit.
das leien, münch und pfaffen
zu unsern weiben staffen –
sich hüeb ain pöser streit.

2 Heb auff und lass uns trinken,
das wir also nicht schaiden
von disem gueten wein.
und lämt er uns die schinken,
so muess er doch herein.
her kopf, nu lat euch winken!
ob wir zu pette hinken,
das ist ain klainer pein.

3 Nu sleich wir gen der türen.
secht zue, das wir nicht wenken
mit ungeleichem trit.
was gilt des staubs ain üren?
her wirt, nu halt es mit!
wir wellen doch nicht züren,
ob ir euch wert beküren
nach pollinischem sit.

7

1 Wohlan, wir wollen schlafen gehen!
Hausknecht, nun zünd ein Licht an,
denn es ist an der Zeit,
damit wir nicht im Gaffen uns verlieren;
der letzte sei verflucht.
Daß Laien, Mönche und Pfaffen
zu unseren Frauen gehen –
das verhieße einen bösen Streit.

2 Heb auf (das Glas) und laß uns trinken,
daß wir nicht so schnell uns trennen
von diesem guten Wein.
Und lähmt er uns die Beine,
so muß er doch (zum Hals) herein.
Herr Becher, laßt euch jetzt winken!
Wenn wir (auch dann) ins Bett torkeln,
ist das ein kleines Übel nur.

3 Nun gehen wir leise zur Türe.
Seht zu, daß wir nicht schwanken
im ungleichen Tritt.
Was kostet vom Sauser ein Maß?
Herr Wirt, haltet doch mit!
Wir wollen nicht zürnen,
wenn ihr euch
nach polnischer Art betrinken werdet.

4 Her tragt den fürsten leise,
damit er uns nicht velle
auff gotes ertereich!
Sein lob ich immer preise;
er macht uns freudenreich.
ie ainr den andern weise!
wirt, slipf nicht auff dem eise,
wann es get ungeleich!

5 Hin slaffen süll wir walzen.
nu fragt das hausdierelein,
ob es gepettet sei.
das kraut hat si versalzen,
darzue ain gueten prei.
was süll wir darumb kalzen?
es was nicht wol gesmalzen;
der schäden waren drei.

8

1 »Nu huss!« sprach der Michel von Wolkenstain,
»so hetzen wir!« sprach Oswalt von Wolkenstain,
»za hürs!« sprach her Lienhart von Wolkenstain,
»si müssen alle fliehen von Greiffenstain geleich.«

2 Do hueb sich ain gestöber auss der glüet
all nider in die köfel, das es alles plüet.
panzer und armbrost darzue die eisenhüet
die liessens uns zu letzte. do wurd wir freudenreich.

3 Die handwerch und hütten und ander ir gezelt
das ward zu ainer aschen in dem obern velt.
ich hör, wer übel leihe, das sei ain pöser gelt.
also well wir bezalen, herzog Fridereich.

4 Tragt den Fürsten (den Wein) sanft herbei,
damit er uns nicht falle
auf Gottes Erdreich!
Seinen Ruhm werde ich immer verkünden;
er macht uns reich an Freuden.
Immer soll einer den andern klug machen.
Wirt, gleite nicht auf dem Eise aus,
denn es geht nicht gut dort.

5 Hin zum Schlafen laßt uns walzen.
Nun fragt das Hausmädchen,
ob die Betten gerichtet seien.
Das Kraut hat sie versalzen
und einen guten Brei dazu.
Was sollen wir deswegen groß Aufhebens machen?
Es war (auch) nicht gut geschmälzt;
drei Nebensächlichkeiten also waren nicht in Ordnung.

8

1 »Nun huss!«, rief der Michel von Wolkenstein,
»So hetzen wir!«, rief Oswalt von Wolkenstein,
»Drauflos!«, rief Leonhard von Wolkenstein.
»Sie müssen alle sogleich von Greifenstein fliehen.«

2 Da ergoß sich ein Feuersturm
bis nieder in die Felsen, als ob alles blühte.
Panzer und Armbrust, dazu Eisenhüte
überließen sie uns. Das erfreute uns.

3 Das Wurfmaschinenlager, die Unterkünfte und Zelte
wurden auf dem oberen Feld zu Asche.
Man sagt: wer schlecht ausleiht, kriegt böses Entgelt.
In dieser Weise wollen wir bezahlen, Herzog Friedrich.

4 Schallmützen, schallmeussen niemand schiet.
das geschah vorm Raubenstain in dem riet,
das mangem ward gezogen ain spannlange niet
von ainem pfeil, geflogen durch armberost gepiet.

5 Gepauren von Sant Jörgen, die ganz gemaine,
die heten uns gesworen valsch unraine.
do kamen guet gesellen von Raubenstaine:
»got grüess euch, nachgepauren, eur treu ist klaine.«

6 Ain werffen und ain schiessen, ain gross gepreuss
hueb sich an verdriessen. glöggel dich und seus!
nu rüer dich, guet hofeman, gewin oder fleus!
auch ward daselbst besenget vil dächer unde meus.

7 Die Botzner, der Ritten und die von Meran,
Häfning, der Melten, die zugen oben hran,
Särtner, Jenesier, die fraidige man,
die wolten uns vergärnen. do kamen wir davon.

9

1 **O** phalzgraf Ludewig
bei Rein so vein; dein steig
geit braite, schraite tugent gross.
kainer dein genoss,
dir nicht geleichen mag.
hör mich, was ich dir sag!
sich klärlich, bärlich vindet das
nach adelicher mass;
die rürstu, fürstu in stetem schilt
durch manheit, weisshait warhafft, milt.
ouch freuen dich die frauen, permafoi,

4 Scharmützel und scharfes Kämpfen gingen ineins.
Das geschah vor dem Raubenstein im Ried,
wo manchem ein spannenlanger Nagel verpaßt wurde
von einem Pfeil, abgezogen von der Kraft einer Armbrust.

5 Die ganze Gemeinde der Bauern von St. Georgen
hatten uns falsch geschworen.
Und es kamen da ›gute Freunde‹ vom Raubenstein:
»Gott grüß euch, Nachbarn, was ist mit eurer Treue!«

Ein Schleudern, ein Schießen, ein großes Getös
begann ohne Verdruß. Eil dich und flitze!
Nun tu was, braver Ritter, sieg oder fliehe!
Dort wurden auch viele Dächer samt Mäusen verbrannt.

7 Die Bozener, die vom Ritten und die Meraner,
die von Häfning und Mölten, die kamen von oben her,
ebenso die Sarntaler und Jenesier, schreckliche Männer.
Die wollten uns fangen. Da kamen wir aber davon.

9

1 **O** Pfalzgraf Ludwig
nahe am Rhein, du Feiner; dein Ansehen
ist weit verbreitet, deine Tugend groß.
Keiner deinesgleichen
kommt dir nahe.
Vernimm, was ich dir sage.
Klar und offenkundig
ist dein adliges Ansehen.
Das übst du und zeigst du unter festem Schild
mit Mannessinn, tiefer Weisheit und Freigebigkeit.
Auch erfreuen dich – auf meine Treu – die Frauen,

hort ich von deim getruen
gemaheln von Sophoi.

2 Ich rüm dich, Haidelwerg,
lob oben auf dem perg,
das schöne, fröne mündlich rot
da zeren müss und brot
mit züchten wolgemüt.
ir er ist ser behüt:
durch Metzlin, Ketzlin, Kädrichin,
Agnes und Engichin,
der jugent, tugent wolgeziert
mit wandel, handel ungefiert.
des lob ich got, den milden, was ich kan,
das er also kan bilden
schön kindichin wolgetan.

3 Do ich den Neckar kos,
der bach gemach nicht floss,
in Rein; der Main, darzu die Nau
um Pingen. Neckerau,
dein scheren ungenetzt
der taschen maschen setzt.
an rüff schüff ich mir güt gemach
zu Mannhaim, Bacherach.
unfröstlich, köstlich mein da ward
gepflegen engegen von dem lieben bart,
der mich hat schon gedecket mit füchssen swer,
durch märder ser erschrecket.
das spil louff mir nicht ler.

wie ich von deiner treuen
Gemahlin aus Savoyen vernahm.

2 Ich rühm dich, Heidelberg;
ich preise oben auf dem Berg,
die schönen Töchterchen des Pfalzgrafen,
die da Mus und Brot verzehren
in allerbesten Manieren.
Ihre Ehre ist sehr beschützt:
Mätzchen, Kätzchen, Kathrinchen,
Agnes und Engelchen,
die an Jugend und Tugend sich auszeichnen
und in Gehaben und Gebaren eins sind.
Daher lob ich Gott, den Freigebigen, wie ich nur kann,
daß er imstande ist,
so schöne, gut erzogene Kinder zu schaffen.

3 Wo ich den Neckar erblickte,
floß er munter
in den Rhein; in den floß auch der Main, dazu
die Nahe bei Bingen. Neckarau:
dort bin ich bestohlen worden
aus den Falten meiner Geldtasche.
Ohne Mühe schuf ich mir Wohlbehagen
in Mannheim und zu Bacherach.
Warmherzig und großzügig wurde mir da
Freundschaft von dem lieben ›Bart‹ zuteil,
der mich schon früher mit schweren Fuchspelzen
eingedeckt hatte
und mich mit Mardern sehr erfreute.
Meine Sangeskunst hat mich nicht leer dastehen lassen.

10

1 **Z**ergangen ist meins herzen we,
seit das nu fliessen wil der sne
ab Seuser alben und aus Flack,
hort ich den Mosmair sagen.
erwachet sind der erden tünst;
des meren sich die wasserrünst
von Kastellrut in den Eisack;
das wil mir wol behagen.
ich hör die voglin gross und klain
in meinem wald umb Hausenstain
die musik prechen in der kel,
durch scharffe nötlin schellen;
auff von dem ›ut‹ hoch in das ›la‹
und hrab zu tal schon auff das ›fa‹
durch manig süesse stimm so hel.
des freut euch, guet gesellen!
    was get die red den Plätscher an?
    mein singen mag ich nicht gelan;
    wem das missvall, der lass mich gan,
    und sei mir heur als vert!
    ob mir die vaigen sein gevar,
    noch tröst ich mich der frummen zwar,
    wie wol das heuer an dem jar
    valsch pöse münz hat wert.

2 Verswunden was meins herzen qual,
do ich die ersten nachtigal
hort lieplich singen nach dem pflueg
dort enhalb in der Matzen.
da sach ich vier stund zwai und zwai
geweten schon nach ainem rai,

10

1 Vergangen ist meine Trübsal,
seitdem nun der Schnee zu fließen beginnt
von der Seiser Alm und von Flack,
wie ich den Mosmeier sagen hörte.
Erwacht sind die Dünste der Erde;
drum steigen die Wasserläufe
von Kastellruth in den Eisack;
das behagt mir sehr.
Ich hör die zierlichen und großen Vögel
in meinem Wald um Hauenstein,
wie sie die Melodien in ihren Kehlen bilden
und in genauen Noten erklingen lassen;
hinauf von dem ›Ut‹ hoch in das ›La‹
und zu Tal berab auf das ›Fa‹
in vielen süßen Stimmen ganz hell.
Daran erfreut euch, gute Freunde!
  Was geht das den Plätscher an?
  Meine Sangeskunst kann ich nicht unterdrücken;
  wem das mißfällt, der lasse mich in Frieden
  und bleibe mir dieses Jahr gestohlen!
  Wenn mir von Böswilligen Gefahr droht,
  dann tröstet mich des Beistand der Gutwilligen –
  wenn auch heuer
  die böse, falsche Münze Wert genießt.

2 Verschwunden waren meine Nöte,
als ich die erste Nachtigall
lieblich hinter dem Pflug her singen hörte
dort, in der Matze.
Da sah ich vier mal zwei und zwei,
schön zu einem Reigen tanzen;

die kunden nach des Mutzen fueg
wol durch die erden kratzen.
wer sich den winder hat gesmuckt
und von der pösen welt verdruckt,
der freu sich gen der grüenen zeit,
die uns der mai wil pringen.
ir armen tier, nu raumt eur hol;
get, suecht eur waid, gehabt euch wol!
au und tal ist rauch und weit,
des mag euch wol gelingen.
was get die red den Plätscher an?
mein singen mag ich nicht gelan;
wem das missvall, der lass mich gan,
und sei mir heur als vert!
ob mir die vaigen sein gevar,
noch tröst ich mich der frummen zwar,
wie wol das heuer an dem jar
valsch pöse münz hat wert.

3 Wolauff, ir frummen, und seit gail!
wer eren pfligt, der wünscht uns hail.
kain schand niemand glosieren mag,
wie scharff man si betrachtet.
es ist ain alt gesprochen wort,
recht tuon, das sei ain grosser hort,
wann es kumpt alles an den tag.
oft ainer des nicht achtet.
Her Cristan in der obern pfarr
zwar der ist sicher nicht ain narr;
wer in wil teuschen auff dem stück,
der muess gar frue erwachen.
er peit ain weil und doch nicht lang,

die vermochten zum künstlerischen Spiel des Mutzen*
zierlich über den Boden sich bewegen.
Wer sich im Winter geduckt
und zurückgezogen von der bösen Welt gelebt hat,
der freue sich auf die grüne Jahrezeit,
die uns der Mai bringen wird.
Ihr armen Tiere, räumt eure Höhlen jetzt;
geht, sucht eure Weide, laßt's euch gut gehen!
Au und Tal sind grün und weit.
Deshalb wird's euch wohlergehen.
    Was geht das den Plätscher an?
    Meine Sangeskunst kann ich nicht unterdrücken;
    wem das mißfällt, der lasse mich in Frieden
    und bleibe mir dieses Jahr gestohlen!
    Wenn mir von Böswilligen Gefahr droht,
    dann tröstet mich des Beistand der Gutwilligen –
    wenn auch heuer
    die böse, falsche Münze Wert genießt.

3 Wohlauf, ihr Anständigen, seid fröhlich!
Wer nach der Ehre lebt, der wünscht uns Glück.
Niemand kann doch Schande positiv umdeuten,
mit welchem Aufwand das auch immer geschieht.
Es ist ein seit alters her bekanntes Wort:
(immer) recht tun ist ein großer Schatz,
denn alles kommt einmal an den Tag.
Viele denken nicht daran.
Der Herr Christus in der oberern Pfarrei
ist bestimmt kein Narr;
wer ihn in dieser Sache täuschen will,
der muß sehr früh aufstehen.
Er wartet zwar eine Weile, doch nicht zu lang;

darnach so firmt er aim ain wang,
das im vergen sein valsche tück,
des er nicht mag gelachen.
  was get die red den Plätscher an?
  mein singen mag ich nicht gelan;
  wem das missvall, der lass mich gan,
  und sei mir heur als vert!
  ob mir die vaigen sein gevar,
  noch tröst ich mich der frummen zwar,
  wie wol das heuer an dem jar
  valsch pöse münz hat wert.

11

Gesegent sei die frucht,
trank, essen, wein und prot
von got, den mägtlich zucht
gepar, fürwar.
selbdritt ain durch uns laid den tot,
der immer lebt an ent,
ie was an anevank.
sein leiplich speis hie sent
uns schier, wenn wir
in disem leben werden krank.
des hilff, frau kron!
kyrieleison,
Vater, Hailiger Gaist
mit deinem sun:
uns gnad vollaist
und nicht den veinden gun,
das si uns verlaiten in we.
amen. benedicite.

danach teilt er den Firmungsschlag aus,
daß ihm seine falschen Ränke vergehen
und er nichts mehr zu lachen hat.
Was geht das den Plätscher an?
Meine Sangeskunst kann ich nicht unterdrücken;
wem das mißfällt, der lasse mich in Frieden
und bleibe mir dieses Jahr gestohlen!
Wenn mir von Böswilligen Gefahr droht,
dann tröstet mich des Beistand der Gutwilligen –
wenn auch heuer
die böse, falsche Münze Wert genießt.

11

Gesegnet sei die Frucht,
Trank, Speise, Wein und Brot
von Gott, den jungfräuliche Lebensart
geboren hat, wahrhaftig.
Der Dreieinige, der um unsretwillen starb,
der ohne ein Ende ewig lebt,
der schon immer ohne Anfang war.
Seine leibliche Speise
lasse er uns bald zukommen, wenn wir
in diesem Leben schwach werden.
Darum hilf, Königin!
Kyrie eleison.
Vater, Heiliger Geist
mit deinem Sohn:
schenke uns Gnade
und lasse die Feinde
uns nicht in Bedrängnis führen.
Amen. Bendicite.

12

1 **D**er oben swebt und niden hebt,
der vor und hinden, neben strebt
und ewig lebt, ie was an anevange,
der alt, der jung und der von sprung
trilitz gevasst in aintlitz zung
an misshellung mit unbegriffner strange;
der strenklich starb und was nicht tot,
der keuschlich ward empfangen und an alle not
geporen rot, weiss durch ain junkfrau schöne.
der manig wunder hat gestift,
die hell erbrach, den teufel darin ser vergift,
getult, geschift all wurz durch stammes tröne;

2 Dem offen sein all herzen schrein,
grob, tadelhälftig, swach, guet, vein,
das er darein sicht allerlai gedenke,
dem tuen und lan ist undertan,
die himelsteren, sunn, der man,
der erden plan, mensch, tier, all wasser renke,
auss dem all kunst geflossen ist,
von dem, der aller creatur durch spähen list
zu ieder frist ir zierhait würkt, schon eusset;
dem alle tier, zam und auch wilt,
hie dankper sein, das er den samen hat gepilt
der narung milt, gar waideleich vergreusset;

3 Der himel, ert gar unversert
hat undersetzt an grundes hert,
das wasser kert darin durch fremde rünste –

12

2 **D**er oben schwebt und unten trägt,
der vorne und hinten, auch seitlich stützt
und ewig lebt, immer schon ohne Anfang war,
der alt und jung ist und vom Ursprung
dreifältig in *einem* einzigen Wort erfaßt ist,
ohne Mißverständnis in unbegreiflicher Verknüpfung;
der tapfer starb und dennoch nicht tot war,
der in Keuschheit gezeugt und in Freuden
rot (vom Blut) geboren wurde, weiß von einer schönen Jungfrau.
Der viele Wunder bewirkt hat,
die Hölle aufbrach, den Teufel in ihr niederrang;
der allen Wurzeln belebenden Saft gab zum Austreiben der Dolden und Stile;

2 dem alle Herzen offen stehen
– die groben, fehlerhaften, schwachen, guten, edlen –,
so daß er in ihnen vielfältige Gedanken lesen kann;
dem untertan sind Tun und Lassen,
die Himmelssterne, Sonne, Mond,
die Erdscheibe, Mensch, Tier, alle Bewegungen des Wassers,
von dem alle Künste hervorgegangen sind;
von dem, der aller Kreatur mit hoher Meisterschaft
allzeit Schönheit gibt und sie prächtig darbietet;
dem alle Tiere – ob zahm ob wild –
auf Erden dankbar sind, daß er den Samen für
reichliche Nahrung gelegt und weit verbreitet hat;

3 der Himmel und Erde ganz unerschüttert
ohne festen Boden untermauert hat,
damit das Wasser durch geheimnisvolle Bahnen rinnt –

der wunder zal vil tausent mal
wär mer zu singen überal
mit reichem schal, so hindern mich die künste –,
der mir die sel klar geben hat,
leib, er und guet, vernunft und cristenliche wat:
der geb mir rat, das ich im also danke,
damit ich all mein veind verpau
paid hie und dort, damit mich kainer nicht verhau.
o keuschlich frau, dein hilff mir darzu schranke!
Amen.

Kolmarer Liederhandschrif

1

Owê, dû Tôt vil sûre,
wer mac entwîchen dir?
læg ich in einer mûre
verworht, dû kæmest wol ze mir.
durch got, verbir mich armen sünder langer,
biz ich mich baz besüene
al gein den schepfer mîn.
dîn hant diu ist sô küene,
si snîdet als ein houwent swîn.
durch got, lâz sîn dînen zorn ûf dem anger,
wan sô gewaltic bist ein man,
daz ich mich leider niht vor dir verbergen kan.
ûf erden nie kein man von dîner hant entran,
er wære ein keiser, künec ald ein fürste.

Viel tausendmal wäre noch mehr von den Wundern
überall zu berichten
in gewaltigem Klang, doch hindert mich die Begrenzt-
heit meiner Kunst.
Der mir die reine Seele gegeben hat,
Leben, Ehre und Besitz, Vernunft und das Kleid der
Christenheit:
der rate mir ihm zu vergelten,
daß ich vor all meinen Feinden überall den Weg so
verbaue, daß mich keiner vernichten kann.
O reine Jungfrau, deine Hilfe sei mir dabei ein
Schutzgatter.
Amen.

Kolmarer Liederhandschrif

1

O Weh, du bittrer Tod,
wer vermag vor dir zu fliehen?
Läg ich auch eingeschlossen von einer Mauer –
du kämst bestimmt zu mir.
Gott, um deiner willen, verschone mich armen Sünder
bis ich mich besser | noch,
meinem Schöpfer gegenüber aussöhnen kann.
Deine Hand ist so stark;
sie faßt wie ein hauendes Schwein zu.
Gott, um deiner willen – laß deinen Zorn auf demAnger,
denn du bist ein so mächtiges Wesen,
daß ich mich unseligerweise nicht vor dir verbergen kann.
Auf Erden entkam dir noch nie ein Lebewesen,
wenn es auch ein Kaiser, König oder Fürst gewesen sei.

ach got, behüete mich vor schaden:
ich bin mit grôzen houbetsünden überladen,
hilf, daz die ougen mîne wange in trehenen baden,
alsô daz got nâch mîner sêle dürste.

*****

Ach, Gott – halte mich von Unglück fern:
ich bin mit schweren Kapitalsünden belastet;
hilf, daß die Augen meine Wangen mit Tränen überfluten
damit Gott nach meiner Seele verlangt.

*****

Anmerkungen

Melker Marienlied

12. Jh., 1. Hälfte, Melker Stiftsbibliothek. Hymnenstrophen zum Preis Mariens. Die Mittelstrophen 7–8 berichten von Empfängnis und Geburt Jesu. Die anderen Str. deuten das Thema allegorisch aus; 1–6: in alttestamentlichen Präfigurationen, 9–14: als Lob der Vollkommenheiten Marias als Voraussetzung ihrer Erwählung. – Das Lied steht den lat. Hynmen näher als den zeitgleichen deutschen Marienliedern. – Metrik: 6 viertaktige, paarweise gereimte Kurzverse mit dem unpaarigen Reim *Sancta Maria.*
– Str. 5/6: *angel, angelsnuor*: Marias Sippe. Aus ihr ging die menschliche Seite Christi hervor, an welcher der Angelhaken, Christi Gottheit, befestigt war. – Ein geläufiges Bild: der Tod oder der Teufel schnappt nach dem sterblichen Leib Christi, in dem der Angelhaken der Gottheit versteckt ist, an dem der Tod bzw. der Teufel erstickt. Bibelstelle: Hiob 40, 19ff. (Waag Nr. 15)

Namenlos

Hier sind einige anonyme Lieder wiedergegeben, die – bis auf Nr. 6 – in der Sammelhandschrift der ›Carmina Burana‹ (s. S. 444) enthalten sind. Es ist die älteste deutschsprachige Liebeslyrik ab ca. 1150. Form und Inhalt sind einfach: meist einstrophig, noch unvollkommen im Reim, sprachlich schlicht (alter, vorhöfischer Wortschatz); das Liebesbegehren wird offen ausgesprochen.

1 13. Jh., Carmina Burana. Reigenlied? (CB 167 a)
2 13. Jh., Carmina Burana. Volkstümliche Mädchenklage (CB 149)
3 13. Jh., Carmina Burana. Reigenlied. (CB 180 a)
4 Mitte 12. Jh., Tegernseer Handschrift. Der sog. ›Tegernseer Liebesgruß‹. Schluß eines lat. Briefes, den ein Mädchen an einen Kleriker schrieb. (MF 3,1)
5 13. Jh., Carmina Burana. Mit *diu chünegin* könnte Eleonore von Poitou (1122–1204), die Förderin der Troubadours, gemeint sein. (CB 145 a = MF 3,7)
6 12. Jh., Mädchenklage. (MF 3,17)
7 13. Jh., Mädchenklage. (MF 4,1)

Der von Kürenberg

Um 1150/60. Der erste namentlich bekannte deutsche Lyriker. In einem Lied nennt er sich: *in Kürenbergers wîse.* Über ihn weiß man aber sonst nichts. Als Herkunft kann Österreich vermutet werden wegen der engen Verwandtschaft in der Strophenform (Langzeilen) mit dem Nibelungenlied. – Das Werk des Kürenbergers ist Rollenlyrik – also keine individuelle Erlebnislyrik –, bestehend aus Männer- und Frauenstrophen. In Nr. 2 sind 2 Strophen zu einem ›Wechsel‹ zusammengefügt: Frau und Ritter, an getrennten Orten, reden zueinander über das selbe Thema. – Es ist zwar schon ritterlich-adlige Poesie, aber noch ohne den zentralen Hohen-Minne-Gedanken der späteren Lyrik, die dem Ritter keine aufbegehrende oder abweisende Rolle zuläßt. – Sprachlich besticht die breite Skala des Sprachtones. Sie reicht von derb bis zart intim. Relativ häufig wird äußere Realität genannt: Räumliches, Natur, Tiere und Kleidung. Unverkennbar ist auch die Neigung des Kürenbergers zu Sentenzen. – Insgesamt werden unterschiedliche Situationen der Liebe höchst farbenreich in meist einstrophigen Gebilden gestaltet. – Die literarische Beeinflussung des ersten ›namhaften‹ deutschen Minnesängers ist schwer zu ermessen. Möglicherweise ist er schon von westlicher Lyrik (Frankreich) geprägt. Er kann aber auch aus autochthonen volkstümlichen Quellen geschöpft haben.
Überl.: 15 Str. in Hs. C.

1 Werbelied, in dem ein Bote eingeschaltet ist. Die Angebetete ist noch ein Mädchen (*megetin*). (MF 10,9)

2 ›Wechsel‹. Die herrische Frau (1. Str.) erhält vom nicht minder herrischen Ritter (Str. 2) eine deutliche Absage. (MF 8,1)

3 Parodie auf Nr. 2 im Wechselgespräch – oder ein anderes, selbständiges Lied? (MF 8,9)

4 Sehnsüchtige Klage der allein gelassenen Liebenden. (MF 8,33)

5 Das berühmte zweistrophige ›Falkenlied‹. Es dürfte wohl das am meisten interpretierte deutsche Minnelied sein. Naheliegende und häufigste Deutung: zwei Frauenstrophen, also Frauenlied. Der Falke symbolisiert einen ungetreuen Geliebten (oder einen Liebesboten?). Die beiden Strophen greifen beziehungsvoll ineinander. (MF 8,33)

6 Sentenz und Liebeswerben. (MF 10,17)

7 Beschwörung heimlicher Liebe. (MF 10,1)

8 Eingeständnis männlicher Liebe. (MF 9,21)

Dietmar von Aist

2. Hälfte d. 12. Jh.s. Er gehört wahrscheinlich einem freiherrlichen Geschlecht in Oberösterreich an (Aist nördl. der Donau) und steht zwischen dem Donauländischen Minnesang und der neuen westlichen Minnelyrik. Die Vielfalt seiner Lyrik läßt zwei Schlüsse zu. Entweder sind eine ganze Zahl Lieder ›unecht‹ (ältere Anschauung) oder sie sind Ausdruck eines reichen, über viele Jahre sich hinziehenden Schaffens. – Formal steht Dietmar einerseits noch in der Tradition des Kürenbergers (Langzeilen), zeigt aber auch schon die Merkmale des kommenden Minnesangs: Kurzzeilen, Zusammenfassung mehrerer Strophen zu einem Lied, kunstvollere Reimformen. – Auch inhaltlich steht er dem frühen Minnesang nahe (gleichberechtigte Liebespartner), führt aber auch schon zur Ethik des Hohen Minnesangs hin (dienende Funktion des Mannes). Dietmar macht regen Gebrauch vom Natureingang, kombiniert den ›Wechsel‹ mit der direkten Redesituation, läßt dem Boten Entfaltungsraum und schafft schließlich das erste deutsche Tagelied. – In seinem Sprachton beherrscht er die feinsten Abstimmungen.
Überl.: 3 Hss. (A, B, C).

1 Sehnsuchtsvoller ›Wechsel‹. Die Freuden der Liebe werden höher gestellt als alle Naturschönheiten. (MF 34,3)

2 Botenlied, das nur aus wörtlicher Rede besteht (Dame/Ritter/Dame). – Str. 3 wirkt auch hier wegen der lehrhaft-sentenzhaften Art etwas aufgesetzt. – Das (→) Botenlied erreicht seinen ersten Höhepunkt bei Reinmar dem Alten (Nr. 3 u. 4), wo aber das mögliche Zusammentreffen der Liebenden nicht in Aussicht gestellt werden kann: *des er gert, daz ist der tôt* (Nr. 4, Str.5). (MF 32,13)

3 Winterlied als ›Wechsel‹-Gespräch zwischen den beiden in Sehnsucht sich verzehrenden Liebenden. Die Wendung *sô wol mich danne langer naht* (Str. 1) findet sich fast identisch bei Reinmar dem Alten: *ôwol mich danne langer naht* (Nr. 1). (MF 35,16)

4 Frivoles ›Anti-Winterlied‹. Euphorische Schilderung des genossenen nächtlichen Liebesglückes (Str. 2). Wieder im Wechsel-Gespräch. Das Lied steht im reizvollen Gegensatz zum vorhergehenden und zu vielen anderen im Minnesang (Sommer = Glück / Winter = Leid). Die 3. Str. wirkt wie angehängt und ist auch inhaltlich nicht kongruent, indem sie Getrenntsein und Sehnsucht artikuliert. Es ist durchaus möglich, daß sie von einem der Liedsammler der Manesse-Handschrift etwas unreflektiert an die vorhergehenden Str. nur wegen der Gleichheit im metrischen Bau (→ ›Ton‹) angefügt wurde. Ein häu-

fig vorkommender Vorgang. – Der moderne Leser hat durchaus das Recht, nur die ersten beiden Strophen als einheitliches Lied gelten zu lassen, das dadurch an literarischer Qualität gewänne. (MF 39,30)

5 Formal ein dreistrophiges Lied. Inhaltlich aber nur durch das Motiv des Getrenntseins und der Sehnsuchtsklage verbunden. Die 3 Str. können sehr wohl alleine als selbständige Einheiten gelesen werden. – In Str. 1 kommt zum ersten Mal der Begriff der *huote*, den gesellschaftlichen Aufpassern und Neidern, vor. Er wird im späteren Minnesang eine große Rolle spielen. – Str. 2 bildet in sich ein Wechselgespräch; ist als ein ›Wechsel‹ innerhalb einer einzigen Strophe. (MF 32,1)

6 Wieder ein ›Wechsel‹. Die ersten 2 Str. gehören dem Ritter, die 3. der Dame. – Erstmals ist vom Dienstgedanken (*der ich vil gedienet hân* = Str. 1) die Rede. – Der starke Klage-Charakter des Liedes kommt u. a. im refrainartigen *sô hô ôwî* zum Ausdruck, das schwer übersetzt werden kann ohne kitschig zu wirken. (MF 38,32)

7 Sommerlied. Liebeserwartung geht vor Sommerfreude. – *trût* (wörtl. ›Trauter‹) und *helt* sind später nicht mehr gebrauchte Bezeichnungen für den Geliebten (MF 37,18)

8 Frauenlied, auch ein ›Falkenlied‹ (vgl. Kürenberger Nr. 5). Formal dreiteilig: 2 Stollen (1–4, 5–8) + Abgesang (9–14). Es fallen die meist unreinen Reime auf, aber auch der innige Sprachton. (MF 37,4)

9 Gilt als das älteste deutsche (→)Tagelied. Es bietet noch nicht als Weckruf den kräftig ins Horn stoßenden Wächter (s. von Wissenlo Nr. 1), sondern ein zartes *vogellîn* weckt die Liebenden. Die Liebesvereinigung wird nur angedeutet (*Ich was vil sanfte entslâfen*). Das Lied ist nicht nach romanischem Vorbild, sondern wohl nach volkstümlichen Vorlagen geschaffen. – Formal: dreistrophiges Lied in je 4 Kurzversen, paariger, reiner Reim (bis auf *weinen/eine*, Str. 3). (MF 39,18)

Herger

Um 1173. Nichtadliger Berufssänger, vor allem wohl im Mittelrheingebiet und bayrischen Donauraum an adligen Höfen tätig. Der Herger ist der älteste deutsche Sang-Spruchdichter. Sein Repertoire: Herrenlob und -tadel, Fahrendenexistenz, Tierbîspel, Lebensregeln und Religiöses.
Überl.: 2 Hss. (A, C).

Ton 1: Gönnerstrophen

1 – *Wernharte*: Angehöriger einer freiherrlichen Familie von Steinsberg. (MF 25,25)

2 – *Rüedgêres muot*: Rüdiger von Bechlarn des Nibelungeliedes. (MF 25,33)
3 – *Oetingers stam*: ostschwäbische Grafenfamilie. (MF 26,6)
Ton 5:
4/5 Höllenqual und Himmelsfreud (MF 28,17 u. 28,20)
6 Der Weg ins Himmelreich. (MF 28,27)
7/8 Erlösung am Jüngsten Tag (MF 28,34 u. 29,6)
Ton 6:
Die 5 Einzelstrophen sind nicht einfach zu verstehen.
9/10 Wohl Mahnung, lieber die Hälfte verschenken, als alles verfaulen zu lassen. (MF 29,13 u. 29,20)
11 Kritik am Ehebruch. (MF 29,27)
12 Seelenheil geht vor Ansehen in der Welt. (MF 29,34)
13 Dienst sollte belohnt werden. (MF 30,6)

Von Wissenlo

Ende 12. Jh. Der Verfasser stammt wahrscheinlich aus Wiesloch (Nordbaden). 4 (→) Tagelieder sind von ihm überliefert. Sie stehen zwischen dem Donauländischen Minnesang (Kürenberger, Dietmar von Aist) und Wolfram von Eschenbach. – Formal: dreiteilig im Strophenbau; reine Reime. – Inhaltlich: der Wächter ist als wichtige Figur voll eingeführt, besorgt um die *êre* der Liebenden: nicht bei Tagesanbruch von der Gesellschaft entdeckt und so bloßgestellt zu werden. Die meisten Textpartien bestehen aus dem Dialog Wächter : Dame. Der Ritter kommt nicht zu Wort. – Auffällig ist der warme, unverfälschte Sprachton, besonders in den bewegten Klagen der Dame. – Die 4 Lieder sind neuerlich vertont worden von den ›Freyburger Spielleyt‹ im Verlag der Spielleute, Reichelsheim 2004 (mit großformatigem Text- und Notenbuch).
Überl.: 2 Hss (A, C).

1 Kurz gefaßter epischer Bericht. Eher eine Tageliedszene als ein Tagelied. Das einstrophige Lied könnte sehr früh verfaßt sein. (KLD S. 595)
2 Tagelied. Formal und inhaltlich sehr ausgereift. Hohe Reflexionsstufe. Absichtsvoll variiert der Refrain in der Schlußstrophe die vorangegangenen. (KLD S. 593 f.)

Kaiser Heinrich

Letztes Drittel d. 12. Jh.s. Wohl Kaiser Heinrich VI. (1165–1197), der Sohn Friedrichs I. Barbarossa. 1184 auf dem Mainzer Hoffest zum Ritter geschlagen, 1184 König von Italien, 1191 Kaiserkrönung. Am 28. 9. 1197, auf der Höhe seiner Macht, starb er auf seinem 3. Italienzug in Messina und wurde im Dom zu Palermo beigesetzt. Er galt als begabter, sehr durchsetzungsfähiger Machtpolitiker.

Überl.: 2 Handschriften (B, C). Die Manesse-Handschrift (C) wird mit seinem Bild eröffnet: als thronender Herrscher mit Szepter, Liederrolle, Wappenschild mit Reichsadler. Der Text des Preisliedes ist auch der erste der gewaltigen Manesse-Sammlung. Insgesamt verfaßte Kaiser Heinrich 3 Lieder.

1 Preislied. Das Liebesglück ist nicht mit der Krone einzutauschen, ja es ist Bedingung des Herrscherglückes (Str. 3). – Die hochhöfische Minne zeigt sich u. a. im ›Lohn‹-Gedanken (ebd.). (MF 5,16)

2 ›Wechsel‹, noch in der älteren Tradition (einfache Syntax, altertümliche Wörter wie *geselle*). Trennungsschmerz nach genossenem Liebesglück (*bî dir gelac*) ist in Form einer Tageliedsituation thematisiert. (MF 4,35)

Heinrich von Veldeke

Letztes Drittel d. 12. Jh.s. Gehörte wahrscheinlich einer Ministerialenfamilie an und stammte aus einem Ort Veldecke westlich von Maastrich. Auch er hat an dem berühmten Mainzer Hoffest von 1184 teilgenommen. Sein Werk umfaßt auch Epik: den ›Servatius‹, eine Heiligenlegende, und vor allem den Aeneasroman (›Eneit‹), den ersten frühhöfischen Roman (1183). – Veldeckes Lyrik hat ein eigenes Gepräge: kraftvolle Sprache, Gebrauch des Natureingangs und Naturbilder u. a. m. Die Minne wird überwiegend von der heiteren, humorvollen Seite gesehen.
Überl.: 2 Hss. (B, C).

1 Frühlings- und Werbelied. Preis des fröhlichen Herzens. Breiter Natureingang (Str.1 u. 2). (MF 62,25)

2 ›Wechsel‹. Preis der Fröhlichkeit (*blîdeschaft*). Etwas archaischer Sprachton (kurz, sentenzenhaft). (MF 60,13)

3 Werbelied. Anspielung auf die Tristan-Sage; Naturklage (Str. 2) (MF 58,35)

4 Klagelied. (MF 58,11)

Rudolf von Fenis-Neuenburg

Ende 12. Jh. Urkundlich zwischen 1158 und 1192 belegt († 1196). Gehörte dem hochadligen Haus des Grafen von Neuenburg (Neuchâtel/ Schweiz) an, in einem deutsch-romanischen Gebiet. Seine Lyrik zeigt den engen Anschluß an französische bzw. provenzalische Vorbilder (Folquet de Marseille, Peire Vidal). Mit Veldeke und Hausen zählt er zur ›Romanischen Gruppe‹ des deutschen Minnesangs. Seine Lieder sind Minneklagen im Rahmen des hohen Minnesangs. ›Lohn‹ ist ihm schon, singen, das heißt als Minnesänger auftreten zu dürfen! – Kennzeichnend ist Rudolfs logisch-zergliedernde Auseinandersetzung mit der Minne. – Natur und Natureingang werden wie in der frühen Minnelyrik verwendet.
Überl: 5 Hss. (A,C, B, E, F,).

1 Fünfstrophiges Klagelied. (MF 81,30)

2 Einstrophiges Klagelied. Vergleich mit der Natur und glücklich Liebenden.
– *mæzlîch*: mit Maß, nicht sehr (ironisch n i c h t); maßvoll, anständig.
– *vil lîhte*: nicht ›vielleicht‹; lîhte: leicht, erleichtert; leichtfertig; unbeständig; gering. (MF 83,25)

Friedrich von Hausen

Ende 12. Jh. Seit 1171 vielfach bezeugter Reichs-Ministeriale aus dem Rhein-Main-Gebiet, in hoher Position im Gefolge Friedrich Barbarossas und Heinrichs VI. Er fällt 1190 in Kleinasien auf dem 3. Kreuzzug. Hausens Stammsitz ist wohl die nördlich von Mannheim gelegene Burg Rheinhausen.

Er ist der erste biographisch greifbare deutsche Lyriker, stark von der provencalischen Lyrik beeinflußt. Es findet sich bei ihm das »gesamte System minnesängerischer Selbstdarstellung in wesentlichen Zügen ausgebildet (...): das unerwiderte, ungelohnte Dienen; die Erziehung des Ritters zur Beständigkeit und zum Maßhalten; die Spiritualisierung der Herrin als einer in der Distanz angebeteten, bewunderten und geliebten Frau, die ihm das Herz raubt und sich ihm entzieht; das bejahte wie beklagte Minneleid, das im *trûren* und *sorgen* und in der *kumberlîchen nôt* seinen Ausdruck findet.« (Brackert 288)
Überl.: 5 Hss. (B, C, F, d, p).

1 Traumglück. ›Wechsel‹. Gegenseitiges Versichern der Liebe. Noch Nähe zur volkstümlichen Lyrik. (MF 48,23)

2 Klagelied im Hohen Minne-Habitus: Minne-Zwang und Mißachtung des Liebenden. (MF 52,37)

3 Hausens berühmtes Kreuzzugslied, das erste deutschsprachige. Aber es ist auch weitgehend Minnelied, da es ausführlich den auch sonst in der zeitgenössischen Literatur verbreiteten Konfklikt *herze / lîp*, also der Dienstverpflichtung gegenüber der Dame resp. Gott thematisiert. Hier stellt Hausen seine Minneverpflichtung gegenüber der Kreuzzugsverpflichtung zurück.
– *lîp* (Str. 1): hier in der Bedeutung von ›Leib‹, ›Körper‹. Sonst steht es für ›Leben‹, für die ganze Person, also für ›ich‹. – *der sumer von triere* (Str. 4): ganz umstrittene Bedeutung und eine Legion von Deutungsversuchen. Am ehesten noch als Anspielung auf einen negativ verlaufenen Sommer oder eine Sommerfest in Trier zu verstehen. *Sumer* ist auch als Person oder Musikinstrument (Maultrommel z. B.) aufgefaßt worden.
Der metrische Bau (→ ›Ton‹) folgt einem Lied des Conon de Bêthune (1188). (MF 47,25)

4 ›Wechsel‹, in dem die Gesellschaft der Aufpasser und Neider scharf angegriffen werden.
– *der die helle brach* (2. Str.): Christi Höllenfahrt Descensus). Metrischer Bau: nach einem ›Ton‹ von Bernart de Ventadorn (um 1150–um 1180). (MF 48,32)

Albrecht von Johannsdorf

Wende 12./13. Jh. *um 1165, letzte Erwähnung 1209. Wahrscheinlich Ministeriale des Bischofs von Passau und wahrscheinlich Teilnahme am Kreuzzug Barbarossas (1189/90). Stammsitz der Johannsdorfer: im niederbayerischen Jahrsdorf an der Vils im Kreis Landau.

Albrechts Lieder kreisen einerseits um die Thematik des Kreuzzugs, aber unter stetiger Einbeziehung der Frauenliebe, sind also auch Minnelieder. Doch Gottesliebe und Frauenminne schließen einander – wie z. B. bei Hausen und Hartmann – nicht aus. Die reinen Minnelieder, andererseits, sind zumeist getragen vom Grundton gegenseitigen Liebe. Darin kann Nachwirkung des alten volkstümlichen Minnesangs gesehen werden, aber auch möglicher Einfluß Walthers von der Vogelweide. – Der Sprachton ist warm, innig und leicht – gelegentlich auch witzig-ironisch (Nr. 2).
Überl.: 3 Hss. (C, B, A).

1 Auch ein ›Wechsel‹. Str. 1–3 spricht die Dame, 4 der Herr. Inniges Bekenntnis beider Liebenden zueinander. (MF 91,22)

2 Gesprächslied. Bis auf die beiden Anfangszeilen: Rede und Gegenrede zweier Liebenden in beinahe hochdramatischer Art. Ein regelrecht argumentativer Schlagabtausch über Minneverhalten. Am Ende wird die klassische Maxime von ›Hoher Minne‹ ausgesprochen: *daz ir deste werder sît und dâ bî hochgemuot.* Das Lied ist einzig in seiner Art. (MF 93,12)

3 Kreuzlied. 2 Männer-, 2 Frauenstrophen. Der mögliche Konflikt: Kreuzzug/Minne wird elegant gelöst, indem der Ritter die Dame mit am Kreuzzug teilnehmen läßt (*vüre ich dich danne mit mir in gotes lant,* Str. 2). (MF 94,15)

4 Versicherung gegenseitiger Liebe. (MF 90,16)

Heinrich von Morungen

Um 1200 – ca. 1220. Wirkungsraum: Ostmitteldeutschland. Ein *Hendricus de Morungen* ist in Urkunden des Markgrafen von Meißen 1217 und 1218 erwähnt. Er soll 1222 in Meißen gestorben sein. Ob es der Lyriker Heinrich von Morungen gewesen sei, ist allerdings unsicher, wie überhaupt alle weiteren Lebensumstände. Nur zweimal wird er von Dichterkollegen erwähnt (Hugo von Trimberg und Seifried Helblink).

Sein Werk zeigt mehrere Einflußbereiche: den heimischen Minnesang, die klass. Antike (u. a. Ovid-Reminiszenzen – z. B. Narzißmotiv Nr. 7), vor allem aber die Lyrik der provencalischen Troubadours und der nordfranzösischen Trouvères sowie der Hausen-Schule. Daneben spielt noch Einfluß der Marienlyrik mit hinein. Sprachlich bringt Morungen eine neue Qualität in die Minnelyrik durch seine leidenschaftliche Ausdrucksintensität, den relativ häufigen Gebrauch von anschaulichen Bildern und Vergleichen, subtilen Sprachrhythmus und reicheren Wortschatz. Heinrich von Morungen ist der ›lyrischste‹ unter den deutschsprachigen Lyrikern des Mittelalters. Sein Minnebegriff zielt in den meisten Liedern auf die dämonische, lebensbedrohende Wirkung der Minne.
Überl.: 5 Hss. (C, B, A, E, p).

1 Tanzlied. Str. 2 und 3 spiegeln eine Tageliedsituation. (MF 139,19)

2 Jubellied. Hymnischer Preis der Geliebten. (MF 125,19)

3 ›Elfenlied‹. Von der Bezauberung durch die Minne. Sprachlich besonders aufwendig an Vergleichen und Bildern. – *friunt* (Str. 1): Freund, Geliebter; auch: Freundin, Geliebte. (MF 126,8)

4 Klagelied über das Gebundensein an die Geliebte in Schmerz und Freude über den Tod hinaus. (MF 129,14)
5 Wunschlied. (MF 134,14))
6 Klagelied. – *vil lützel*: nichts. (MF 137,17)
7 ›Narziß-Lied‹, oft interpretiert. – Man kann in ihm das erste Beispiel der mit Hartmann von Aue und Walther von der Vogelweide betriebenen Kritik an der Idealisierung der Frau im Minnesang sehen (Brakkert). (MF 145,1)
8 Tagelied (→). Wehmütiger Rückblick zweier Liebender im Wechselgespräch. Das Lied ist in vielen Zügen den provenzalischen Tageliedern nachgebildet – *iemer mê* (Str. 1): nie mehr. – *entdahte* (Str. 4): Inf. *endecken*, Prät. *endakte, endahte*: aufdecken, entblößen. (MF 143,22)
9 Äußerste Steigerung vergeblichen Minnewerbens: Fortsetzung des Liebesdienstes nach dem Tode im Jenseits. (MF 147,4)

Harmann von Aue

Um 1180–1200. Ministeriale *ze Ouwe*, wahrscheinlich Alemanne. Vermutlich Teilnehmer am Kreuzzug Barbarossas 1189–91. Wer Hartmanns Dienstherr *Saladin* (Nr. 5, Str. 2) war, ist unklar. – Hartmann, einer der größten deutschen Epiker des Mittelalters (›Büchlein‹, ›Erec‹, ›Iwein‹, ›Gregorius‹, ›Armer Heinrich‹), verfaßte nur wenige Lieder (18), die aber dezidiert das Phänomen ›Minnesang‹ von verschiedenen Positionen aus darstellen. Einerseits finden sich Lieder des ›Hohen‹ Minnesangs mit bekannten Klagen über erfolgloses Werben, aber der ungebrochenen Haltung gegenüber der Minnedame. Andererseits durchbricht Hartmann den Gedanken des einseitig ungelohnten Dienens mit heftigen Unmutsäußerungen (Nr. 3 u. 5) und der Sehnsucht nach gegenseitiger Minne *mit armen wîben*. Schließlich stellt er in seinen Kreuzzugsliedern die Umwandlung der vergänglichen irdischen Minne in dauernde Gottes-Minne dar. – Im Sprachton ist Hartmann weniger ›lyrisch‹ als z. B. Heinrich von Morungen. Natur und andere Konkreta spielen bei ihm fast keine Rolle. Aber seine innere Beteiligung ist in jedem Lied unverwechselbar spürbar.
Überl.: 3 Hss. (C, B, A).

1 Konventionelles Minnelied, auf Hohe Minne abzielend. Str. 2: Boten-Motiv: der Bote als direkter und diskreter Vermittler zwischen dem Sänger und der Dame. Später bei Reinmar dem Alten (Nr. 3 u. 4) als ›Botenlied‹ ausgeprägte Liedform. (MF 206,19)
2 Klage über die eigene Unbeständigkeit (*mîn wandel*) und Erfolglo-

sigkeit im Minnedienst. Relativiert wird dieses Leid aber als lediglich *varndez leit* (Str. 3) angesichts des schweren Verlustes seines Herren Saladin (Str. 3; siehe auch Nr. 4, 4 und 5, 2). (MF 205,1)

3 Unmutslied. Absage an den ›Hohen‹ Minnedienst (siehe dazu auch die Absage im Kreuzzugslied Nr. 5, 3), wohl die erste prononcierte in der Geschichte des deutschen Minnesangs. Propagiert wird, was wenig später Walther von der Vogelweide als ›ebene‹ Minne (Nr. 23) bezeichnet. (MF 216,29)

4 Kreuzzugslied. In diesem ernsten Aufruf zum Kreuzzug hat Hartmann eine feste Position jenseits des irdischen, vergänglichen Minnedienstes eingenommen. Wieder steht im Zentrum der Tod seines Herren (Saladin), Str. 4. Weltabsage und Sprachton weisen auf Walters ›Elegie‹ (Nr. 25) voraus.
– *der hacchen* Str. 3) = *der haken*: Köder oder: Dirne; Hacken. – *Kristes bluomen* (Str. 5): Kreuzzeichen auf dem Waffenrock. – Eindrucksvoll ist der innige Sprachton. (MF 209,25)

5 Kreuzzugslied und abermals Absage an den ›Hohen‹ Minnedienst, bes. Str. 3 (auch schon Nr. 3). *diu minne* (Str. 3, 4): Gottesliebe. Semantisches Spiel mit ›Minne‹: einmal (Str. 1) ist es die irdische Liebe, später (ab Str. 2) die göttliche, caritas; in Str. 3 beide. (MF 218,5)

Reinmar der Alte

Auch Reinmar von Hagenau genannt. Urkundlich nicht belegt. Um 1200 (1180–1205). Vermutlich Elsässer (Hagenau als Geburtsort?), der sich auch am Wiener Hof aufgehalten haben könnte. Nach Walther von der Vogelweide der am reichsten überlieferte und bekannteste Minnesänger des Mittelalters. Gottfried von Straßburg rühmt ihn 1210 in seinem Literaturkatalog (*Tristan*, V. 4774–4792) unter den Minnesängern als führenden Vertreter – unter den *nahtegalen* (Nachtigallen) sei *diu von Hagneouwe / ir aller leitefrouwe* – und stellt seine Sangeskunst mit der Orpheus‹ gleich. Er galt als Lehrer Walthers, der ihm in zwei Nachrufen beredt nachtrauert (Nr. 13 u. 14 und seine hohe Kunst rühmt. – Ältere Forschung will ihn in einen allzu subtilen literarischen Streit (›Reinmar-Walther-Fehde‹) mit Walther verwickelt sehen. – In Reinmars Werk überwiegen Klagelieder über vergebliches Minnewerben und den Stolz, solches Leid am würdigsten tragen zu können und darin die Damen auf die schönste Weise zu preisen. Er ist damit der ausgeprägteste Verfechter der ›Hohen Minne‹ in einer fast vollkommen abstrakten und hochreflektierten Sprache. – Häufigster Reibepunkt ist für ihn die höfische Gesellschaft – die Neider, Aufpasser und Kritiker seines Minnebegriffs und -dienstes. Aber es finden sich auch Lieder anderen Inhalts und sprachlicher Form, die bisher wenig beachtet, ja sogar aus dem Werk als ›unecht‹ eliminiert wurden. Sie sprechen von ungebremster Liebeserwartung (Nr. 1), der Gleichzeitigkeit weiblichen und männlichen Liebesbegehrens (Nr. 2). Die Form des Botenliedes hat Reinmar meisterhaft gestaltet (Nr. 3 u. 4) und zur Gattung erhoben, dabei den Dialog (Wechselrede zwischen Boten und der Dame) ähnlich zwingend und beinah dramatisch gestaltet wie das berühmte Lied Albrechts von Johannsdorf (Nr. 2). Er hat der Form des Tagelieds eine raffinierte Variante zugefügt (Nr. 9) und sich in der Toten-/Witwenklage (Nr. 10) eindrucksvoll geübt. Zwei Kreuzzugslieder sind von ihm überliefert, eines hier wiedergegeben (Nr. 11). Auch den Typus des Frauenliedes (insgesamt 7) hat Reinmar eintscheidend mitgeprägt. Formal ist Reinmar ein Meister der (dreiteiligen) Kanzone. Überl.: 4 Hss. (A, B, C, E). Dazu treten anonyme Streuüberlieferung und Doppelzuschreibungen.

1 Sehnsucht nach Liebeserfüllung. Die Bildhaftigkeit (Falke/Adler) findet sich sonst selten bei Reinmar, ebenso wie der emphatische Sprachton.
– *spil* (Str. 1): Tanz, Zeitvertreib, Unterhaltung, Vergnügen. Euphemistisch auch: Beischlaf (›Liebesspiel‹). (MF 156,10)

2 Wechsel (Str. 1 + 4: Frauen-, 2 +3: Männerstrophen). Das Lied ist von Gegenseitigkeit der Liebenden geprägt. Lohn ist eindeutig die Erhörung des Mannes (*daz ich gelege alsô* ...). Also kein Gedanke an ›Hohe‹ Minne. Das Motiv der gesellschaftlichen ›Neider‹ als Störelement – in anderen Liedern Reinmars stark ausgeformt – spielt hier keine dominierende Rolle (Str. 1 + 2). (MF 151,1)

3 1. Botenlied. Genauer ist es ein Frauenlied, da der Bote nur als Adressat, nicht als Dialogpartner fungiert. »Der Konflikt der Frau zwischen ihrer Neigung und der Rücksicht auf ihr gesellschaftliches Ansehen ist weiter zugespitzt; während sie [im 2. Botenlied] sich noch entschieden dagegen ausspricht, zu lieben, gesteht sie sich nun ein, daß sie liebt (Str. 3 u. 6).« (Kasten, 252) Die Raffinesse dieses Liedes ist der Gebrauch der revocatio, die Zurücknahme des offenen Liebesgeständnisses gegenüber dem Sänger: *dûn solt im niemer niht verjehen/allez, des ich dir gesage* (Schluß). (MF 177,10)

4 2. Botenlied. Dialog zwischen Dame und dem Boten, der nicht servil, sondern als adäqauter Gesprächspartner und adäqater ›Interessenvertreter‹ des Sängers auftritt. »Seine Existenz dient dazu, eine besondere Motivation für das Sprechen der Frau zu schaffen, die sich zur Liebe

bekennen kann, ohne daß die Fiktion der unüberbrückbaren Distanz zwischen ihr und dem Sänger aufgehoben wird.« (Kasten, 250)
In diesem und dem nächsten Lied zeigt Reinmar eine ganz andere Gestaltungskunst wie in den Klageliedern.
- *mein* (Str. 3): Inf. *meinen* = sinnen, denken, ...; eine Gesinnung gegen jem. haben in feindl. oder wohlwollender Weise: ... lieben. - *rede* (Str. 4): offenbar eine direkte Liebeswerbung (spielt auch im 1. Botenlied eine Rolle). (MF 178,1)

5 Frauenpreislied. Aber auch Klagelied (Str. 4–5). Die Angebetete ist sein *ôsterlîcher tac* (Str. 3), der Inbegriff höchster Wertschätzung, aber sie hat ihn bisher nicht erhört. - Walther von der Vogelweide zitiert spöttisch das Ostertag-Lob als stark übertrieben (Walther Nr. 15, Str. 1).
- *selten* (Str.4): selten; meist euphemistisch für: nie. (MF 170,1)

6 Frauenpreislied. Berühmtes Lied, über das sich Walther von der Vogelweide (Nr. 15) wegen des übertriebenen Frauenpreises und des Kuß-Raubes (Str. 3) lustig macht. Str. 4 und 5 handeln von der absoluten Dienstergebenheit des Werbenden.
- *dâs* (Str. 2) < *dâ si*. - *nan* (Str. 3)*: nam* (MF 159,1))

7 Frauenpreislied mit der bekannten Preisstrophe (3): *So wol dir wîp, wie rein eine nam!* Wieder spielt die Auseinandersetzung mit der höfischen Gesellschaft (*Die hochgemuoten* ...) - auch mit seinen Freunden (*die friunt verdriezet mîner klage* ...) - seine große Rolle. Im Schluß von Str. 1 berichtet er von seinem offenen Liebesverlangen (*ich engelige herzeliebe bî* ...). - Walther von der Vogelweide preist in seinem 1. Nachruf auf Reinmar dieses Lied (Nr. 13).
- Drittletzte Zeile (Str. 6): unvollständig überliefert. (MF 165,10)

8 Minneklage mit der Bekenntnisstrophe stolzen Dichterbewußtseins (5) : *daz nieman sîn leit sô schône kan getragen* ... Größere Partien des Liedes sind im Gestus von Weisheitslehre gehalten. - Nebeneinander stehen Hoffnung (Str. 4) und Hoffnungslosigkeit (Str. 6). (MF 162,7

9 Reinmars sogenanntes ›Anti-Tagelied‹. Eine subtile Weiterentwicklung des konventionellen Tagelieds (siehe Dietmar Nr. 9, von Wissenlo Nr. 1 u. 2, Morungen Nr. 8 und vor allem Wolfram Nr. 1–5).
Nicht zu beklagen ist die Trennung von der in Schmerz zurückgelassenen Geliebten am Morgen nach der erfüllten Liebesnacht durch einen Weckruf (Vogel oder Wächter), sondern die Trauer darüber, nie in eine solche Situation überhaupt gekommen zu sein!
Das Lied zeigt die äußerste Erfolglosigkeit und Hoffnungslosigkeit des Minnedienstes (*ich gesach ein wîp nâch mir getrûren nie* ..., Str. 2), gesteigert in der verallgemeinernden 3. Str. Sie wird aber durchbrochen mit dem Hinweis auf frühere, glücklichere Tage (*ich gedenke wol,*

daz ich ez anders pflac / hie vor ..., Str. 1) und durch die 5. = Frauenstrophe, in der die Dame im Ausblick auf die Zukunft den Geliebten herbeisehnt (*gehôrt ich sînen gruoz, / daz er mir nâhen læge* ...). Generalbaß aber ist die Beständigkeit im Dienen und die unbedingte Treue zur geliebten Frau.
Interessant ist an diesem in 4 Handschriften überlieferten Lied, daß jede Handschrift ein in sich logisch geschlossenes Lied darstellt. Hs. A, die älteste, bietet die Strophen: 1, 3, 4, 5 (Str. 2 ›fehlt‹ also); Hs. B: 1–3 (4, 5 ›fehlen‹); Hs C: 1–5 (›vollständig‹) und Hs E: 3, 5, 2, 1 (Str. 4 ›fehlt‹; die Strophenreihenfolge ist verkehrt, und das Lied ist als Frauenlied umgearbeitet!). – Die hier abgedruckte Fassung richtet sich im ganzen nach Hs. C, der Großen Manessischen Liederhandschrift. (MF 154,32)

10 Die sogenannte Witwen- oder Totenklage. Beklagt wird der österreichische Herzog Leopold V., der am 31. Dezember 1194 starb und zwar an den Folgen einer Verletzung, die er sich beim Sturz vom Pferde zuzog. Reinmar legt die 3 Str. in den Mund einer Frau – vermutlich der Witwe Helena – und schafft damit ein weiteres Zeugnis bedeutender Frauendichtung. Die Klage ist keine politische, sondern ein ganz private, intime, welche die Ehefrau als Geliebte in den Mittelpunkt stellt. Vielleicht wollte Reinmar damit der ehelichen Liebe zwischen Helena und ihrem verstorbenen Gatten ein poetisches Denkmal setzen ? (Kasten, 248)
Weniger überzeugend ist die These, Reinmar spreche (zumindest in Str. 1) und Leopold V. sei sein Herr und Gönner gewesen. – Im Sprachton steht es Hartmanns Kreuzzugslied mit Totenklage (Nr. 5, Str. 2) nahe.
– *wiel* (Str. 2): Inf. *wallen*: wallen, aufwallen, aufkochen, sprudeln, wogen. – *in* (Str. 3) ‹ *ich ne.* (MF 167,31)

11 Kreuzungslied. Es ist wenig von religiösem Empfinden geprägt, sondern handelt von der Versuchung der irdischer Freuden: der ›Gedanken‹, die ihn als Kreuzfahrer einholen, ja geradezu überfallen (Str. 1–3), und der ›Freude‹ (Str. 4), der er nur schwer entsagen kann. – Ob Reinmar Kreuzfahrer war, ist ungewiß.
– *dês* (Str. 3): *daz ist.* (MF 181,13)

Wolfram von Eschenbach

Um 1190–1220. Urkundlich nicht belegt. Autobiographische Äußerungen in seinen Dichtungen sind vorsichtig einzuschätzen. Er nannte sich nach der mittelfränkischen Stadt Eschenbach (seit 1971 Wolframs-Eschenbach) bei Ansbach. Er war offenbar ein Berufsdichter. Sein Lebens- und Wirkungsraum wird wohl die bayrisch-thüringische Region – Franken eingeschlossen – gewesen sein. Allem Anschein nach ist der Landgraf Hermann von Thüringen (1190–1217) sein Auftragsgeber gewesen. Wolfram, einer der bedeutendsten mittelalterlichen Dichter, verfaßte: die Epen ›Parzival‹, ›Willehalm‹, ›Titurel‹ (Fragment) und 9 Lieder, davon 5 Tagelieder. Diese Tagelieder nehmen eine herausragende Rolle in der Geschichte des deutschen Tagelieds ein. Sie führen diese Gattung (→ Tagelied) zu einem nicht mehr erreichten Höhepunkt. Zentral ist die Einführung des Wächters (aber auch schon beim ›von Wissenlo‹ (S. 42–44) vorhanden, dessen Tagelieder bisher zu Unrecht zu spät datiert wurden), der die Liebenden beschützt und beim Anbrechen des Tages frühzeitig warnt. Neu auch, daß vor der endgültigen Trennung noch einmal die enge seelische Verbundenheit der Liebenden und der sinnliche Vollzug der Liebe in deutlichen Farben gemalt wird. Handelnde – und Redende – sind vor allem der Wächter und die Frau. Die Figur des Mannes bleibt dagegen dezent gezeichnet. – Alle Tagelieder zeigen folgende Handlungselemente: Morgenanbruch, Weckruf, Trennungsklage, letzte Vereinigung der Liebenden, Abschied. Bestechend ist die sprachliche Qualität: kraftvolle Bilder und die ingeniöse verbale Gestaltungskunst.
Hsl. Überl.: 4 Hss. (A, B, C, G).

1 Tagelied. Den Trennungsschmerz formuliert die Frau. Der Geliebte bleibt blaß (*der trûric man*, Str. 3); auch vom Wächter ist wenig die Rede. Dafür umso mehr vom gehaßten ›Tag‹ und von der letzten Liebesvereinigung vorm endgültigen Abschied (Str. 2 u. 3), die von einem Unsagbarkeitstopus gekrönt wird.
– *schiltær* (Str. 3): Maler. (KLD S. 596 f.)

2 Tagelied. In Form eines Wechsels zwischen Wächter und Frau (Str. 1–4) und der berichtenden Schlußstrophe (5) durch den Dichter. Geradezu als eine dämonische Macht tritt der Tag (Str. 1) hervor. Eine letzte Liebesvereinigung ist nur knapp (Ende) gestaltet. Zentrum ist die beredte Klage der Frau und die Sorge des Wächters, daß der Geliebte nicht *êre und den lîp* (Str. 3) durch zu langes Verweilen verliere.
– *în* (Str. 1): ein, hinein, herein. (KLD S. 597 f.)

3 Tagelied. Das poetisch vielleicht schönste. Der Wächter ist zunächst (Str. 1 u. 2) als Tagverkünder und Warnender (*ritter, wache, hüete dîn!*), ja als Proklamator des Wächteramtes Hauptperson. Die Schlußstrophe ist wieder epischer Bericht des Dichters. Die Frau ist in diesem Lied ganz in den Hintergrund gerückt. Kurz nur spricht der Mann im Klagegestus (Str. 3). Wieder erfolgt ein letztes Liebesglück vor der endgültigen Trennung.
– *sêre* (Str. 1): Adverb: mit Schmerzen, schmerzlich; gewaltig, heftig, sehr. (KLD S. 599 f.)

4 Tagelied. Ist es eine ›Absage‹ ans Tagelied oder nur ein pfiffige Variante? Jedenfalls wird am Ende des kurzen, rein episch berichtenden Liedes das eheliche Liebesglück gepriesen, das sich vor der Gesellschaft nicht zu verstecken braucht.
– *helden* (Str. 1): ‹ *helenden*: Inf. *heln* : geheimhalten, verstecken, verbergen. (KLD S. 598 f.)

5 Tagelied. Es beginnt mit dem ernüchternden Wächterruf: *Ez ist nu tac* ... Zwar ergreift die Frau vehement klagend das Wort (Str. 1), aber auch der Mann ist diesmal aktiv involviert mit 2 Reden (Str. 2 u. 3), ehe Wolfram der Frau in der Schlußstrophe das ›letzte Wort‹ gibt. Variante: die Schilderung des letzten Liebesglückes ist diesmal nicht am Ende, sondern in Str. 3 gestaltet – wieder mit einem Unsagbarkeitstopos.
– *schimpf* (Str. 3): Scherz, Kurzweil, Spiel, bes. das ritterliche Kampfspiel. – *schimpfen*: scherzen, spielen; zur Kurzweil kämpfen; über einen spotten; transitiv: verspotten. – *zime* (4. Str.) ‹ *ze ime*. (KLD S. 601 f.)

6 Minne-, Klagelied mit breitem Natureingang in konventioneller Manier. Zunächst stellt Wolfram seinen Minnesang als dem Vogelgesang überlegen heraus, ehe er ihn als werbendes Mittel um eine verehrte Frau (Str. 3–5) einsetzt.
– *erliuternt* (Str. 2): Inf. *erliutern*: klar und rein machen. – *gern* (Str. 4): Begehren, Verlangen. (KLD S. 600 f.)

Walter von der Vogelweide

Ca. 1170–1230. Einziger urkundlicher Beleg: im Ausgabenregister des Passauer Bischofs Wolfger von Erla erhält Walther (*Walthero cantori de Vogelweide*) am 12. November 1203 in Zeiselsmauer bei Wien fünf Schillinge für einen Pelzrock – wohl als Belohnung für Darbietungen als fahrender Sänger. Alle anderen – sehr zahlreichen Lebensdaten – müssen vorsichtig seinen Selbstaussagen in den Liedern und Sprüchen entnommen werden. Er war wohl fahrender Berufssänger, der auf freigebige Gönner angewiesen war. Zunächst hielt er sich in Wien auf, wo er wahrscheinlich mit Reinmar dem Alten in literarischer Beziehung, genauer: Konkurrenz stand. Nach dem Tod seines Gönners Friedrich I († 1198) verließ er den Hof. Später immer wieder unternommene Versuche, an den Wiener Hof zu gelangen, scheiterten. Sein Reiseradius muß groß gewesen sein: *von der Seine unz an die Muore* (Mur, Steiermark), *von dem Pfâde* (Po) *unz an die Trabe* (Trave); *von der Elbe unz an den Rîn und her wider unz an daz Unger lant* (Nr. 17).

Er stand in Beziehung zum königlichen/kaiserlichen Hof: 1198–1201 unter dem Staufer Philipp; 1212/13 unter dem Welfen Otto IV. und ab 1213 unter dem Staufer Friedrich II. Aufenthalte gewährten ihm u. a. der Landgraf Hermann von Thüringen (zw. 1201–1214/15), der Markgraf von Meißen (1212), der Bischof Wolfger von Passau (1203 u. ö.) und weitere Gönner vom Hof oder dem hohen und niederen Adel. 1220 erhielt er von Friedrich II. ein Lehen (s. Nr. 7). Geburts- und Sterbeort sind nicht gesichert.

Nicht nur wegen des Umfangs seines lyrischen Werkes (ca. 90 Lieder und 140 Sprüche in über 500 Strophen) ist Walther von der Vogelweide der herausragende Dichter des deutschsprachigen Mittelalters für die Minnelyrik und die Sangspruchdichtung. Schon seine Zeitgenossen priesen ihn in ihren Dichtungen. In der Minnedichtung knüpft er an die Tradition an, setzt aber gleich neue Akzente durch Variierung der Grundmotive und übt – zunächst sanft – Kritik am einseitigen, übersteigerten Minnebegriff seiner Vorgänger (bes. Reinmar), indem er das einseitige, erfolglose Minnewerben nicht mehr ins Unendliche ertragen wissen will, sondern eine auf Gegenseitigkeit beruhende Beziehung zwischen Mann und Frau ins Visier nimmt. Reinmars *stirbet sî, sô bin ich tôt* (MF 158,28) kontert er stolz: *stirbe ab ich, sô ist si tôt* (L 73,16). Er rückt ab von der hochhöfischen *frouwe*, der Herrin, und wendet sich dem *wîp*, der Frau zu. Diese Hinwendung bedeutet die Propagierung der ›ebenen‹ Minne. Bedeutet aber auch die Hinwendung zur ›nideren‹ Minne, wenn eine sozial niedriger stehende Frau oder Mädchen Liebespartnerin wird. – Walthers Sangspruchdichtung bietet eine gegenüber den Vorgängern breitere Themenpalette: Fahrendenexistenz und Gönner; Lebens- und Hoflehre; religiöse Thematik; politische Thematik. Es treten noch die große Leich-Dichtung und die 3 Kreuzlieder hinzu.

Überragend sind Walthers sprachliche Leistungen. Er verfügt über fein abgestufte Sprachtöne, einen vergleichsweise großen Wortschatz, dichtet bisweilen im wort- und bildaufwendigen ›Geblümten Stil‹, arbeitet mit Personifikationen und Wortneuschöpfungen.

Überl.: über 30 Textzeugen (auch die großen Hss.: A, B, C, E). Überragend ist der Anteil in der Manessischen Liederhandschrift (C) mit knapp 450 Strophen.

Walther hat nachhaltig auf den Minnesang des 13. Jahrhunderts gewirkt, besonders aber auf die Spruchdichtung. Er genoß höchstes Ansehen bei den Meistersingern. Kein Dichter ist in den literarischen Werken seiner nachfolgenden Kollegen in Lyrik und Epik so häufig genannt und mit Dichterlob versehen worden wie er. In der Neuzeit gab der Jurist und Polyhistor Melchior Goldast (1578–1635) 1611 eine erste Auswahl (Sprüche) heraus. Johann J. Bodmer folgte 1748 und 1758/59 mit weiteren Proben. Uhland verfaßte 1822 die erste Monographie über Walther, und schon 1827 erschien Karl Lachmanns grundlegende kritische Gesamtausgabe.

Im folgenden ist die Auswahl der Lieder/Sprüche in 3 Gruppen gefaßt: Geistliches, Politisches und Persönliches (1–14) / Minne (15–23) / Altersweisheit (24–26)

1 Reisesegen (im Wiener Hofton). Auf 1198 datiert und vielfach als Abschiedsstrophe aus Wien ausgelegt, wofür der Text selbst aber keinen Anhalt gibt. – Eher eine Strophe, die zu vielen Anlässen paßt und öfter vorgetragen werden konnte. (L 24,18)

2 Endzeitgedicht (im Wiener Hofton): Vorzeichen des Jüngsten Gerichts. Im allgemeinen auf 1201 datiert (Jahr der Sonnenfinsternis). – Man kann in ihm auch eine allgemeine Zeitklage und eine politische Klage über die Rechtsunsicherheiten im Reich sehen. – Poetologisch ist es ein geistliches (→) Tagelied. – *gerêret* : Inf. *rêren*: fallen machen. (L 21,25)

3 Sprüche im Reichston (3–5):

3 1. Spruch, um 1198 – Allgemein gehaltene Klage über den Werte-Verfall: *guot* (utile) – *êre* honestum) *gotes hulde* (bonum). – *übergulde*: was etwas *übergiltet*, mehr wert ist als alles andere. (L 8,4)

4 2. Spruch, um 1198. Speziellere Klage über den (Werte-) Verfall der ›*ordenunge*‹, gespiegelt an der angeblich hierarchisch organisierten Tierwelt. Politischer Bezug: die erste Krönung Philipps II. am 8. September 1198 in Mainz.
– *cirkel* : *zirkel*: Kreis, Zirkel; Kreislauf; Rundstreifwache; goldener Reif als Hauptschmuck der Könige und Königinnen. Der offene königliche Kronreif im Gegensatz zur Kaiserkrone.

– *weisen*: *waise*. Der nichts seinesgleichen habende Edelstein der deutschen Königskrone, diese Krone selbst. (L 8,28)

5 3. Spruch, um 1201. Thema: Die gestörte Ordnung zwischen Laien und dem Klerus. Anlaß: die Bannung Philipps im Sommer 1201. – *zwêne künege*: wohl Philipp von Schwaben und Otto IV. – *bienen:* Inf. *bannen*. – *der bâbest*: wohl Papst Innozenz III. (L 9,16)

2 Sprüche im König Friedrichs-Ton (6 u. 7):

6 Lehensbitte an Friedrich II., zuerst vorgetragen vermutlich 1215 auf den Hoftagen im Juni in Würzburg oder Juli in Aachen. Begründung für die Bitte: die große Diskrepanz zwischen seinen bescheidenen Lebensverhältnissen und seinem hohren Rang als Dichter. (L 28,1)

7 Lehensdank. Ausgesprochen wohl an Friedrich II. 1220. Um was für ein Lehen (ein kleines Gut?) es sich handelt, bleibt völlig unklar. – *hornung*: Februar. – *butzen* : *butze*: Poltergeist, Schreckgestalt. (L 28,31)

8 Werteverlust (im späten König Heinrichs-Ton). Scharfe Scheltstrophe auf den jungen König Heinrich VII. (Sohn Friedrichs II.), König 1220–1235 († 1242), wegen seiner Unreife als Herrscher (*der tumbe rîche*). Die drei Leitbegriffe *reht, zuht* und *schame* (12) finden sich öfter bei Walther. – Heinrich VII. hielt sich vornehmlich in Schwaben (Wimpfen) auf, wo er auch Lyriker um sich versammelte (so Burkhard von Hohenfels und Konrad von Winterstetten) und Beziehungen mit anderen Literaten pflegte. (L 102,15)

9 Einlaßbitte (im Wiener Hofton), um 1202/03. Es ist der Versuch, am Wiener Hof unter Leopold VI. (Herzog von Österreich 1198–1230 wieder Fuß zu fassen. Auffallend die aufwendige Sprache, fast schon im ›Geblümten Stil‹. (L 20,31)

10 Fürstenpreis auf Leopold VI. (im Wiener Hofton). Anlaß ist entweder der Ritterschlag Leopolds am 28. Mai 1200 oder seine Vermählung mit der Prinzessin Theodora im November 1203. (L 25,26)

11 Weisheitslehre für junge Männer (im Wiener Hofton): eine ›maßvolle‹ Einstellung zu materiellen Gütern einzunehmen. – *list*: Weisheit, Klugheit, Schlauheit; Weise, kluge, schlaue Absicht oder Handlung; Wissenschaft, Kunst, Lehre; Zauberkunst. – *wis*: Imperativ: ›sei‹ vom starken Verb *wesen*: ›sein‹. (L 22,33)

12 Klage über den Verfall höfischer Sitten (im Wiener Hofston). – *hiuten* : häuten. – *hâren* : die Haare ausraufen. (L 24,3)

13/14 2 Totenklagen (im Atzeton) auf Reinmar den Alten.

Walther setzt in diesen beiden Totenklagen – einer bisher in der deutschsprachigen mittelalterlichen Lyrik spärlich vertretenen Gattung (so bei Reinmar Nr. 10 und Hartmann Nr. 5, Str. 2) – dem Dichterkollegen Reinmar (verstorben ca. 1207–1210) ein quasi literaturhistorisches Denkmal. Er preist Reinmars Kunst in hohen Tönen, gibt aber seiner Person ein klare Absage. – Insgesamt ist es eine bewegende Klage über eine abtretende Dichtergeneration, zu der sich Walther auch selber zählt. Walther zitiert hier Reimars berühmtes Preislied *Sô wol dir wîp, wie rein eine nam* … (Reinmar Nr. 7, Str. 3, das im literarischen Streit beider ein große Rolle spielte, s. Walther Nr. 15).

13 Totenklage auf Reinmar (*Owê, daz wîsheit unde jugent* …). (L 82,24)

14 Totenklage auf Reinmar (*Dêswâr, Reimâr, dû riuwes mich* …). (L 83,1)

Minne (15–23)

15 Das sog. ›Schachmattlied‹, wahrscheinlich 1198 entstanden. Es bildet den Ursprung bzw. das Kernstück der sog. ›Reinmar-Walther-Fehde‹. Walther greift das im Vorsatz genannte Lied Reinmars (Nr. 7) wegen des übertriebenene Frauenlobes an. Walther nimmt in Str. 1 die Schachspiel-Metaphorik auf, in Str. 2 das Kußraub-Motiv. Überdies bezieht er sich mit der *ôstertac*-Anspielung auf ein weiteres Lied Reinmars (Nr. 5).

Das Lied ist ein Wechsel. In Str. 1 spricht Walther, in Str. 2 läßt er fiktiv Reinmars Dame sprechen.

– *deist mates buoz* (Str. 1). Bezieht sich auf Str. 1 des o. a. Reinmar-Liedes, wo er die Einmaligkeit seiner Dame herausstellt und triumphierend sagt: *daz ist in mat!* Das setzt (die andern Männer) Matt!
– *mit stelne* (Str. 2). Bezieht sich auf Str. 3 des selben Reinmar-Liedes: … *daz ich abe ir redendem munde ein küssen mac versteln* … von ihrem lieblich plaudernden Mund einen Kuß zu stehlen … (L 111,23)

16 Frauenpreislied, in dem Walther s e i n e Art des Frauenlobs gegenüber Reinmar herausstellt. Nicht die üblichen ethisch-moralischen Vorzüge sind es, sondern die körperlichen Reize von Kopf bis Fuß der nackt beim Bade beobachteten Frau, die zu ›loben‹ sind. Damit verläßt Walther den strengen ›hohen‹ Minnesang und nähert sich der erotischen Dichtung, was sich auch im heiter-ironischen Sprachton spiegelt.

– *rœseloht* (Str. 3): rosenhaft (*lôt*: beschaffen). – *küssen, küssîn, küsse* (Str. 4): Kissen, Kopfkissen (frz. *cousin*). – Walther spielt in dieser Str. mit dem Anklang an das Verb *küssen* (›küssen‹). (L 53,25)

17 Berühmtes Preislied. 1203 entstanden? – als Walther wieder Fuß am Wiener Hof fassen wollte? Mischung aus Spruch und Liebeslied. Das

wort *tiutsche* (Str. 2, 3, 5) ist wohl auf die deutschsprachigen Regionen bezogen. – Interessant ist die politische Rezeption dieses Liedes im 19. Jahrhundert durch Gleim, Hölty und Hoffmann von Fallersleben, der es 1841 zur Grundlage seines auf Helgoland gedichteten ›Lied der Deutschen‹ gemacht hat (1922 Nationalhymne; in der Nazizeit auf die 1. Strophe verkürzt und 1952 als 3. Strophe Nationalhymne der Bundesrepublik Deutschland). (L 56,14)

Deutschlandlied

Deutschland, Deutschland über alles,
Über alles in der Welt,
Wenn es stets zu Schutz und Trutze
Brüderlich zusammenhält,
Von der Maas bis an die Memel,
Von der Etsch bis an den Belt –
Deutschland, Deutschland über alles
Über alles in der Welt!

Deutsche Frauen, deutsche Treue,
Deutscher Wein und deutscher Sang
Sollen in der Welt behalten
Ihren alten schönen Klang,
Uns zu edler Tat begeistern
Unser ganzes Leben lang –
Deutsche Frauen, deutsche Treue,
Deutscher Wein und deutscher Sang!

Einigkeit und Recht und Freiheit
Für das deutsche Vaterland!
Danach laßt uns alle streben
Brüderlich mir Herz und Hand!
Einigkeit und Recht und Freiheit
Sind des Glückes Unterpfand –
Blüh' im Glanze dieses Glückes,
Blühe deutsches Vaterland!

Heinrich Hoffmann von Fallersleben, Insel Helgoland, 26. 8. 1841.

18 Frauenpreis. Häufig bezeugtes Lied (in 6 Hss. überliefert). Die Vagantenlyrik mag Vorbild für die breite Schilderung der Maienfreuden gewesen sein. – Dem ausgelassenen Preis der Natur (Str. 1) wird der Preis der Damen (Str. 2) als höherwertig gegenübergestellt und in Str. 3 noch einmal kontrastiv betont. – Kompositorisch, sprachlich und rhythmisch eines der schönsten Lieder Walthers.
– *kapfen* (Str. 2): schauen, besonders verwundert schauen; gaffen.

19 Minnedidaktisches Lied. Im Zentrum steht die Distanzierung von der Hohen Minne (Morungen, Reinmar), die mit einer Kritik an den höfischen Damen einhergeht: nicht genügend Unterscheidungsvermögen zu besitzen und nicht genügend die Gegenseitigkeit im Minnedienst zu beachten. *Wîp* – sonst die allgemeine Geschlechtsbezeichnung für die Frau – wird zum führenden Begriff, der die Bezeichnung *Frouwe* nunmehr ablöst. Besonders der Schluß – *waz hân ich von den überhêren?* – legt Einfluß von Hartmann nahe (Nr. 3 u. Nr. 5, 3. Str.: *ir minnesinger, ... daz iuch den schaden tuot, das ist der wân*).
– *fuoge* (Str. 1): Zusammenfügung, Verbindung u. ä. – Im übertragenen Sinn: Passlichkeit, Schicklichkeit; Kunstfertigkeit u. ä. Hier: angemessenes höfisches und auch dichtungstheoretisches Verhalten. (L 47,36)

20 Lied der ›ebenen‹ Minne. Walther verteidigt die Liebe zu einer sozial niedriger stehenden Frau mit dem Hinweis auf Qualitäten, die auch im Hohen Minnesang zentral sind: *triuwe* und *stætekeit* (Str. 5). Die Reflexion über Reichtum, Schönheit und Liebe ist dem nachgeordnet. – Das Lied handelt nicht von Gegenseitigkeit der Liebe, denn es schließt ausdrücklich das Scheitern der Beziehung ein. (L 49,25)

21/22 2 Pastourellen (früherere Bezeichnung ›Mädchenlieder‹):

21 Lied von der Traumliebe, vom Traumglück. Es spricht klar von sexueller Erfüllung (Str. 2 u. 3), ist also ein weiteres Zeugnis von Walthers erotischer Dichtung und der ›Niederen Minne‹ zuzuordnen. Poetologisch ist es eine Abwandlung der (→) Pastourelle, weil kein Standesunterschied zwischen den Liebenden auszumachen ist.
– *schapel* (Str. 2): Kranz von Laub, Blumen (natürlichen oder künstlichen) als Kopfschmuck, besonders der Jungfrauen, daher Sinnbild der Jungfräulichkeit (altfranzösisch *chapel*). – *êre* (Str. 3): wohl im Sinne von jungfräulichem Schamgefühl (Ka, 949), also nicht beladen mit den üblichen ethischen Werten von *êre*. (L 74,20)

22 Pastourelle (frühere Bezeichnung ›Lindenlied‹). Eines der bekanntesten Lieder Walthers. Wegen seiner Erotik ist es der ›Niederen Minne‹ zugeordnet worden. Es kann aber besser als Lied gedeute-

tet werden, das »sexuelles Glück als etwas ›Natürliches‹ erscheinen läßt« (Ka, 913).
– *ouwe* (Str. 3) : Wasser, Strom; von Wasser umflossenes Land, Insel oder Halbinsel. – Hier: wasserreiches Wiesenland, Aue. (L 39,11)

23 Minnediskurs. Die *mâze*, nicht die Minne, ist in diesem (sehr späten?) Lied die bestimmende Macht. Walther zeigt die Gefährdung des Minnenden durch ›Hohe‹ wie auch ›Niedere‹ Minne und möchte unterwiesen werden, *ebene* zu werben (Str. 1). Doch der Schluß durchbricht die vorangegangenen Erörterungen, indem er eine neue Liebe – *herzeliebe* – aufkommen sieht. (L 46,32)

Alterweisheit (24–26)

24 Weltabsage. Der Dichter nimmt in einem Wechsel-Gespräch Abschied von der Frau Welt, deren Wirt der Teufel ist (Str. 1). Die Welt erscheint (Str. 3) als schöne Dame mit einem zerfressenen Rücken. Diese Allegorie ist literarisch eine der ältesten.
– *briefe* (Str. 1): Brief, Urkunde; Geschriebenes. – *einen tac* (Str. 1): Jüngstes Gericht. – *wette* (Str. 1): Wette, Pfandvertrag, Rechtsverbindlichkeit; Bezahlung einer Schuld. – *lâge* (Str. 4): Legung, Lage; lauerndes Liegen, Hinterhalt; Lebensverhältnisse, Zustand; Beschaffenheit, Art und Weise. (L 100,24)

25 Altersklage/Elegie. Abschiedslied. Entstanden wohl 1227/28. Eines der ›persönlichsten‹ Lieder Walthers, aus der Sicht des Gealterten. Der Dichter blickt in Str. 1 auf seine Vergangenheit zurück im ernüchternden Abstand zu seinen Jugendfreuden und -freunden. In Str. 2 nimmt er kritisch die Gegenwart wahr, indem er den Verfall der höfischen Welt und der religiösen Werte beklagt. In der Schlußstrophe schaut er nach einer bewegenden Klage über die Ambivalenz der Welt (*diu Welt ist ûzen schœne … und innân … vinster sam der tôt*) die Zukunft, das wahre Leben im Jenseits, und ruft zur Teilnahme am Kreuzzug auf. – Das Lied ist nicht gut überliefert (nur in Hs. C) und wurde textlich oft verbessert. Metrik: Langverse, den Nibelungenversen nahe stehend. – *die stolzen ritter tragent dörpelliche wât* (Str. 2): wohl auch Polemik gegen die Dörperdichtung Neidharts von Reuental. – *ein soldenære* (Str. 3): Longinus, der nach mittelalterlichen Legenden Christus die Speerwunde zufügte. (L 124,1)

26 Abschiedslied, unter dem besonderen Aspekt der Unvergänglichkeit der Kunst. Sehr persönlich gehaltenes Vermächtnis Walthers. Wieder werden die 3 Zeitebenen (Vergangenheit/Gegenwart/Zukunft) einbezogen. Wieder ist das Seelenheil Sehnsuchtsziel. Es gilt nicht die irdische Minne (*des lîbes minne*), sondern die ewige Liebe (*die stæten*

minne). – Das Lied »gilt als eine der bedeutendsten Schöpfungen der mhd. Lyrik, eine Zeit- und Altersklage, verbunden mit einer Künstler- und Endzeitproblematik« (SchwWa II S. 768).
– *geil* (Str. 1): von wilder Kraft, mutwillig, üppig; lustig, fröhlich. – *swazt* (Str. 3): <*swaz du*. – *lîp* (Str. 5): Leben, Leib, Körper; häufig beschreibt *lîp* geradezu Person, Mensch. (L 66,21)

Neidhart (von Reuental)

Um 1210–1240. Urkundlich nicht bezeugt, wohl aber literarisch. Er hielt sich wahrscheinlich zunächst in Bayern, später in Österreich auf – wohl als Berufsdichter. Er hat sogenannte ›Sommerlieder‹ und ›Winterlieder‹ verfaßt, in der Regel mit einem Natureingang eingeleitet. Neu ist bei Neidhart die Darstellung der Welt des Bäuerlichen, des Dörflichen sowie die oft derb-sinnliche Zeichnung erfüllter Erotik. Stereotypen sind die Tochter und ihre Mutter als Vertreter der ›Jungen‹ und ›Alten‹, die sich gegenseitig von ihrer Tanzwut abzuhalten suchen. Neidhart selbst zeichnet sich in den Liedern als noch von der höfischen Etikette bestimmter Mensch, der im Ländlichen aber meist jämmerlich damit untergeht. Sprachlich hält Einzug ein Naturalismus, Grobianismus und Satire, die literarisch weit vorausweisen. Obwohl nicht viel jünger als Walther, repräsentiert Neidhart damit eine ganz andere, posthöfische oder antihöfische Welt. – Neidharts Wirkung auf die literarische Nachwelt war mit seinem komisch-parodistischen Gegengesang groß. Sein Name wurde zum Gattungsbegriff (›Ein Neidhart‹).

Er war Gegenstand der Schwankdichtung schon im 13. Jh. Endpunkt: der ›Neidhart Fuchs‹ (eine Sammlung von 37 Schwänken, gedruckt 1491/1500). Außerdem gibt es 6 ›Neidhart-Spiele‹ (14.–16. Jh.) und ein Fastnachtsspiel, 1557, von Hans Sachs: ›Der Neidhart mit dem Veilchen‹.

Überl.: 21 Hss. und Bruchstücke.

1 Sommerlied. Der lebenslustigen und liebeswütigen Alten gehören die Str. 1–4 mit dem eindrucksvollen Natureingang (1–3), ehe das junge Mädchen als ohnmächtige Beraterin der Älteren in den Dialog (5–8) eintritt.
– *strîchen* (Str. 2): glatt streichen (Kleidung), glätten, ordnen, putzen. – *âme* (Str. 3): Ohm, Maß überhaupt (mlat. *ama*). – *râme* (Str. 3): *râmen*: zielen, trachten, streben ; treffen. – Str. 6: *Sî*: Frau Minne. – *si ist* ...: bezogen auf das fem. *strâle* = Pfeil. (HWi 9,13)

2 Sommerlied. Alte und Junge hier: Mutter und Tochter. Sehr derbes Lied. Alles Höfische und Höfliche ist hier aufgegeben.
– *fuoter* (Str. 3): Nahrung, Speise, Futter; Unterfutter. – Hier wohl: Nahrungsvorräte oder Viehfutter, das in einem Korb auf dem Rükken getragen wurden. – *beste* (Str. 3): *besten* : binden, schnüren. – *von sprunge varen* (Str. 4): beginnen. – *verzîhen* (Str. 5): versagen, abschlagen; nicht wovon reden wollen, verzichten auf. (HWi 9,12)

3 Sommertanzlied. Gesprächslied zwischen zwei Mädchen. Noch im Ethos des Hohen Minnesangs? Str. 6 und 7: Dichterlob.
– *reien* (Str. 1): auch *reigen*: den Reigen tanzen; tanzen. – *brîset* (Str. 3): *brîsen*: schnüren, einschnüren, einfassen – *lanken* (Str. 4): *lanke*: Hüfte, Lende, Weiche. – *zâfen* (Str. 5): ziehen, erziehen, … passend einrichten, pflegen; zieren, schmücken. – *nône* (Str. 7): die neunte Stunde nach 6 Uhr (HWi 15,21)

4 Sommerlied. Hier sind es zwei ›geile‹ alte Frauen, die ihr Vergnügen suchen. *Nâch bluomen gân* (Str. 3) bedeutet sexuelle Erfüllung. Der übertrieben ausgeführte Kehrreim variiert parodistisch Walthers tandaradei (*Under der linden* = Nr. 22). (HWi 3,2)

5 Winterlied-Tanzlied mit einem der schönsten Natureingänge der mittelalterlichen deutschen Lyrik (Str. 1–3). Das Lied beschreibt die bedrückende Dominanz, die Bauernflegel in der Liebe gegenüber einem höfisch Erzogenen haben. Es trägt Züge eines resigniert resümierenden Altersgedichtes.
– *enkloup* (Str. 2): *en-klieben*: spalten. – *huoben* (Str. 3): *huobe*: Stück Land von einem gewissen Maße; Hufe. – *brehen* (Str. 3): Glanz, Schimmer. – *schrâ* (Str. 3): Hagel, Reif, Schnee. – *ruom* (Str. 4): Lob, Ruhm, Ehre; Selbstlob, Prahlerei, Überhebung. – *hil* (Str. 4): *heln*: geheimhalten, verstecken, verbergen. – *getelinc* (Str. 5): Verwandter; der einem andern gleich ist, Genosse; Geselle, Bursche, Bauernbursche. – *geloufte* (Str. 5): Mitläufer, Anhänger. – *geugeweten* (Str. 6): *göu-ge-wete* ? : Gaugeselle. (nur hier belegt!) – *sunderwân* (Str. 6): hoffährtige Zuversicht.
– *gogelsat* (Str. 7): *gogel-sat*: *goukel*: Zauberei, zauberisches Blendwerk; närrisches Treiben, Possen. (*gogelsat*: nur bei Neidhart belegt!) – *Engelmâr* (Str. 7): Engelmars Spiegelraub. Ein nicht näher erläutertes Ereignis, das für den höfischen Werteverfall und das Vordringen des Grob-Bäuerlichen steht. (HWi 75,15)

6 Wintertanzlied. Wohl das bekannteste von Neidhart. Es entfaltet in großer Sprachkraft und Anschaulichkeit die pralle Vitalität des dörflichen Tanzes in der ›Stube‹ und signalisiert den Anbruch einer anderen, antihöfschen Welt.
– *ringe* (Str. 1): unschwer, leicht; *ringer muot*: leichter, froher, sorgloser

Sinn. – *los* (Str. 2): *losen*: hörend acht geben; zuhören, horchen, hören. – *ridewanzen* (Str. 2): eine Art Tanz. Der ›Ridewanz‹ war vermutlich ein böhmischer Tanz. – *zeche* (Str. 2): Ordnung nacheinander, Reihenfolge, Reihe, Stufe; Veranstaltung, Einrichtung; Geldbeitrag zu einer *zeche*; Wirtshausrechnung. – *übermüeder* (Str. 3): Leibchen über dem Hemd, Mieder. – *treten* (Str. 3): *nach der gîgen treten*: tanzen. – *vezzel* (Str. 5): Band zum Befestigen und Festhalten des Schwertes, des Schildes, des Falken. – *œden* (Str. 5): *œde*: leer, öde, unbebaut, unbewohnt; leicht, gering; arm, entblößt; eitel, schwach; widerwärtig, dumm, töricht. – *kragen* (Str. 5): *krage*: Hals von Menschen und Tieren, Nacken; Bekleidung des Halses, Halskragen. – *sin* (Str. 5): *sinnen*: merken, verstehen, seine Gedanken oder Begierden nach etwas richten. – *zecken* (Str. 5): einen leichten Stoß oder Schlag geben; reizen, necken; zükken, rauben. (HWi 40,1)

7 Winterlied mit eindrucksvollem Natureingang. Hauptthema ist durchaus noch das Verfechten des Hohen Minne-Ideals: der ungelohnte und von der Gesellschaft belächelte Minnedienst Doch die Neider kommen jetzt aus dem bäuerlichen Stand, und es steht Neiharts ganze Sangeskunst auf dem Prüfstand. Es ist damit eines der ernstesten und wohl spätesteten Lieder Neidharts.
– *swâren* (Str. 1): *swære* sein oder werden; vor Alter gebrechlich werden. – *schîbe* (Str. 3): Kugel, Scheibe …; bildl. besonders vom Rad des Glückes. – *geuden* (Str. 4): *giuden, göuden*: prahlen, großtun, in geräuschvoller Freude sein. – *pheif* (Str. 4): *phîfen*: blasen, pfeifen. – *phîfe*: Blasinstrument, Pfeife. – *diehe*: Str. 4): *diech, diehes*: Oberschenkel. – *helmel* (Str. 4): *halmel, helmel*: kleiner Halm. – *daz helmel vor geziehen*: den kürzeren ziehen. – *behert* (Str. 5): *behern*: Mit Heeresmacht überziehen, verwüsten; berauben. – *güffen* (Str. 5): *güften, guffen*: schreien, zurufen; sich rühmen. – *hiuziu* (Str. 6): *hiuze*: munter, frech. (HWi 62,34)

Otto von Botenlauben

Ca. 1190–1244/45. Urkundlich gut bezeugt. Er stammt aus dem Geschlecht des Grafen von Henneberg. Teilnahme am Kreuzzug 1197, danach Aufenthalte in Syrien (Vermählung) und Deutschland. 1220 endgültige Rückkehr. Aufenthalte in Würzburg, am Stauferhof, 1230 bei Kaiser Heinrich in San Germano. 1231 Gründung des Zisterzienserklosters Frauenrode bei Kissingen. – Sein schmales Werk besteht aus versierten Werbeliedern und Tageliedern in der Tradition des höfischen Lyrik. Überl.: 5 Hss. (darunter A, B, C, M).

1 Tagelied. Dominierend ist die Figur des Wächters; ethisch entscheidend die Sentenz: *mâze ist zallen dingen guot* (Str. 1). Entsprechend ist der Ton gedämpft, die Schilderung der Leidenschaftlichkeit zurückgedrängt.
Es sprechen der Wächter (Str. 1 ganz sowie 2 u. 3) und die Frau (Str. 2 u. 3); der Mann artikuliert sich nicht, wird aber als attraktiv geschildert (Beginn Str. 2). (KLD S. 314 f.)

2 Kreuzlied als ›Wechsel‹ (Er/Sie). Thema: der bekannte Konflikt des Kreuzfahrers zwischen der Liebe zu einer Dame und zu Gott. (KLD S. 314)

Burkhart von Hohenfels

1220–1240. Urkundlich bezeugt. Wahrscheinlich ein Dichter aus dem Bodenseeraum. Er steht einerseits noch auf dem Boden der klassischen hochhöfischen Lyrik, hat sich aber auch der Tanzlieddichtung Neidhartscher Prägung mit all ihrer festen Sinnlichkeit zugewandt. Seine Sprache ist kunstvoll und reich an Bildern und Metaphern. Er ist der erste Vertreter des ›Geblümten Stils‹, der später für die Meister-Lieder signifikant werden sollte. Seine Lieder halten sich vornehm von Neidharts Aggressivität und Derbheit fern.
Überl.: 1 Hs. (C)

1 Heiteres und leichtes Wintertanzlied, in dem das tänzerische Element einer rhythmisch betonten Sprache im Mittelpunkt steht.
– *zocken* (Str. 2): ziehen, zerren, reißen; locken, reizen (BLD S. 191)

2 Sommertanzlied. Nach dem gelehrten Natureingang – der Lehre von den 4 Elementen und der Vermählung von Himmel und Erde – handeln die folgenden Strophen vom Frühlingstanz im Freien. Höfische Tugendbegriffe und höfisches Verhalten, transponiert auf dörfliches Leben, spielen eine zentrale Rolle.
– *witze* (Str. 2): Wissen, Verstand, Besinnung, Einsicht, Klugheit, Weisheit. – *slîchen* (Str. 2): leise gleitend gehen, feierlich schreiten; schleichen. – *bescheidenheite* (Str. 4): Verstand, Verständigkeit; Einsicht, Vernunft; Mündigkeit. (BLD S. 195 f.)

3 Minnelied. Es arbeitet mit Vergleichen: Der hohe Adlerflug ~ Minnedame (Str. 1); dann folgen Vergleiche mit dem Liebenden: der im Netz gefangene Fisch (Str. 2); der verwirrt in den Spiegel schauende Affe (Str. 3) – nach einer aesopischen Fabel; Folgsamkeit der Bienen

(Str. 4); das Einhorn (Str. 5) – nach dem Physiologus (hg. O. Seel, 1976, 21): » … Wie aber wird es gefangen? Man legt ihm eine reine Jungfrau, schön ausstaffiert, in den Weg. Und da springt das in den Schoß der Jungfrau, und sie hat Macht über es, und es folgt ihr …«. – *bêre* (Str. 2): sackförmiges Fischernetz. – *wanc* (Str. 2): Bewegung nach vorne, zur Seite oder rückwärts, bildl. Untätigkeit, Untreue, Zweifel. (KLD S. 33 f.)

Gottfried von Neifen

Ca. 1230–1255. Urkundlich bezeugt. Gehört dem schwäbischen Geschlecht der Freiherren von Neuffen an (Stammsitz: Burg Hohenneuffen zwischen Nürtingen und Reutlingen). Er stand im Umkreis von König Heinrich VII. (reg. 1220–1235; †1242). Nur 27 der 51 überlieferten Lieder hat der Altmeister der Lyrik-Forschung Carl von Kraus als ›echt‹ anerkannt, indem er nur perfekte und unanstößige Lieder gelten ließ. – Die Mehrzahl der Lieder sind Hohe-Minne-Lieder (Sommer- und Winterlieder mit Natureingang); 6 sind erzählende Lieder erotischen Inhalts. – Hauptmerkmal seiner Lieder ist der spielerische, souveräne Gebrauch der Sprache, der Heiterkeit, Freude, etwas Strahlendes vermittelt. Das Verdienst Neifens liegt in der formalen Neuorganisation überkommenen Materials und seiner großen Wirkung auf nachfolgene Lyriker. So steht er einerseits in der Tradition des Friedrich von Hausen, Heinrich von Morungen, Reinmar, Walther, Neidhart und Otto von Botenlauben; andererseits hat er wie kein zweiter auf seine Dichterkollegen gewirkt, so auf Konrad von Landeck, Ulrich von Winterstetten, Konrad von Würzburg und Steinmar.

Überl.: 51 Lieder in 1 Hs. (C)

1 Sommer-Minnelied. Leitwort ist der ›rote Mund‹ (bes. Str. 3). Der Sprachrhythmus ist hinreißend.
– *rœselehte* (Str. 3): rosenfarbig, -rot, rosig. (KLD S. 86 f.)

2 Winter-Minnelied Leitwort: ›Freude‹. (KLD S. 109 f.)

3 Wiegenlied.
Unübersetzbar ist: *wigen, wagen, gigen, gagen* (Refrain); die Wörter bedeuten alle ›wiegen‹. (KLD S. 127)

4 Büttnerlied, -ballade. Derb-drastische Erotik. Gottfried spielt mit Doppeldeutigkeiten aus der Fachsprache des Faßbindens.
– *bant* (Str. 1): *binden*: binden, fesseln, verbinden. – *tribelslagen* (Str. 3): Reiftreiber des Faßbinders (*tribel*: Treibel, Schlägel; übertr.

Penis). – *tribelwegge* (Str. 4): Reiftreiber des Büttners (*wegge* = *wecke*: Keil, keilförmiges Zeugstück an der Kleidung; Zwickel; keilförmiges Backwerk; Weck). – *slehten* (Str. 4): *sleht*: in gerader Fläche oder Linie, eben, grade, glatt. – *egge* (Str. 4): *ecke*: Schneide einer Waffe; Spitze, Ecke, Kante, Winkel. – *laz* (Str. 5): matt, träge, saumselig.
(BLD S. 204)

Ulrich von Winterstetten

Ca. 1240–1281. Urkundlich belegt als Augsburger Kanonikus aus dem dem oberschwäbischen Ministerialengeschlecht von Tanne-Winterstetten-Schmalnegg. Er stand im Literaturkreis um Hohenfels und Neifen, von denen er im Formalen (Strophenbildung und Reimbindungen) vieles übernimmt und es weiter ausformt. Er gilt als einer der herausragenden Vertreter des ›Geblümten Stils‹.
Überl.: 2 Hss. (C; Berner Hs.), 2 Fragmente.

1 Sommerlied. Hauptmerkmal ist des Dichters Lust an der Form, weniger am Inhalt (unglückliches Liebeswerben). In den Zeilen 5, 6 und 8 (Refrain) finden sich Binnenreime, z. B. Str. 1: … *breit* … *kleit*, … *geleit* … *geseit*; … *guot* … *tuot* … .*ungemuot*. (KLD S. 515 f.)

2 Dialoglied/Gesprächslied, in dem eine Alte (Mutter) eine Junge (Tochter) vor den erotischen Dreistigkeiten des Schenken, dessen Dichtkunst stark in Frage gestellt wird, ohne Erfolg bewahren will. Bemerkenswert, daß – im Unterschied zu Neidhart – die Junge aggressiv und fordernd auftritt.
– *schenke* (Str. 1, 3, 4, 5): der Dichter Schenk Ulrich von Winterstetten. – *gelfen* (Str. 1): lauten Ton von sich geben, schreien; bellen; übermütig sein, prahlen. – *vernent* (Str. 2): im vorigen Jahr. – *vuoder* (Str. 3): Fuder, Fuhre, Wagenlast; bildl. übergroße Menge. – *frî* (Str. 4): nicht gebunden; ledig, los, unbeschränkt, frech … sorglos, froh, ausgelassen, zuchtlos. (BLD S. 207–209)

3 Tagelied. Es hält sich an die literarischen Vorgänger, erreicht sie aber in der Leidenschaftlichkeit keineswegs. Neu ist das Einführen einer Dienerin (Str. 2) als Mittlerin zwischen Wächter und Dame. Es fehlt der sonst übliche Refrain. Insgesamt ein braves Lied.
– *lingen* (Str. 2): vorwärts gehen, gedeihen; sich beeilen; vorwärts kommen, Erfolg haben, glücken. – *gebrast* (Str. 3): *gebresten*: zusammenbrechen; mangeln (KLD S. 543)

4 Klagelied über erlittene Verluste: Tod des Bruders, Werteverfall durch

Mißachten der höfischen Liedkunst und unerwidertes Minnewerben. Der Ton ist ernst und resignativ – trotz des aufgesetzt wirkenden optimistischen Schlusses.
– *erschozzen* (Str. 3): *erschiezen*: erschießen; durchschießen, verzieren; ausschießen, erwählen; aufschießen, gedeihen, fruchten. – *dôn* (Str. 3): Melodie, Lied; Gesang; Strophenform. (KLD S. 552 f.)

Steinmar

2. Hälfte d. 13. Jh.s. Unsichere Identität. Lebte wahrscheinlich im Südwesten (Schweiz). Sein schmales Œuvre birgt Vielfältigkeit und Originalität – vom konventionellen höfischen Sang bis hin zur Tageliedparodie (Nr. 2) und zur Schaffung eines neuen Liedgenres, des ›Herbst- bzw. Schlemmerliedes‹ in der deutschen Literatur (Nr. 1). Steinmar ist in einem Relief am Straßburger Münster abgebildet (vor 1275).
Überl.: 14 Lieder in 1 Hs. (C)

1 Herbstlied, Schlemmerlied. Nach der Dienstaufsage an die Dame bittet der Dichter um die Aufnahme in die Gesellschaft des Herbstes, der die leicht erreichbaren Freuden des Fressens und Saufens bietet. Das sprachkräftige Lied ist damit auch eine deutliche Absage an den Minnesang. – Das Verfasserbild in der Manesse-Handschrift illustriert just dieses Lied.
– *geweten* (Str. 1): *weten*: binden, ein-, zusammenjochen, verbinden. – *luoder* (Str. 1): Lockspeise; übertr. Lockung, Verlockung; Possen, Schlemmerei, lockeres Leben. – *vol* (Str. 2): gesättigt, berauscht. – *dermel* (Str. 3): Verkleinerungsform zu *darm, derme*: Darm. – *schochen* (Str. 3): aufhäufen (*schoch, schock*: Haufe; Büschel). – *köpfe* (Str. 3): Trinkgefäß, Becher; Hirnschale, Kopf. – *lecke* (Str. 4): *lecken*: benetzen; mit dem Badewedel streichen. (BSMS. 170–172)

2 Tagelied-Parodie. Sie reduziert das ursprünglich zarte und geheime Liebesverhältnis zwischen zwei höfischen Personen nunmehr auf Bauernmagd und Hirtenjungen und läßt die Liebesvereinigung nach der erfolgten Warnung am hellichten Tag in aller Öffentlichkeit geschehen.
– *gerœte* (Str. 2): Beratung, Beirat; Überlegung; Vorrat; Hausrat; Gerätschaft. (BSM S. 179 f.)

Der Tannhäuser

Ca. 1230–1270. Wahrscheinlich ein Berufssänger. Er stand in Verbindung mit Friedrich II., Heinrich VII. und Herzog Friedrich II. von Österreich. Vielleicht nahm er am Kreuzzug 1228/2 Friedrichs II. teil. Leich-, Lied- und Sangspruchdichter (auch 1 Kreuzlied). Verglichen mit seinen Zeitgenossen dichtet er weniger sprach- und formartistisch, besticht aber durch sein reichhaltiges Vokabular (Namen, Fremdwörter, Nennen von Wissen und Schilderung von kuriosen Begebenheiten). – Sein literarisches Fortleben bezeugt sich durch Meisterlieder in Tannhäuser-Tönen des 15–17. Jh.s. – Die *Tannhäuser-Ballade* (15. Jh.) ist eine auf unseren Sänger zurückgehende Dichter-Ballade.
Überl.: 16 Lieder in 1 Hs. (C) und verstreutes Liedgut.

1 Minneleich, Tanzleich. Der (→) Leich des Tannhäusers schildert ausgiebig erwachte Natur im Frühling, in der Hauptsache eine erotische Liebesbegegnung mit einer ungewöhnlich schönen und willigen Frau (Dame oder Mädchen?) in arkardischer Umgebung, einem kleinen Minneparadies. Mehr beiläufig ist dieser Leich ein ›Tanzlied‹ (Str. 4 und 21–24). Sprachlich fällt vor allem die relativ häufige Verwendung von romanischen Wörtern auf. Bestechend ist die genaue Naturschilderung und die detaillierte Beschreibung der Schönheit der Liebespartnerin. Auch balladeske Züge sind festzustellen (Erzählung, Handlung). Heiterkeit und unbändige Lebensfreude sprechen aus der Dichtung, die zwischen der stilisierten, bilderarmen und hochreflektierten höfischen Lyrik und dem derben Neidhart steht. Ein kleines literarisches Meisterstück.

– *tschoie* (Str. 2): (frz. *joie*): Freude. – *schanze* (Str. 2): frz. *chance*. – *kôsen* (Str. 3): sprechen, plaudern (afrz. *choser*). – *fôres* (Str. 5): Wald, Forst (afrz. *forest*, mlat. *foresta*). – *tschantieren* (Str. 6): singen (frz. *chanter*).

– *toubieren* (Str. 6): musizieren (lat. *tubare*). – *faitiure* (Str. 7): Gestalt (frz. *faiture*). – *reitval* (Str. 8): *reit*: gedreht, lockig; *val*: bleich, fahl; gelb, blond. – *parolle* (Str. 10): Wort, Rede (frz. *parole*). – *ich bin dîn, du bist mîn* ... (Str. 11): Umgedrehtes und leicht verändertes Zitat aus dem ›Tegernseer Liebesgruß‹ (Anonym Nr. 4): *Dû bist mîn, ich bin dîn* ... *dû muost iemer drinne sîn*. – *contrâte* (Str. 12): Gegend, Land (afrz. *contree*). – *saluieren* (Str. 14): grüßen, begrüßen (frz. *salver*). – *gemellîchez* (Str. 17): *gemellîch*: lustig, spaßhaft, ausgelassen; Freude gewährend. – *granze* (Str. 17): Einwilligung, Übereinstimmung (frz. *gréance*). – *sumber* (Str. 24): Handtrommel, Tamburin. (BLD S. 244–248)

Mechthild von Magdeburg

Um 1207–1282. Sie lebt seit 1230 als Begine in Magdeburg. 1270 Entritt in das Kloster Helfta (bei Eisleben), einem Zentrum mystischer Frauenliteratur. Ihr Hauptwerk, ›Das fließende Licht der Gottheit‹ (1250–1282), ist das bedeutendste Werk deutscher Frauenmystik. Ursprünglich niederdeutsch verfaßt, liegt es in einer oberdeutschen Übersetzung (Heinrich von Nördlingen, 1340) vor. Die lyrischen Passagen des Werkes sind einerseits orientiert am ›Hohen Lied‹, andererseits an höfischen Vorbildern.

1 Weltherrschaft und Gottesherrschaft. (MoFl VII, 40)

2 Wahre Liebe. (MoFl I, 20)

3 Mystische Liebe zu Gott.
– *funt* (17): das Finden; der Fund, das Gefundene; Erfindung; dichterische Erfindung, Lied; Ausgedachtes, Ersonnenes, Kunstgriff, Kniff, Ausflucht. (MoFl II, 6)

Reinmar von Zweter

Schaffenszeit ca. 1225–1250. Fahrender Berufsdichter. Am Rhein geboren, wuchs er in Österreich auf und wirkte hauptsächlich in Böhmen. Auch er ist urkundlich unbezeugt; auch bei ihm muß die Dichtung zur Eruierung von Lebensereignissen herangezogen werden. Sein Werk: 1 Leich, über 300 Sprüche, einige Lieder. Nach Walther und Frauenlob ist er der bekannteste Sangspruchdichter. Er gehört zu den 12 großen Meistern des Meistergesangs.

Seine Themenkreise (nach Hs. D): Geistliche Lyrik – Höfische Liebe, Ritter- und Heldenlehre – Kaiser und Papst – Fürsten und Höfe. Die meisten Sprüche sind im ›Frauen-Ehren-Ton‹ gedichtet. Reinmar v. Z. ist noch ganz an der höfischen Ritterlehre orientiert.

Sprachlich ist er wenig auffällig. Er bedient sich nicht großer Gelehrsamkeit, verzichtet auf Kollegenschelte und Bettelstrophen; arbeitet aber gern mit Personifikationen.

Überl.: mehr als 20 Hss. Die wichtigsten: C und D.

1 Der Jüngste Tag.
– *warnet* (12): *warnen*: sich vorsehen, vorbereiten, versehen mit, rüsten. (RoeZwe Nr. 219)

2 Marienlied
– *hiels* (12): *halsen*: halsen, um den Hals fallen. (ReoeZwe Nr. 16)

3 Lobspruch auf Kaiser Friedrich II. (1198–1250), in dessen Diensten der Sänger wohl 1235/37 stand. Reinmars Neigung zu Personifikationen tritt in diesem Spruch besonders deutlich hervor.
– *triskamerhort* (1): Hort der Schatzkammer. – *vürgedanc* (2): vorhergehendes Denken, Vorsatz, Überlegung, Vorbedacht. (RoeZwe Nr. 136)

4 Scheltspruch auf Friedrich II. Vor allem aber ist dieser Spruch ein Preis auf die Allmacht Gottes. Nur am Ende wird auf den Stauferkaiser verwiesen.
– *wæte* (8): *wât, wæte*: Kleidung, Kleidungsstück. – *ellen* (19): Kampfeifer, Mut, Tapferkeit. (RoeZwe Nr. 143)

5 Warnung vor der Trunksucht.
– *prüevet* (8): *prüeven*: nachdenken, erwägen, prüfen, erkennen; beweisen; wahrnehmen; erwägen; berechnen; hervorbringen, bewirken. (RoeZwe Nr. 111)

Der Marner

Schaffenszeit ca. 1230–1265, ermordet 1270 als alter und blinder Mann. Fahrender, sehr gebildeter Berufsdichter, wahrscheinlich oberdeutscher Herkunft (Schwabe oder Bayer). Alles Biographische ist aus seinen Dichtungen zu erschließen; urkundlich ist er nicht belegt. Er verfaßte lateinische und deutsche Lieder und Sangsprüche. Die deutschen zeigen die ganze thematische Vielfalt der Zeit und souveräne Beherrschung der Formkunst. Im Minnesang: Tagelieder, Minneklagen, Minnepreis. In der Sangspruchlyrik die gesamte Breite der Gattung: Gottes- und Marienpreis, Gebet, geistliche und moralische Mahnung, politische und moralische Zeitkritik, Gönnerpreis, Heische, Publikumskritik und Schelte von Rivalen, Kunstreflexion und Minnelehre (Wachinger, VL). Kaum ein anderer Lyriker wurde von seinen Kollegen so oft zitiert, und keiner beschäftigte sich so intensiv mit seinen Zeitgenossen und Vorgängern wie der Marner. Er tritt kraftvoll, selbstbewußt und sehr kritisch auf. Seine Ausdrucksmöglichkeiten reichen von beißendem Spott bis zu innigen religiösen Bekenntnissen.

Einige seiner Töne leben bis ins 16./17. Jahrhundert im Meistergesang fort. I: der ›Goldene Ton‹, XIV: ›Kurzer‹ oder ›Hofton‹ und XV: ›Langer Ton‹. Der ›Goldene Ton‹ – besonders geeignet für religiöse Inhalte – gilt als einer der 4 ›Gekrönten Töne‹ des Meistergesangs. – Sprachlich besticht der Marner durch die reiche Verwendung von Bildern, Vergleichen, Bibelzitaten, Sprichwörter und Tier (Fabel-) dichtungen.
Überl.: 12 Hs. (bes. wichtig: C) u. Streuüberlieferung.

1 Spruch 1 im ›Goldenen Ton‹. Ameisenlied. Es gilt, seelsorgerische Vorsorge auf Erden zu treffen, damit dereinst der rechte Weg zum ewigen Leben im Jenseits gesichert ist. – Das Bild von der rechtzeitig vorsorgenden und damit als Vorbild dienenden Ameise ist schon aus alten Spruchweisheiten vieler Völker bekannt. Im AT: Sprichwörter 30,25: *Die Ameisen sind kein starkes Volk / und besorgen sie doch im Sommer ihr Futter* und 6,6: *Geh zur Ameise, du Fauler, / betrachte ihr Verhalten, und werde weise!*

Als Fabel von der ›Grille (Fliege) und Ameise‹: seit Aesop (6. Jh. v. Chr.; 521); auch bei Phaedrus (1. Jh. n. Chr.; IV, 25), Babrius (2. Jh. n. Chr. ; 140), Romulus-Fabeln (9. Jh. n. Chr.), Marie de France (2. H. 12. Jh. ; 39), La Fontaine (1621–1695 ; 1) Friedrich von Hagedorn (1708–1754) u. v. a. – Walther gebraucht das Bild der Ameise in seinem Kreuzzugsaufruf, L 14,28 f.:

daz wir vil tumben mit der âmeizen niht rungen,
diu nû werdeclîche bî ir arebeiten lît!
Ach, daß wir Toren uns nicht wie die Ameise mühten,
die nun geachtet bei den Früchten ihrer Arbeit ruht!

– *alt* (6): im Gegensatz zu jung; bildl.: stark, gewaltig; traurig. – *snîden* (9): schneiden; verwunden, verletzen; abschneiden, trennen; ernten. (StrMa I, 1)

2 4. Spruch im ›Goldenen Ton‹. Der nahende Tag des Jüngsten Gerichts.

– *süenen* (2): versöhnen, ausgleichen; abhelfen, beseitigen. – *Josaphat* (8): ›Gott richtet‹ (hebr.) – *kewen* (10): *kiuwe, kiwe, kouwe*: Kiefer, Kinnbacken; Rachen (vom Teufel und von den Tieren). (StrMa I, 4)

3 14. Spruch im ›Kurzen‹ oder ›Hofton‹. Sänger-Repertoire. Der Marner bietet hier eindrucksvoll einen Themenkatalog für den fahrenden Berufsdichter: Diverses aus der Heldenepik, Spielmannsepik, Minnesang. Seinem scharfen Beobachterblick entgeht auch nicht die literarische Interessenlosigkeit einiger ›Hörer‹.

– *wie Dieterîch von Berne schiet* (3): Im Heldenepos ›Dietrichs Flucht‹ (2. Hälfte des 13. Jh.s) geraten Hildebrand und andere Mitstreiter in Gefangenschaft. Um diese auszulösen, flüchtet Dietrich aus Verona und geht ins Exil zum Hunnenkönig Etzel.

– *wa künec Ruother saz* (4): Im frühhöfischen Epos ›König Rother‹ (um 1160/70 entstanden), einer Brautwerbungsgeschichte, verläßt König Rother seinen Sitz Bari und wirbt in Konstantinopel um die Tochter Konstantins, mit der er schließlich nach vielen Abenteuern nach Bari zurückkehrt. Sie bringt dort Pippin zur Welt, den künftigen Vater Karls des Großen.

– *der Riuzen sturm* (5): Schwer zu verifizieren. Kämpfe mit den *Riuzen* kommen in der norwegischen ›Thidrekssaga‹ (um 1250, eine Sagenkompilation über Dietrich von Bern) und den ›Wolfdietrichepen‹ (13. Jh.) vor (StrMa S. 34).

– *Ekhardes nôt* (4): Episode aus ›Dietrichs Flucht‹ (s. o.): der getreue Eckhart versucht vergebens, seine Pflegekinder, die Harlunge, vor ihren Oheim Ermanerich zu schützen.

– *wen Kriemhilt verriet* (6): Im ›Nibelungenlied‹ (um 1200) verrät Kriemhilde ihre Brüder bei der Ankunft der Burgunden an Etzels Hof.

– *der Wilzen diet* (8): Elbslavisches Volk. Von Wilzenkämpfen erzählte eine niederdeutsche Dichtung, die uns aus der Nacherzählung in der norwegischen ›Thidrekssaga‹ (s. o.) bekannt ist (dB, S. 670).

– *Heimen ald hern Witchen sturm* (10): Heime und Wittich sind Rekken aus dem Kreis der Dietrichsage. In ›Alpharts Tod‹ (2. Hälfte d. 13. Jh.s) besiegt der junge Alphart einzeln Heimen und Witege, wird aber dann von ihnen gemeinsam erschlagen. In der ›Rabenschlacht‹ (2. Hälfte d. 13. Jh.s), einer Art Fortsetzung von ›Dietrichs Flucht‹, werden die beiden Söhne Etzels von Witege erschlagen.

– *Sîfrides ald hern eggen tôt* (10): Siegfrieds Tod geschieht durch Hagen an einem Brunnen im Wald: ›Nibelungenlied‹ (s. o.), 16. Âventiure (Str. 979–987).

Eckens Tod: Im ›Eckenlied‹ (1. Hälfte d. 13. Jh.s und damit erstes Dietrich-Epos) wird der Riese Ecke von

Dietrich getötet. Dieser Kampf muß bei den Fahrenden ein beliebter Vortragsstoff gewesen sein (StraM S. 36).

– *hübschen minnesang* (11): Es ist anzunehmen, daß der Marner nicht nur seine eigenen Lieder, sondern auch die der geschätzten Kollegen (wie z. B. Walthers von der Vogelweide und einiger anderer, s. Nr. 4) vorgetragen hat.

– *verschort* (18): *ver-scharn*: fortschaffen, absondern, ausschließen; zerteilen, -streuen; verführen, -leiten. (StrMa XV, 14)

4 18. Spruch im ›Kurzen‹ oder ›Hofton‹: Literarische Vorgänger und eigenes Selbstwertgefühl.

– *der Venis* (3): Graf Rudolf von Fenis (hier S. 56–59). – *der von Rugge* (3): Heinrich von Rugge. – *zwên Regimar* (3): Reinmar der Alte und Reinmar von Zweter (hier S. 106–137 und S. 286–291).

– *Heinberc* (11): Ein Gönner, ein Kollege? (StrMa XIV, 18)

5 3. Spruch im Ton XI: Spottlied auf Reinmar von Zweter (hier S. 286–291). Wahrscheinlich hat der Marner in Reinmar 1244/45 am Rhein ein Konkurrenten gefunden, den er in diesem – und auch im

nächsten Spruch – mit Bitterkeit bekämpft (StrMa, 15). Der Vorwurf ist sehr hart, quasi plagiathaft gedichtet zu haben, ein ›Töne-Dieb‹ zu sein und eine schiefe Phantasie zu besitzen.

– *funt* (2): das Finden, der Fund, das Gefundene; Erfindung; dichterische Erfindung, Lied; Ausgedachtes, Ersonnenes, Kunstgriff, Kniff, Ausflucht. – *liezen* (5): das Losen, Teilung durch Los; das Wahrsagen, das Zaubern, heimliches Gemurmel. – *gouch* (8): Kuckuck; Buhler, Tor, Narr, Gauch. – *trappe* (8): Trappgans; Tor, Tropf. … ein dem Kranich verwandter, größerer brauner Vogel mit weißem Bauch, schwarz gebändertem Schwanz und bartartigen Federn an der Unterseite des Halses … (Gr. Duden). – *slehtiu* (12): *sleh*t: in grader Fläche oder Linie, eben, grad, glatt; bildl.: einfältig, gut und recht, aufrichtig, schlicht, einfach. (StrMa XI, 3)

6 14. Spruch im ›Kurzen‹ oder ›Hofton‹. Fabel von der platzenden Kröte. Sie basiert einerseits auf der Fabel vom Löwen und der Königswahl der Tiere (Beginn), andererseits vom Frosch und dem Ochsen (Ende). Hier mag der römische Fabeldichter Phaedrus (1. Jh. n. Chr.) Pate gestanden haben (I, 24: ›Der Frosch, der platzte, und das Rind‹). Vgl. auch Odo von Cherington (1. H. d. 13. Jh.s): ›De rana inflata‹ (›Der Frosch, der sich aufblies‹). Martin Luther (1483–1546): ›Vom Frosch, der sich wie ein Ochse aufbläst‹. Erasmus Alberus (1500–1553): Nr. 46 ›Von einem jungen und einen alten Frosch‹.

– *gernt* (14): *gern*: begehren, verlangen (StrMa XIV, 14)

Heinrich Steinhöwel (1412–1478) hat in seiner berühmten und weit verbreiteten zweisprachigen Sammelausgabe ›Esopus‹ (1476/77) die Fabel wie folgt gestaltet:

Von dem Frosch und dem Ochsen.

Wenn sich die Schwachen in ihrem Übermut so erheben, daß sie sich einbilden, den Mächtigen gleich zu sein, so stürzen und zerbrechen sie durch ihren Hochmut. Das zeigt diese Fabel.

Ein Frosch sah einen Ochsen auf einer Weide und dachte bei sich: »Wenn du deine gerunzelte Haut aufbläst, könntest du auch so groß werden wie der Ochse.« Er begann sich aufzublasen, so sehr er konnte und fragte seine Jungen und sagte zu ihnen: »Was meint ihr, bin ich nicht so groß wie ein Ochse?« Sie antworteten: »Nein.« Er blies sich noch mehr auf und fragte sie: »Wie ist es jetzt?« Sie antworteten: »Kein Vergleich.« Da blies er sich zum drittenmal auf, platzte und verstarb.

So ist das allgemein bekannte Sprichwort entstanden: Du sollst dich nicht zu sehr aufblasen, damit du nicht platzest. Damit ist gemeint: Du sollst nicht überheblich und übermütig sein, sonst wirst du zugrunde gehen.

7 17. Spruch im ›Langen Ton‹. Lügenlied. (StrMa XV, 17)

8 2. Spruch im XIII. Ton. Marienlied.
– *bekort* (2): *bekorn*: schmecken, kosten, kennen lernen; prüfen, versuchen. – *meit* (10): *maget, magt, mait, meit*: Jungfrau, bes. die Jungfrau Maria. (StrMa XIII, 2)

9 2. Spruch im ›Kurzen oder Hofton.‹ Einkehr zu Gott.
– *schiuhe* (16): *schiuhen, schiuwen, schûen*: scheu machen, erschrecken; scheuen, aus dem Wege gehen, meiden. (StrMa XIV, 2)

Der Wilde Alexander

2. Hälfte d. 13. Jh.s. Der Zusatz ›wild‹ kann ›unstet, schweifend‹, aber auch ›fremdartig, seltsam‹ bedeuten. Die Jenaer Hs. J nennt ihn ›Meister Alexander‹. Ein Fahrender. Alemanne? Sein Werk: 5 Lieder, 24 Sprüche, 1 Leich. Er ist eine der profiliertesten Übergangsfiguren zwischen höfischer und meisterlicher Kunst (Glier, RL).
Überl.: 3 Hss. (C, J, W)

1 Fälschlich ›Kindheitslied‹ genannt. Es ist kein autobiographisches, sondern ein durchgehend religiös konzipiertes Lied, das vor der Verführung durch die schöne Welt warnt und in die Allegorie von den fünf törichten Jungfrauen (Mt. 25) mündet.
– *wuofen* (Str. 3): schreien, jammern, klagen, weinen. (BLD S. 291)

2 Weihnachtslied. In ihm wird die Menschwerdung Christi herausgestellt und sein Bild als gewaltiger Kämpfer gezeichnet sowie das Wunder seiner Geburt und die Reinheit Marias gepriesen.
– *quam* (Str. 1–3): *komen, kumen, kemen, quemen*: kommen. (KLD S. 1)

Konrad von Würzburg

Schaffenszeit 1260–1287, in der er sich in Basel aufhielt und dort zu Wohlstand gekommen ist. Sehr produktiver Berufsdichter (als Epiker: Versromane, Legenden, Verserzählungen), als Lyriker: 1 Marienpreis, 1 ›Klage der Kunst‹, Minnelieder, Sprüche und 2 Leichs. – Schon zu Lebzeiten erreichte er großen Dichterruhm. Er beeinflusste – neben Frauenlob – nachhaltig die nachfolgende Literatur. Er wird als einer der 12 ›Alten Meister‹ gezählt. Stil und Verstechnik sind virtuos.
Überl.: mehrere Hss. (u. a. C, J).

1 Memento mori.

– *mazzes* (Str. 1): *maz, mazzes*: Speise, Mahl; Mahlzeit. – *enbîze* (Str. 1): *enbîzen*: essend oder trinkend genießen. – *enæze* (Str. 2): *æzen*: ätzen, speisen. (*âz*: Speise für Menschen und Tiere). (SchrKo, III, 32,6)

2 Spottspruch auf dem Meißner. Dem stark übertriebenen Lob korrespondieren die Schlußzeilen, in denen an der Kunst des Meißners kein gutes Haar gelassen wird.
– *Mîssenær* (1): Heinrich von Meißen, fahrender, sehr gelehrter Spruchlieddichter, 2. Hälfte d. 13. Jh.s.; in der Hs. J reich überliefert (128 Str.). Er war allgemein geachtet, u. a. in Preis-Strophen des Rumslant und Hermann Damen. – *ræzen* (2): *ræze*: herb, ätzend; scharf, hell vom Tone; ... wild, keck. – *lebermer* (5): sagenhaftes geronnenes Meer, in dem die Schiffe nicht von der Stelle können. Anspielung auf die orientalischen Abenteuer im sogen. Spielmannsepos ›Herzog Ernst‹ (frühes 12. Jh.), einer Dichtung, die in den nachfolgenden Jahrhunderten stark rezipiert wurde (zahlreiche deutsche und lateinische Bearbeitungen). Herzog Ernst, auf dem Weg ins Heilige Land, gerät in die Wunderwelt des Orients; sein Schiff zerschellt am Magnetberg, und die Überlebenden werden von Greifen gerettet. – *vîren* (13): feiern, als Feiertag begehen; in Ruhe, müßig sein. – *Ecken* (15): Das ›Eckenlied‹ (1. Hälfte d. 13. Jh.s) behandelt den Tod des jungen Ecke im Zweikampf mit Dietrich und war ein beliebtes Vortragsstück der fahrenden Dichter und Vortragskünstler (s. auch das ›Repertoire-Lied‹ des Marner: Nr. 3). (SchrKo III, 32,286)

3 Tagelied mit konventionellem Inhalt, aber artistischer Formkunst. Jedes Wort (Silbe) ist auch Reimwort: jede Silbe der Zeilen 1, 2, 3, 5, 6 reimt auf die entsprechenden Silben der Zeilen 3, 4, 7, 8. (SchrKo Nr. 30)

4 Euphorischer Preisspruch in ›Geblümter Rede‹ auf den Straßburger Bischof Konrad III. von Lichtenberg (1273–1299), der möglicherweise die ›Goldene Schmiede‹ (ein Marienpreisgedicht, das als Hauptwerk des ›Geblümten Stils‹ gilt) in Auftrag gegeben hat.
– *tolde* (2): Wipfel oder Krone einer Pflanze, eines Baumes; Quaste, Franzen. – *mîol* (9): Pokala, hohes Trinkglas ohne Fuß (it. *miolo*, lat. *mediolus*) (SchrKo 32, 361)

Frauenlob (Heinrich von Meissen)

1250 Meissen–1318 Mainz, wo er die erste Meistersingerschule gegründet haben soll. Gelehrter Lyriker, der sich meist an ost- und norddeutschen Höfen aufhielt. Werk: Sprüche (bes. politische), Kreuz- und Minneleich; Minnelyrik. Einer der bedeutendsten Vertreter des ›Geblümten

Stils‹. Er hat stark auf den Meistergesang des 14. und 15. Jh.s. gewirkt und wurde selbst zu einem der zwölf Meister gezählt.
Überl.: div. Hss. (u.a. C, J, F, Kolmarer Liederhs. t)

1 Totenklage auf Konrad von Würzburg (um 1225–1287; Epiker und Lyriker – s. hier S. 308–315).
Ein Meisterstück des ›Geblümten Stils‹.
– *brunnen* (2): *brunne*: Quell, Quellwasser, Brunnen, bildl. Quell, Ursprung; Harn. – *dunst* (2): Dampf, Dunst; bildl. Not, Schmerz. – *obez* (4): Baumfrucht, Obst. – *gewidemet* (5): *widemen*: als *widem* (Brautgabe; Dotierung einer Kirche) stiften, zueignen; ausstatten, dotieren. – *kurc* (7): wahrnehmbar, sichtbar, deutlich; ausgezeichnet, auserwählt. – *vimmel* (9): *vimel*: Schwanken, Schimmern. – *stimmel* (10): (lat. *stimulus*) Stachel, Stachel zum Antreiben; Sporn, Antrieb. – *bluot* (11): *bluot, blüete*: Blüte. – *geveimt* (11): *veimen*: als, wie Schaum wegnehmen, abschäumen. – *margarîten* (12): *margarîte, margarieze*: Perle. – *schimel* (13): Schimmel; Fleck, Makel, bes. von der Sünde; Glanz; weißes Pferd, Schimmel. – *gimmen* (14): *gimme*: Edelstein, Juwel; bildl. das Herrlichste in seiner Art (lat. *gemma*). – *schurc* (14): *schurge, schorge, schurc*: Anstoß, Angriff; der Verlauf. – *tirmen* (16): *terme, tirme*: Grenze, Gebiet ; äußerste Grenze, Höhe; Gestalt, Beschaffenheit. (*termen, tirmen*: an einen bestimmten Ort setzen, bestimmen, zuteilen, widmen, weihen; formen, schaffen). – *pôlus* (17): (lat. *polus*): Pol.
(EttMei Nr. 313)

2 Dichterkollegen und gewaltiges Eigenlob. Wenigstens führt Frauenlob drei der großen Liederdichter (Reinmar d.A., Wolfram und Walther) an – und auch sich selber (5).
– *feim* (6): Schaum, Abschaum. – *rîlichen* (11): *rîche-lîch, rîlîch*: reich, reichlich, herrlich, kostbar; freigebig.
– *bloch* (14): *bloch, bloc*: Holzklotz, Block; Bohle; eine Art Falle.
(EttMei Nr. 115)

3 Lob des vollkommenen Mannes.
– *tugent selp vierde* (5): die Tugend als vierte der Seelenkräfte (Verstand, Wille, Gedächtnis). – *velzen* (16): an-, ineinander-, ein-, zusammenfügen; Passementeriearbeit machen [Verfertigen von Borten und Tressen, auch Bänder, Schnüre, Fransen und Quasten].
(EttMei Nr. 305)

Johannes Hadlaub

Um 1300 († 14. 2. 1340). Zürcher Bürger, wahrscheinlich Berufsschreiber und beteiligt am Entstehen der sogenannten ›Manessischen Liederhandschrift‹ (s. Nr. 2 u. S. 445 f.). Sein Werk ist umfangreich wie vielseitig: Erzähl-, Ernte-, Minne-, Tage-, Dörper-Lieder und Leichs. Die ›Erzähllieder‹ (s. Nr. 1) begründen eine neue Gattung, ebenso das ›Nachtlied‹ (Nr. 3).

Hadlaub beherrscht alle Formen und Inhalte bisheriger Lyrik. Er transponiert Höfisches in eine Bürgerwelt. Sein Sprachton bleibt aber etwas flach und trocken – trotzdem bleiben seine Lieder durch ihre Inhalte interessant.

Gottfried Keller hat in seiner Novelle ›Hadlaub‹ (1878) aus Teilen der Erzähllieder eine poetische Minnebiographie geschaffen.

Überl.: 1 Hs. (C) und ein Bruchstück (Berner Hs.)

1 Minne-Erzählgedicht. Der Liebende steckt seiner Angebeteten heimlich beim Kirchgang einen Brief zu und wartet ergeben auf eine günstige Anwort.

Str. 4: Welche ›Gefahr‹ von einem Boten in dieser Situation ausgehen würde, belegen anschaulich die 2 Botenlieder Reinmars (Nr. 3 u. 4).

– *næhte* (Str. 2): *næhede*: Nähe. – *sim* (Str. 3): *sî ‹ im.* – *sin* (Str. 3): *sî ‹ in.*
– *genenden* (Str. 4): wagen, einen Entschluß, Mut fassen, sich erkühnen
– *dür* (Str. 5): *dur, durh.* (BSM S. 283–286)

Die zweiteilige Miniatur Nr. 122 im Manesse-Codex bildet in ihrem unteren Teil das Anheften des Liebesbriefes an das Gewand der Dame (Str. 1) ab. – Der obere Teil der Miniatur zeigt die Fortsetzung der kleinen Erzählung in dem sich anschließenden Lied, wo der Liebende bei der Begegnung mit der Dame – arrangiert durch hochstehende Herren (Zürcher Stadpatrizier wohl) – in Ohnmacht fällt:

Sî kêrt sich von mir, dô sî mich sach, zehant:	Sie wendete sich von mir, sobald sie mich erblickte:
von leide geswant mir, hine vil ich.	mir schwanden aus Aufregung die Sinne, ich fiel hin.
die herren huoben mich dar, dâ sî saz,	Die Herren trugen mich dorthin, wo sie saß
unde gâben mir balde ir hant in mîn hant.	und legten bald ihr Hand in meine.
dô ich des bevant, dô wart mir baz.	Als ich das bemerkte, wurde mir viel wohler.

Als der Liebende zu dreist zu werden begann, biß die Dame ihn in die Hand:

Dô hâte ich ir hant sô lieblich vaste, gotte weiz:	Da hielt ich ihre Hand sehr liebvoll fest, Gott weiß.
davon sî beiz mich in mîne hant.	Deswegen biß sie mich in meine Hand.

Der Maler des Bildes ließ wohl aus Diskretion in einer nachträglichen Änderung nicht die Dame, sondern deren Schoßhund den Biß ausführen. (BSM S. 286)

2 Manesse-Lied. In ihm werden Rüdiger II. Manesse (1252–1304) und sein Sohn Johannes (Kustos des Stiftsschatzes, † 1297) als Zürcher Liedersammler vorgestellt und somit erste Hinweise auf Zürich als Entstehungsort der berühmten ›Großen Heidelberger Liederhandschrift C‹ (→ S. 445 f.) gegeben. Bodmer griff 1748 auf dieses Lied zurück und gab der Handschrift die weitere Bezeichnung ›Codex Manesse‹ oder ›Manessische Liederhandschrift‹.
– *diu liederbuoch* (Str. 1): entweder Vorlagen, Repertoire-Büchlein (auch einzelne Blätter) der Handschrift oder die Handschrift selbst in Form von einzelnen, noch nicht zusammengebundenen Pergamentlagen.
Strophe 3 ist ein allgemeiner Preis auf die Sangeskunst und die Damen. (BSM S. 296)

3 Nachtlied. Auch ein Tagelied. Neu daran ist: der vorgeschaltete Bericht über den heimlichen nächtlichen Zugang des Liebenden zum nächtlichen Liebeslager. Im Mittelpunkt steht nicht der bevorstehende Trennungsschmerz, sondern der breit geschilderte genüßliche Vollzug der Liebe.
– *geslacht* (Str. 1): geartet, von guter Art, wohlgeartet, edel; artig, fein, schön; von Natur und Art eigen, natürlich. – *volspehen* (Str. 3): vollständig erforschen. – s*mücken* (Str. 3): in etwas eng Umschließendes drücken, zusammenziehen, an sich drücken, schmiegen. – *verzücket* Str. 3): *verzücken*: zücken, verdrehen; schnell hinwegnehmen oder hinwegführen – *gicht* (Str. 3): *jehen*: sagen, sprechen, für wahr erklären, behaupten; bekennen.
Str. 1 ist als einzige unter allen Strophen Hadlaubs nicht in Hs. C, sondern in einer Berner Hs. (Berner Bürgerbibliothek, Cod 260, 14. Jh.) überliefert. (BSM S. 350 f.)

4 ›Lied von der Haussorge‹. Str. 1–3 handeln davon. Die beiden Schlußstrophen besingen aber die größere Sorge: den Verlust an Gunst bei der Herrin. Also: Liebessorgen gehen vor Hausstandsorgen!
– *sanft* (Str. 1): mit geringer Mühe; leicht; langsam, leise, sachte; bequem, ruhig; milde, sanft. – *wan* (Str. 4): ‹ *wande ne*: warum nicht?
(BSM S. 294 f.)

5 Dörperlied. Aus einem Streit um eine Dorfschöne, der ursprünglich ritterlich mit Schwertern entschieden werden soll, wird ein Naturalientausch! Kaum deutlicher kann die höfisch-ritterliche Welt entzaubert, in die Niederungen des Bäuerlichen hinabgezogen werden.
– *stetchen* (Str. 1; nur hier belegt): vermutlich aus *statzen, statzgen*: stammeln, stottern; möglich wäre auch noch: die Zähne fletschen (Verschreibung von *stetchen*). – *getschen* (Str. 1): spielen, tändeln – oder aus *getschen*: das Klaffen abgeleitet? – *gemeinet* (Str. 2): *meinen*: sinnen, denken; eine Gesinnung gegen jemand haben in feindl. oder wohlwollender Weise – oft geradezu für lieben. (BSM S. 306 f.)

6 Pastourellenartiges Lied. Es ist angelehnt an Walthers *Under der linden ...*. (Nr. 22). Doch während bei Walther das (einfache) Mädchen rückblickend von erlebter glücklicher Liebe spricht, träumt der Liebende bei Hadlaub von einem Wunschglück mit seiner hohen (!) Herrin. Kurios: in Str. 5 erwägt er sogar die Anwendung von Gewalt! Zauberhaft schön ist die 3., die sog. ›Bettstrophe‹.
– *uobte* (Str. 1) : *üeben*: seine Kräfte gebrauchen, sich tätig zeigen, tätig sein, sich hervortun, zeigen.
– *camandrê* (Str. 3): Gamander (frz. *germandrée*, lat. *teucrium*): Pflanze: Gattung der Labiaten, Kräuter, Halbsträucher von sehr verschiedenem Habitus, mit zwei-, selten vielblütigen Scheinwirteln in den Blattachsen oder in endstämmigen Köpfchen oder Scheinähren – oder: Veronica: Ehrenpreis, Kräuter und Sträucher (Meyers, 1909). – *culter* (Str. 3): *kulte* (afrz. *coultre* vom lat. *culcitra)*: gefütterte Steppdecke über das Bett. – *bendikten* (Str. 3): Nelkenwurz, Benediktenwurzel (Hildegards von Bingen ›gesegnete Pflanze‹).
– *swingen* (Str. 5): schwingen, schwingend bewegen, schütteln.
(BSM S. 330 f.)

Heinrich von Mügeln

2. Hälfte 14. Jh. Sehr gebildeter Dichter, der wohl auch längere Zeit am Prager Hof Karls IV. gewesen war. Sein reiches Werk enthält auch Spruchdichtung. Seine Sprache ist äußerst gelehrt und prunkreich. Bei den Meistersinngers war er sehr geehrt.
Überl.: 14 Hss. (die wichtigste: cod.philos. 21 der UB Göttingen)

1 Fabel von der hochfahrenden Gans. (BLD S. 357)

2 Falkenlied, Frauenmonolog. Die Nähe zu Kürenbergs Falkenlied (Nr. 5), bis in einzelne Wendungen hinein, ist evident. Doch läßt Heinrich v. M. seine Dame ganz unverhohlen den Wunsch auf ein Wiedersehen oder auf eine Begegnung mit einem zähmbareren Falken (Geliebten) äußern, während Kürenbergers Dame sich mit der Trennug abfindet und selbstlos anderen Liebenden Glück wünscht.
Das Lied ist im Ton zart und innig, steht somit weit über der nur virtuosen Kunst im Falkenlied des Mönchs von Salzburg (s. u. Nr. 4).
– *vest* (Str. 1): *vestenen, vesten*: fest und beständig machen, festsetzen; befestigen, verschanzen; gefangensetzen. – *bruet* (Str. 1): *briuwen, brûwen*: brauen; bildl. machen, anstiften, verursachen. – *vorlûst* (Str. 2): *verliesen*: verlieren. – *rîst* (Str. 2) *rîsen*: von unten nach oben sich bewegen, steigen, sich erheben; von oben nach unten sich bewegen, fallen, niederfallen. – *hag* (Str. 2): *hac, hages*: Dorngesträuch, Gebüsch; Einfriedigung, Hag; umfriedeter Ort; umfriedeter Wald, Park. – *blâfûz* (Str. 3): Jagdfalke von geringerer Art als der Edel-Falke. Auch ›Isländischer Falke‹, ›Großer Blaufuß‹ genannt. Bevorzugt steile Seeküsten im Norden Skandinaviens, Nordrußland und Sibirien. Verfliegt sich selten nach Deutschland. Ca. 60 cm lang und 126 cm breit; auf der Oberseite dunkel grau-blau gebändert (Mayers 1906). – *stûret* (Str. 3): *stiuren*: stützen; lenken, leiten; unterstützen, helfen. (BLD S. 358)

Der Mönch von Salzburg

2. Hälfte d. 14. Jh.s. Schwer zu ermittelnde Identität. Am ehsten ist in ihm der Erzbischof Pilgrim II. von Salzburg (1365–1396) zu sehen. Sein Werk ist in über 100 Hss. überliefert; in dieser Hinsicht ist er der erfolgreichste Liederdichter des deutschen Mittelalters, deutlich vor Walther von der Vogelweide. Sein Einfluß reicht bis ins 17. Jh. Werkumfang: 57 und 49 geistliche Lieder. – Bedeutend ist er auch als Komponist; er führt

die (aus Frankreich kommende) Mehrstimmigkeit ein. Von ihm ist auch der erste überlieferte Kanon (›Martinslied‹).

Der Mönch v. S. verfügt über alle gängigen Inhalte und Formenkunst der literarischen Tradition. Seine Sprache ist hochentwickelt bis ins Manieristische hinein und reich an Anspielungen. – Lautgeschichtlich bewegt er sich im Frühneuhochdeutschen (Vollzug der ›neuhochdeutschen Diphthongierung, Monophthongierung und Dehnung‹, s. S. 454).

1 Tageliedparodie. Sie variiert das schon von Steinmar (Nr. 2) angeschlagene Thema der am hellichten Tag vollzogenen Liebe zwischen Magd und Knecht. Die Rolle des Wächters nehmen das Kuhorn (Str. 2) und das Geschrei des Hirten (Str. 3) ein. Originell auch die Begründung für die – vorläufige – Trennung: Dienstverpflichtung der Magd: das Kühe-Melken. Neu ist das Wechselgespäch zwischen den Liebenden als quasi dramatische Wechselrede, das im klassischen Tagelied meist ausbleibt. Schließlich fällt der vierzeilige Refrain (sonst einzeilig) auf.
– *untern* (Überschrift): *untern, undern, untern, undarn, untarn*: Mittag; Mittagsessen, Vesperbrot. – *diren* (Str. 1): *dirn, dirne, dierne*: Dienerin, Magd, Mädchen; feile Person, Dirne. – *stiren* (Str. 1): *stirne*: Stirn.
– *gelympf* (Refrain): *gelimph, gelimpfe, glimpf*: angemessenes, artiges, schonendes Benehmen, Benehmen überhaupt; Befugnis, Recht; guter Leumund. – *iren* (Refrain): Flüssigkeitsmaß (Spechtler, Auswahlausg. 1980) ? – *schympf* (Refrain): *schimph, schimpf*: Scherz, Kurzweil, Spiel, bes. das ritterliche Kampfspiel; Spott, Verhöhnung, Schmach. – *unbesachet* (Str. 3): *besachen*: einrichten, ins Werk setzen; unterhalten, verpflegen, versorgen. – *sauss* (Str. 3): *sûs*: das Sausen, Brausen; Saus und Braus. – *vechs* (Str. 3): *vêch, vêhes*: buntes Pelzwerk, bes. von Hermelin; das Hermelin. (MayRie 13)

2 Herbstlied oder Lied von den Stadien der Trunkenheit. Ein sehr originelles Lied. Die Trunkenheitsgrade werden witzig und in großer Sprachkraft mit den 4 Temperamenten verglichen. – Reimtechnisch: eine große Zahl von Binnereimen. – Eigentlich ein Preislied auf die blühende dichterische Einbildungskraft!
– *hawben* (2): *houbet, houbt, houpt*: Kopf, Haupt an Menschen und Tieren; Bezeichnung gezählter Menschen und Tiere; bildl. das Oberste, Äußerste; die Spitze; Anfang, Beginn. – *koph* (5): *kopf*: Trinkgefäß, Becher (*kopf* als Maß: zwei Seidel [Bayern: 0,535, Österreeich 0,354, Nord-Dtl. 0,3–0,4 L]); Schröpfkopf, Hirnschale, Kopf. – *toph* (6): *topf*: Topf; Hirnschale. – *klaft* (9): *klaffen*: schallen, tönen, klappern; schwatzen, viel und laut reden; sich öffnen, klaffen. – *verker* (18): *ver-*

kêren: umkehren, wenden, ändern, verwandeln, verdrehen, ins Entgegengesetzte verändern. – *saws* (21): *sûs*: das Sausen, Brausen; Saus und Braus. – *fünd* (23): *vunt*: das Finden; der Fund, das Gefundene; bergmännisch: neuentdeckte Lagerstätte, edler Aufschluß; Erfindung; dichterische Erfindung, Lied; Ausgedachtes, Ersonnenes, Kunstgriff, Kniff, Ausflucht. (MayRie 81)

3 Falkenlied. Äußerlich knüpft es an das Falkenlied des Kürenberger (Nr. 5) an, aber es entwickelt seine eigene Logik. Der Falke – Symbol der Geliebten – entflieht ihm, weil er ihn nicht konsequent gezogen hatte (beim Kürenberger ist die Wohlerzogenheit der Grund des Ausfliegens).
Der Refrain ist wieder vierzeilig. Sonderheit: die 2. und 3. Refrain-Strophe entsprechen den Zeilen 5–8 der Strophe.
– *waidenleichen* (Str. 1): *weidenlîch*: jägermäßig, jagdgerecht; frisch, keck, tüchtig, ausgezeichnet, stattlich, schön. – *gepaist* (Str. 1): *beizen*: beizen; bildl. mürbe machen, peinigen; Vögel mit Falken jagen. – *ungeczäm* (Str. 1): *ungezæme*: nicht geziemend, unangemessen, widrig; nicht gewachsen, nicht tauglich für. – *gan* (Str. 1): *gunnen, günnen*: gern an jemand sehen, gönnen; vergönnen, erlauben, gewähren. – Str. 2, Zeile 5: sie fehlt. Hier ist der Ergänzungsvorschlag von Spechtler, 1980, aufgegriffen. – *vederspil* (Str. 2+3): zur Vogelbeize abgerichteter Vogel, Falke, Sperber, Habicht. – *betriegen* (Str. 3): verlocken; betrügen, betören, verblenden. (MayRie 83)

Oswald von Wolkenstein

1376/78–1445. Ungewöhnlich gut bezeugtes Leben durch (über 1000) Urkunden und die eigenen Lieder. Ritter und Lehnsmann aus Südtirol mit Sitz auf Burg Hauenstein, der als Reisender, Kriegsteilnehmer, in Fehden verwickelter, zeitweise in harter Gefangenschaft Lebender und als Liebender ein außerordentlich bewegtes Leben führte. In seiner z. T. stark autobiographisch durchzogenen Lyrik (134 Lieder) bewegt er sich in allen bekannten Genres des Minnelieds bis hin zum geistlichen Gedicht. Neu schuf er u. a. das ›Reiselied‹.

Seine thematische Vielfalt, seine enormen sprachlichen Ausdrucksmöglichkeiten, formale Meisterschaft und seine kompositorischen Fähigkeiten machen ihm zum größten Lyriker des deutschen Mittelalters nach Walther von der Vogelweide. – Als Komponist gehört er nach dem Mönch von Salzburg zu den Schöpfern der Mehrstimmigkeit (37 Lieder; über 2/3 sind einstimmig).

Oswald weist in die Neuzeit hinein, hat aber im Spätmittelalter. keine direkten Nachfolger gefunden. Die wissenschaftliche Beschäftigung mit ihm begann im 19. Jh. Seit den 60er Jahres des 20. Jh.s. ist die Zahl der wiss. Publikationen und der Tonträger vehement gestiegen.

Überl.: hauptsächlich in 3 Sammelhss. (A: Wien und B: Innsbruck UB – beide im Auftrag von Oswald entstanden; c: Innsbruck, Tiroler Landesmuseum) + Streuüberlieferung.

1 Preis der vorbildlichen Geliebten.
– *verstrakt* (Str. 2): *verstrecken*: erstrecken, verlängern; vollstrecken; voll machen, begaben mit; zögern.
– *wurcht* (Str. 2): *wirken, würken, wurken*: tätig sein, handeln, arbeiten, wirken, verfahren. (SchaW Nr. 4)

2 Tagelied.
– *los* (Str. 1): *losen*: hörend achtgeben, zuhören, horchen, hören. – *entrent* (Str. 2): *entrennen*: entlaufen. – *plent* (Str. 2): *blenden*: blenden, verblenden, verdunkeln. – *pald* (Str. 3): *balden*: *balt* (›kühn‹) werden, eilen; froh sein über. – *risch* (Str. 3): hurtig, schnell, frisch, keck; trokken, spröde. (SchaW Nr. 10)

3 Tagelied-Parodie und Scheltlied. Das Tageliedgeschehen ist ins Derb-Bäuerliche (wie bei Steinmar Nr. 2 und Mönch von Salzburg Nr. 1) versetzt; die Protagonisten: die Bäuerin (Str. 1), welche die Funktion des Wächters miterfüllt, und die liebestolle Magd (Str. 2). – Auffallend ist der Gebrauch des Schlagreims, meist doppelt, in Str. 1, 7 dreifach: *schain / rain / allain*.
– *kint* (Str. 1): *kindeln, kinden*: ein *kint* zeugen; gebären. – *tasch* (Str. 1): *tasche, tesche*: Tasche; Leib, Eingeweide; weibl. Schamteile; verächtlich Weibsperson. – *pock* (Str. 1): *bocken*: niedersinken; gebeugt sein; niederlegen. – *tock* (Str. 1): *tocke*: Puppe der Kinder und im Puppenspiel; junges Mädchen, Schmeichelwort für ein solches; Bündel, Büschel. – *schock* (Str. 1): *schoc, schoces, schoch, schock, schok*: Haufe; Büschel. Anzahl von 60 Stück. (SchaW Nr. 46)

4 Pastourelle. Parodie. Was bei Walther (Nr. 22) noch zart das ›Blumenbrechen‹ der beiden Liebenden ist, wird bei Oswald ins Derb-Alltägliche und Derb-Erotische gewendet, indem der Liebende dem Landmädchen bei der Reparatur des defekten Gatters behilflich ist und die landwirtschaftlichen Termini zweideutig besetzt werden.
– *smucken* (Str. 1): *smücken, smucken*: in etwas eng Umschließendes drücken; zusammenziehen, an sich drücken, schmiegen. – *schrenken* (Str. 1): quer und über Kreuz setzen, schräg stellen, verschränken, flechten.

– *seul* (Str. 1): Schusterpfriem; Schaft der Armbrust. – *schranck* (Str. 2): was absperrt: Schranke, Gitter, Einfriedigung; Umschließung, Umarmung, Verschränkung, Flechtung. – *schübren* (Str. 2): *schoberen, schuberen*: zu einem Schober zusammenbringen, aufhäufen. – *peunt* (Str. 3): Beunde = eingezäuntes Stück Land (südd., schweiz.). (SchaW Nr. 49)

5 Frühlingslied. Badelied. Refrainlied. In Str. 2 nennt Oswald sich und seine Ehefrau Margarethe von Schwangau, eine schwäbische Adlige, die er im Sommer 1417 heiratete (7 Kinder). Sie ist die *Gret/Gretli* in den Liedern. Das Bad ist wohl das Märzbad.
– *losen* (Str. 1): *lôsen*: los sein oder werden; fröhlich, freundlich sein; freundlich sein; schmeicheln, heucheln, lose Reden führen. – *decke* (Str. 2): Decke, Bedeckung; das Zudecken, Bedecken. decken: dekken, bedecken; schützen, schirmen. – *rauch* (Str. 2): *ruch, roch, ruoch*: Geruch; Dampf, Dunst; Rauch. – *bestecke* (Str. 2): *bestecken*: bestecken; aufstecken; festsetzen, anberaumen. (SchaW Nr. 75)

6 Dialoglied mit seiner Ehefrau Gretli (Margarete).
– *lass* (Str. 2): *laz*: matt, träge, saumselig – *sainlich* (Str. 2): *seinlich*: langsam, träge. – *träg* (Str. 2): *træge*: Trägheit. *an sainlich träge*: wörtl. ›ohne langsame Trägheit‹. – *main* (Str. 2): *meinen*: sinnen, denken; eine Gesinnung gegen jemand haben (oft geradezu für lieben). – *tröst* (Str. 3): *træsten*: trösten, zuversichtlich machen, ermutigen, erheitern, vertrösten. – *geud* (Str. 3): *giuden, göuden, gûden*: prahlen, großtun, in geräuschvoller Freude sein; Verschwendung treiben. (SchaW Nr. 76)

7 Trinklied.
– *verkaffen* (Str. 1): *verkapfen, -kaffen, -gaffen*: sich in starres Schauen verlieren, – *verheit* (Str. 1): *verhîen, verheien*: bildl. schänden, zu Grunde richten, zerstören. – *schinken* (Str. 2): *schinke*: Beinröhre; Schenkel, Schinken. – *staubs* (Str. 3): *stoup, stoubes*: Staub; Staubmehl, Mehlstaub; was stiebt, schnell läuft [hiervon die Bedeutung ›Sauser‹ (junger, noch stark gärender Wein) abgeleitet?]. – *fürsten* (Str. 4): Es wird wohl der gichtkranke Heidelberger Pfalzgraf Ludwig III. gemeint sein (s. u. Nr. 9), für den Oswald das Lied geschrieben haben soll, oder aber ›Fürst Wein‹ (U. Müller). – *slipf* (Str. 4): *slipfen*: ausgleiten, fallen – *kalzen* (Str. 5): *kelzen, kalzen*: schreiend sprechen, prahlen, schelten. (SchaW Nr. 42)

8 Kampflied. Es bezieht sich auf Ereignisse des Jahres 1418, als die drei Wolkensteinbrüder, verschanzt auf der Burg Greifenstein, einen Ausfall gegen die Truppen des Tiroler Herzogs Friedrich IV. erfolgreich wagten, indem sie Belagerungsgerätschaften vor Eintreffen der

Truppen vernichteten, das Dorf der Friedrich zu Hilfe eilenden Bauern anzündeten und sich wieder zurückzogen.
– *handwerch* (Str. 3): Werk der Hände, Kunstwerk; Handwerk, Gewerbe; Zunft. – *schallmützen, schallmeusen* (Str. 4): scharmützeln (SchGl). – *Raubenstain* (Str. 4): Raufenstein: Burg bei Bozen. – *fraidige* (Str. 7): *vreidec, vreidic*: treulos, abtrünnig, flüchtig; schrecklich, wild, trotzig, keck, leichtsinnig; frisch, munter, wohlgemut, mutig, kühn. – *Ritten* (Str. 7): Bergrücken nördl. von Bozen. – *Häfning* (Str. 7): Ort Hafling östl. v. Meran. – *Melten* (Str. 7): Dorf Mölten bei Bozen. – *Särntner* (Str. 7): die Sarntaler nördl. von Bozen. – *Jenesier* (Str. 7): die Bauern von Jenesien bei Bozen. (SchaW Nr. 78)

9 Reiselied. Preis auf Heidelberg, die Kurpfalz und auf den Pfalzgrafen Ludwig III. (1378–1436), auch der ›Ältere‹ oder der ›Bärtige‹ genannt, politisch nicht sehr erfolgreich agierend. Dieser unternahm u. a. eine Pilgerreise 1426/27 nach Jerusalem und stiftete seine im Schloß aufgestellte Bibliothek dem Hl.-Geist-Stift als eine Säule der berühmten Bibliotheca Palatina. Er war gichtkrank und erblindete. – Oswald besuchte ihn im Frühjahr 1428 auf seiner Reise von Salzburg über München nach Köln und Westfalen. Darüber berichtet er im Lied *Von Wolkenstain wolt ich zu Kölen gueter laun* … (SchwW Nr. 100) – wohl dem ersten Reiselied deutscher Lyrik –, detailliert in Str. 3: *Nach Haidelberg rait ich zu meinem herren reich* …
– *schraite* (Str. 1): Partizip von *schraien*: laut werden (SchwGl). – *gemahel* (Str. 1): seine zweite Ehefrau: Mechthild († 1438), Tochter des Grafen Amadeus von Savoyen. – *Metzlin, Ketzlin, Kädrichin, Agnes und Engichin* (Str. 2): Töchter des Pfalzgrafen, mit denen sich Oswald sehr angefreundet hatte. – *scheren* (Str. 3): *schern*: Scherz, Spott (*schernen*: Scherz, Spott treiben; verspotten, schänden). – *ungenetzt* (Str. 3): *ungenetzt* und *scheren*: trocken rasieren, im Preise überhalten (SchwGl). – *taschen* (Str. 3): Tasche, Geldtasche.
–*masche* (Str. 3): Masche, Schlinge (SchwGl). – *an rüff* (Str. 3): ohne zu rufen, zu bitten (SchwGl).

10 Alterslied. Preis der Heimat beim Erwachen des Frühlings und Lob der ›Ehre‹.
– *wasserrünst* (Str. 1): Bach, Wasserlauf, -graben, -leitung, Bewässerungsrecht. –*prechen* (Str. 1): *brechen*: sich verbreiten. –*Mosmair* (Str. 1): Bauer bei Hauenstein. – *Kastellrut* (Str. 1): Ort nördl. von Hauenstein. – *Eisack* (Str. 1): Fluß in Südtirol. – *Hauenstein* (Str. 1): Burg Hauenstein am Nordhang des Schlern: Oswalds engere Heimat (1427 ihm endgültig zugesprochen), wo er auch starb. – *ut / la / fa* (Str. 1): die Töne c / a / f.

– *Plätscher* (Str. 1): ein Parteigänger Herzog Friedrichs IV.? – *Matzen* (Str. 2): Feldname. – *Mutzen* (Str. 2): der Mutze: wohl Reigenführer. – *fueg* (Str. 2): *vuoge*: Zusammenfügung, feste Vereinigung; Geschicklichkeit, Kunstfertigkeit, Kunstgeschick. – *glosieren* (Str. 3): *glôsen, glôsieren*: auslegen, ausdeuten, erklären. – *firmt* (Str. 3): *firmen*: stärken, bekräftigen, befestigen; sich bewahren; firmen, weihen.

(SchaW Nr. 83)

11 Tischsegen. (SchaW Nr. 51)

12 Geistliches Lied. Wortgewaltiger Preis der Trinität mit einer weltlichen Wendung am Schluß: Schutz heischend vor seinen Feinden auf Erden.

– *sprung* (Str. 1): *spprunc, sprunges*: Sprung; das Hervorsprießen; Ursprung, Quell. – *tri-litz / ain-litz* (Str. 1): *litz*: Antlitz. – *mit unbegriffner strange* (Str. 1): unbegreiflich genau (SchaGl). – *strange* (Str. 1): Strick, Strang; Streifen; Strahl; Verknüpfung, Verschränkung, Knoten; – *rot* (Str. 1): vom Blute (SchaGl). – *weiss* (Str. 1): weiß (SchaGl). – *getult* (Str. 1): mit Dolde versehen (SchaGl). – *geschift* (Str. 1): mit einem Stil versehen (SchaGl). – *stammes tröne* (Str. 1): der die Pflanze belebende Saft (SchaGl). – *spähen* (Str. 2): *spæhe*: klug, scharfsinnig, schlau; herrlich, schön; wunderlich, launig, üppig. – *list* (Str. 2): Weisheit, Klugheit, Schlauheit; Wissenschaft, Kunst, Lehre; Zauberkunst. – *gepilt* (Str. 2): *bilden*: mit Bildern verzieren; gestalten. – *vergreusset* (Str. 2): *vergriezen*: ausstreuen, überschütten. – *undersetzt* (Str. 3): *undersetzen*: zwischen, unter etwas setzen, stellen, legen, stützen; ins Werk setzen, veranstalten. – *hert* (Str. 3): Erdreich, Boden; Boden als Feuerstätte, Herd; Haus, Wohnung. – *rünste* (Str. 3): *runs, runst, runse, ronse*: das Rinnen, Fließen; das Fließende, Quell, Fluß; Rinnsal, Wassergraben; Kanal; Flußbett. – *verpau* (Str. 3): *verbûwen, – bouwen*: zubauen, zumauern; durch Bau versperren, abwehren, abhalten.

(SchaW Nr. 90)

Kolmarer Liederhandschrift

Entstanden ca. 1470. Umfangreiche Sammlung (4380 Strophen) von Meisterliedern des 14./15 Jahrhunderts, in der geistliche Lieder dominieren.

Überl.: Hs. München cgm 4997. Im 16.–17. Jh. befand sie sich in Kolmar.

1 Memento mori-Spruch eines unbekannten Dichters.

(BMS S. 304)

* * * * *

Nachwort

Etwa zeitgleich mit der Machtentfaltung der Staufer Ende des 12. Jahrhunderts tritt in Deutschland Lyrik – geistliche, Liebes- und Spruchlyrik – eindrucksvoll in Erscheinung. Äußerst rasch gelangt sie zu hoher Blüte und Kunst und wird damit zu einem bedeutenden und folgenreichen Ereignis innerhalb der deutschen Literatur, indem sie besonders mit ihrem Formenreichtum Impulsgeber für die Lyrik des 18./19. Jahrhunderts wurde.

In dieser Lyrik – wie auch in der zeitgleichen Epik – manifestiert sich die neu gewonnene Freude an der Diesseitigkeit als Ablösung oder Überlagerung der frühmittelhochdeutschen Memento Mori-Dichtung mit ihrer einseitigen Hinwendung zum Jenseitigen.

Unter den zahlreichen Entstehungstheorien sind die plausibelsten: der romanische Einfluß – Nordfrankreich und die Provence – und die eigene, volkstümliche Tradition in weitgehend mündlicher Form. Daneben ist mit Einfluß der mittellateinischen Vagantenlyrik, der lateinischen Liebeslyrik (bes. Ovid), arabischen Lyrik (von Spanien aus auf Frankreich einwirkend) und dem Marienkult zu rechnen. Breiteren Raum wurde der Herleitung aus sozialen Verhältnissen gewidmet: Feudale Lehnsbeziehungen zwischen Lehnsherrn und Lehnsnehmer seien im Dienstgedanken auf das Verhältnis des werbenden Sängers auf die besungene Dame übertragen worden (sozialgeschichtliche Erklärung).

Verstehensvoraussetzungen

Mittelalterliche Lyrik ist Rollenlyrik und nicht im mindesten Erlebnislyrik, so oft sich auch das ›Ich‹ in den Liedern zu Wort meldet. Es gibt kein persönliches ›Erleben‹, das Anlaß für seine Versifizierung gäbe – so wie etwa bei Goethe ein nächtlicher Ritt zu Ulrike von Sesenheim in ›Willkommen und Abschied‹ (Frühjahr 1771) seinen Niederschlag fand oder etwa Novalis' Erlebnis am Grab der Sophie von Kühn am 13. Mai 1797, das »Kernerlebnis seines Lebens überhaupt« (Kluckhohn), das Keimzelle für die ›Hymnen an die Nacht‹ (entst. 1797, Druck 1800) und die ›Geistlichen Lieder‹ (entst. 1799, Druck 1802) sowie sein gesamtes reifes Werk wurde.[1]

1 Die Vision anm Grabe Sophiens, niedergelegt in der Tagebuchaufzeichnung vom 13. Mai 1797, kehrt fast wörtlich in der 3. Hymne an die Nacht wieder.

Es sind bei den mittelalterlichen Autoren keine Rückschlüsse vom Erlebnisgehalt des Gedichts auf den Autor zu ziehen. Dominierende Trauer oder Erfolglosigkeit in den Liedern Reinmars dem Alten können vielleicht einem äußerst lebenslustigen, am Hof wie bei den Damen beliebten Autor (einem ›Schürzenjäger‹) zugeschrieben werden.

Rollenlyrik bedeutet das sich Hineinversetzen in überindividuelle Personen (Dame, Ritter, Bote, Wächter, Gesellschaft) und in stereotype Verhaltensmuster wie Werbung und Frauenlob durch den Mann, Gleichgültigkeit, Ablehnung oder Gewährung der Liebe (im ›Tagelied‹, in der ›Pastourelle‹) durch die Dame, Frau oder Mädchen. Rollenlyrik arbeitet mit Konstruktionen und Fiktionen; sie ist Spiel mit Inhalt und Formen. Sie ist Lust am Agonalen.

Dennoch gibt es ›Individuelles‹ in dieser Lyrik und zwar in poetologischer Hinsicht: die Entfaltung der individuellen Fähigkeiten der Lyriker im Rollenspiel. Das betrifft besonders den Sprachton, der sehr ausgeprägt sein kann. Man denke etwa an die Unterschiede zwischen der zarten Sprache Morungens, der hochreflektierten Reinmars des Alten, der glutvollen Wolframs, der derb-sinnlichen Neidharts, der polemischen des Marner und der vitalen des Oswald von Wolkenstein.

Es gibt auch eine individuelle Art der Betroffenheit (bei Totenklagen, in Altersgedichten z.B.), die in den Liedern zum Ausdruck kommt.

Zur Charakteristik mittelalterlicher Lyrik gegenüber der neueren gehört auch die logische Form der Lieder. Es gibt so gut wie keine ›Entwicklung‹ innerhalb der Lieder. Die einzelnen Strophen sind in sich abgeschlossen und selbständig. Sie kreisen con variatione um ein Thema. Deshalb sind einzelne Strophen auch für ein Liedganzes meist entbehrlich oder sie können in eine andere Strophenreihenfolge gesetzt werden, ohne das Lied dann ›unlogisch‹ oder zum Fragment zu machen. Die ist auch der Grund, warum bei parallel in mehreren Handschriften überlieferten Liedern die Reihenfolge (und Zahl) der Strophen gelegentlich abweichen. Das ist weiter der Grund, warum die Herausgeber und Interpreten der Lieder sich in der Beurteilung der Strophenreihenfolge öfter nicht einig sind. Seinen tieferen Grund aber hat es in der fundamentalen Beobachtung Walther Benjamins über das mittelalterliche Denken: »Ausdauernd hebt das Denken stets von neuem an …«, und er spricht von einem »unablässige(n) Atemholen …«[2]. Benjamin vergleicht weiter dieses Denken mit der Form des Mosaiks, das aus der Stückelung der Teilchen sein Ganzes gewinnt.

2 Ursprung des deutschen Trauerspiels. Erkenntniskritische Vorrede S. 8. Frankfurt 1964 (zuerst 1928).

Mittelalterliche Lieder tragen keine Überschriften. Die Personen bleiben in der frühen, hochhöfischen Phase völlig unkonturiert. Das beginnt beim Ich des Sängers, erstreckt sich auf die namenlose Angebetete, deren Schönheit und höfische Tugenden zwar in höchsten Tönen gepriesen werden, ansonsten aber anoym bleibt, also auch historisch überhaupt nicht greifbar ist. Auch gelegentliche Körperbeschreibung (Mund, Wangen) läßt sie vollkommen abstrakt bleiben. Wird die Gesellschaft erwähnt, dann nur allgemein, ohne nähere Kennzeichnung Einzelner. Erst mit Neithart etwa treten die Personen aus ihrer völligen Abstraktheit heraus, werden näher beschrieben, erhalten Namen. Bei Oswald von Wolkenstein ist die typisierte Zeichnung der Welt und Menschen völlig aufgehoben zugunsten lebensvoller Wirklichkeitsbeschreibung.

Die Biographie der Lyriker, die wohl in der überwiegenden Mehrzahl ›Fahrende‹ waren und sich ihren Lebensunterhalt mit Vortragskunst an Höfen verdienten, bleibt im allgemeinen im Dunkeln. Einige sind nur einmal mit Namen in einer Handschrift genannt, andere urkundlich nur namentlich erwähnt. Selbst über Walther von der Vogelweide ist als einziges Lebenszeugnis nur eine urkundliche Erwähnung von Aussagekraft relevant (s. S. 402).

Biographische Hinweise vermitteln einerseits die Lieder/Sprüche selbst. Andererseits finden sich Erwähnung und Charakterisierung bei zeitgenössischen wie nachfolgenden Kollegen – meist in Lob- und Scheltliedern – und bei Epikern in beiläufigen Erwähnungen oder in richtigen Literaturexkursen wie z.B. bei Gottfried von Straßburg in seinem ›Tristan‹ (4589–4820), wo die Lyriker *nahtegalen* genannt werden, der gerade verstorbene Reinmar der Alte *ir aller leitvrouwe* ist und Walther von der Vogelweide als Nachfolger *ir meisterinne.* Spätere Lyriker sind lebensgeschichtlich etwas besser bezeugt, am besten Oswald von Wolkenstein.

Es sind fast immer dieselben Begriffe und Werte, die in den Texten auftauchen und eine zentrale Rolle spielen: *stæte* (Beständigkeit), *triuwe* (Aufrichtigkeit), *sælde* (weltliche und religiöse Glückseligkeit) *êre* (Ansehen), *muot* (Denken, Empfinden), *genâde* (Erhörung), *fröide* (Freude, Wohlergehen, Lebenslust). Es sind Tugend- oder Verhaltensbegriffe, die sich Ende des 12. Jahrhunderts in der höfischen Dichtung (Epik/Lyrik) herausbilden und eine ideale adlige Gesellschaft utopisch abbilden bzw. propagieren wollen – quasi als Gegenentwurf zur historischen Wirklichkeit jener Zeit, als Aufforderung an die Gesellschaft zum rücksichtsvollen, humanen Umgang miteinander. In der Liebeslyrik treten diese Begriffe besonders deutlich mit der Verehrung, Hochstilisierung der Dame, mit dem Ideal der ›Hohen Minne‹ hervor – auch dies ein Gegenentwurf zu einer rücksichtslosen Sexualpraxis und Unterdrückung der Frau? Jedenfalls hatte das hingebungsvolle, feine, aber letztlich erfolglose Werben um eine Dame in den Liedern als Ziel die ›sittliche Veredelung‹ des Mannes – so wie es klassisch bei Johannsdorf formliert ist, indem der Werbende auf seine Frage nach dem Erfolg, dem *lôn* des Minnedienstes, die zunächst ernüchternde Antwort erhält: *daz ir deste werder sît und dâ bî hôchgemuot* (angesehener / wertvoller und gleichzeitig im Lebensgefühl gesteigert).

›Hohe Minne‹ spielt in der mittelalterlichen Lyrik nicht die alles überragende Rolle, die ihr üblicherweise zugewiesen wird. Verbreitet ist nämlich auch der Gedanke der auf Gegenseitigkeit beruhenden und erfüllbaren wie erfüllten Liebe. Er findet sich bei fast allen Lyrikern: sowohl in der frühen (Donauländischen) Liebeslyrik, in der hochhöfischen bei Reinmar d. A., vor allem bei Walther v. d. V. und vielen Späteren. Hohe, einseitige Minne ist sogar von den Minnesängern selbst, z.B. von Hartmann von Aue, scharf angegriffen worden: *waz touc mir ein ze hôhes zil?* (Nr. 3, 3) und: *Ir Minnesinger, iu muoz ofte misselingen. Daz iuch den schaden tuot, daz ist der wân* (vergebliche Hoffnung; Nr. 5, 3). Oder Walther: *ich wil mîn klop kêren / an wîp, die kunnen danken: / waz hân ich von den überhêren?* (Nr. 19,5). Erfüllte Liebe – wenn sie auch im Verborgenen, also unter Auschluß der höfischen Gesellschaft geschieht – wird in den Tageliedern geschildert; spätere Autoren haben sie auch in der Öffentlichkeit und im bäuerlich-ländlichen, also antihöfischen Ambiente, stattfinden lassen (Steinmar Nr. 2, Mönch von Salzburg Nr. 1, Oswald v. W. Nr. 3). Erfüllte Liebe ist auch das Thema von Pastourellen.

Ethische Begriffe, Wertsetzungen sind *ganz elementar für die* Spruchlyrik. Das gilt für Themen der Reichspolitik: über den Verfall der *ordenunge* und von *fride* und *reht*, über die Trias *varnde guot*, *êre* und *gotes hulde*; das gilt für die vielfältigen Themen der Tugend- und Sittenlehre: über der Werteverfall in den verschiedensten Lebensbreichen und bei Personen unterschiedlichen Standes und Lebensalters: *milte* (Freigebigkeit), *mâze* (ausgeglichenes Verhalten), *zuht* (Erziehung, Ausbildung), *fuoge* (Tugend, Wohlanständigkeit), *werdekeit* (Wert, Würde einer Person); schließlich gilt das für religiöse Themen: im Gebet, Reisesegen, Aufruf zur inneren Einkehr, Aufruf zum Kreuzzug, Preis Gottes, der Trinität, der Jungfrau Marias, Warnung vor dem Jüngsten Gericht, Zustimmung zum göttlichen Heilsplan.

Liedarten

In der frühen Lyrik bildet sich der ›Wechsel‹, also ein Wechselgespräch zwischen Ritter und Dame heraus (Kürenberger Nr. 2), wohl heimischen Ursprungs, der in der Folgezeit in vielen Variationen gestaltet wurde. Import aus dem Romanischen waren das ›Kreuzlied‹, das den Aufruf zur Kreuzfahrt enthielt mitsamt der Problematik, wie Minne-Dienst und Dienst an Gottes miteinander zu vereinbaren seien, und das ›Tagelied‹. In ihm wird der Abschiedsschmerz zweier Liebenden nach einer im Verborgenen verbrachten Liebesnacht besungen. Während im Altprovencalischen der *alba* (›Morgenrot‹-)Ruf es ist, welcher die Liebenden weckt, geschieht dies im Deutschen zunächst durch einen Vogelruf (Dietmar von Aist, Nr. 9), wenig später bei von Wissenlo und bei Wolfram von Eschenbach durch einen Wächter mit Horn. Das Taglied war so beliebt, daß es bei den meisten Lyrikern bis ins 15. Jahrhundert in zahlreichen Variationen im Repertoire war. Dabei konnte es auch einerseits zu Parodien verkommen und ins Banale und Gewöhnliche abtriften (Steinmar, Mönch von Salzburg), andererseits ins Geistliche gewendet werden als Aufruf zur Wachsamkeit angesichts der Vorzeichen des Jüngsten Gerichts. Walther (Nr. 1): *Nû wachet! uns gêt zuo der Tag … wol uf! hie ist ze vil gelegen!*

Ebenfalls Übernahme aus dem Romanischen ist die ›Pastourelle‹. Sie beschreibt die Liebesbegegnung und den unbefangenen Liebesvollzug eines Ritters mit einem einfachen Mädchen im Freien, in einer bukolisch-heiteren Landschaft. Die Pastourelle ist von vielen Dichtern mit Hingabe gepflegt worden.

In Reinmar dem Alten (Nr. 3 u. 4) hat das ›Botenlied‹ seinen deutschen Schöpfer (Vorstufe: Dietmar Nr. 2). Der Bote ist Mittler zwischen Dame und Herr, dem sich die Dame in ihrem Liebesbekenntnis diskret anvertraut, aber offiziell auf die Einhaltung der höfischen Form des Abweisens bestehen muß.

Der ›Leich‹ (gotisch *laiks*: Spiel, Tanz) ist eine lyrische Großform, die sich religiöser Inhalte bedient, aber auch später Weltliches (Minne, Tanz) thematisieren kann (Tannhäuser Nr. 1). Die Strophen haben verschiedenen Umfang (2–10 Zeilen), einen Gesamtumfang von 100–200 Zeilen, die Reimform ist meist paarig und Viertaktigkeit überwiegt.

Schon in Walthers Spruchlyrik bilden sich weitere Liedarten heraus. Vor allem der ›politische Spruch‹: besorgte Reflexion über die Zustände im Reich (Nr. 3–5). Weitere Formen sind ›Bitt- und Scheltsprüche‹ auf Herrscher und Gönner. Die späthöfische Lyrik bringt den Typus des ›Sommer- und Winterliedes‹ (bes.

mit und seit Neidhart) hervor. Das Winterlied ist zugleich ›Tanzlied‹: die erotische Szene ist ins Innere einer Stube oder Heubodens verlegt. Steinmar schafft den Typus des ›Herbstliedes‹/›Schlemmerliedes‹ (Nr. 1). Oswald von Wolkenstein steuert das ›Frühlingslied‹ (Nr. 5) bei, das ›Kampflied‹ (Nr. 8), bildet das ›Reiselied‹ (Nr. 9, 11) aus. Hadlaub erfindet das ›Minne-Erzählgedicht‹ (Nr. 1). Beliebt werden auch ›Schmäh- und Spottgedichte‹ auf Dichterkollegen (Marner Nr. 5 u. 6, Konrad von Würzburg Nr. 2). ›Fabelsprüche‹ finden Eingang (Marner Nr. 6, Heinrich von Mügeln Nr. 1). Schließlich hat die ›Totenklage‹ ihren Platz gefunden (Hartmann von Aue Nr. 4; Reinmar d. A. Nr. 10, Walther Nr. 13, 14; Frauenlob Nr. 1).

Musik

Mittelalterliche Lyrik ist aufgeführte, mit Musik in der Gesellschaft vorgetragene Kunst. Die Dichter waren zugleich auch Komponisten (und vermutlich auch Instrumentalisten). Einige Miniaturen der Manessischen Liederhandschrift bilden das lebendig ab. Zum Text (*wort*) kam die Melodie (*wîse*) dazu; beide bilden den ›Ton‹ (*dôn*). Der ›Ton‹ ist quasi das metrisch-musikalische Gerüst (Bauform) eines Liedes/Spruches (Beispiel S. 452 f.). Er konnte – abgelöst vom Text – auch für andere Lieder und von anderen Lyrikern verwendet werden. So startet Walther einen Angriff auf Reinmar d. A., indem er sich ausdrücklich dessen Tons bedient – *in dem dône: ich wirbe um allez daz ein man* –, aber inhaltlich Kontra gibt (Nr. 15). Töne waren beliebt. Die Meistersinger kannten 12 ausgewählte Töne, unter diesen die ›4 Goldenen Töne‹. – Im Deutschen waren die Melodien lange eintimmig. Mehrstimmigkeit kam erst mit dem Mönch von Salzburg und Oswald von Wolkenstein auf. Die moderne Aufführung von mittelalterlicher Lyrik leidet am Fehlen von Angaben über Rhythmus, Tempi, Stimmlage, Ausdruck und die Art der instrumentellen Begleitung in den Handschriften, so daß eine authentische Aufführung Utopie bleiben wird.

Kurzer periodischer Überblick

(1) Die erste, ›vorhöfische‹ Phase mittelhochdeutscher Lyrik beginnt um ca. 1150 mit anonymen Einzelstrophen und dem Donauländischen Minnesang (Kürnberger, Dietmar) – zum Teil in Langzeilenform. Charakteristisch ist eine einfache, noch altertümliche Sprache (*mege-*

de, geselle, mîn trût, friedel, ziere), einfache Reimkunst und eine ebenso einfache Syntax, meist im ›Zeilenstil‹. Inhalt ist das unverhüllte Liebesbegehren von Mann und Frau.

(2) In der zweiten, der ›höfischen‹, sich unmittelbar daran anschließenden Phase (Ende des 12. Jahrhunderts) kommt französischer Einfluß der Troubadoure und Trouvères zum Tragen: der Minne-Dienst-Gedanke greift Platz, Formkunst wird übernommen (Reimbänder), und der Sprachstil wird reflektierter, komplizierter, ebenso die Syntax: Kaiser Heinrich, Friedrich von Hausen, Veldeke u.a. Und es macht Sangspruchlyrik geistlichen und weltlichen Inhalts in den schlichten Strophen des Herger (S. 34–41) das erste Mal auf sich aufmerksam.

(3) Dicht darauf – also auch noch Ende d. 12. Jh.s – läßt man die ›hochhöfische‹ Phase folgen. Ihr klares erstes Kennzeichen ist die Übernahme der dreiteiligen ›Kanzone‹ (Stollen, Stollen, Abgesang = A A B) aus der Romania. Diese Strophenform sollte für längere Zeit eine dominiernde Stellung einnehmen. Das zweite: die außerordentlich differenzierte und weitgehend abstrakte Sprache, die nunmehr eindeutig vom hochhöfischen Wortschatz und Sprachstil geprägt ist. Drittes Kennzeichen ist die Ausgestaltung der Hohen-Minne-Thematik. Es geht – mit Walther zu reden – um die Frage: *Waz ist minne?* Repräsentanten: Morungen, Hartmann, Reinmar d. A. und Walther v. d. V. Mit ihnen gewinnt die deutschsprachige Lyrik eine nicht mehr erreichte Höhe in Sprache, Form und Inhalt. Gleichzeitig bemächtigt sich Walther v. d. V. der Spruchdichtung und führt sie ebenso zu höchster Kunst. Er bildet die Strophe zum Teil nach dem Muster der Kanzone und bietet eine große thematische Bandbreite auf: von allgemeiner politischer und aktueller Reichspolitik über ethische Fragen bis zu sozialen und Fragen des künstlerischen Selbstbewußtseins. Das Herausragende und in die Zukunft Weisende aber ist Walthers Darstellungsvermögen und die beträchtliche Erweiterung des Wortschatzes und Ausdrucksmöglichkeiten bisheriger Lyrik. Die thematisch und sprachlich eng begrenzte Welt der abstrakten Minne-Dichtung erfährt jetzt eine gewaltige Erweiterung, indem die Probleme der konkreten Welt auf so gut wie allen Ebenen behandelt werden. Walther ist der erste, der den ›Geblümten Stil‹ – für die nachfolgenden 2 Jahrhunderte ganz charakteristisch – pflegt (Nr. 9). Ein weiteres wirksames rhetorisches Mittel ist die ›Personifikation‹. Frau Welt tritt auf, Frau Mâze, Herr Mai; der Teufel ist ein Kneipwirt, das Recht hinkt, die Zucht trauert u.v.m. Die sprachlichen Ausdrucksmöglichkeiten werden erweitert: religiöse Ergriffenheit und Sorge; ernste, ja resignierte Alterstimmung;

aggressive Königsschelte; dankbar jubelndes Herrscherlob; stolz herausgekehrtes Dichterselbstbewußtsein; soziale Empfindlichkeit; Witz und Ironie; Spott und Verunglimpfung.

(4) Mit ›nachhöfisch‹ kann die nächste Phase – ab etwa 1220 – Ende des 13. Jahrhunderts – bezeichnet und deren Beginn in der Dichter-Person des Neidhart von Reuental fest gemacht werden. Neidhart sagt der hochhöfischen idealen Welt Ade, verlegt die Handlungsräume ins Bäuerliche und bringt einen parodistischen, derben Sprachton ein. Mit diesen Neuerungen werden wieder Sprach- und Ausdruckserweiterungen geschaffen. – Andererseits halten noch einige Lyriker am traditionellen Minnesang fest, pflegen ihn aber nur formal, indem sie Strophenbau und Reimtechnik zu immer kunstvolleren, komplizierteren Gebilden werden lassen. Prototyp: Gottfried von Neifen. Zu den sprachlichen Erweiterungen gehört auch das breit beschreibende Einbeziehen von Natur (Neidhart Nr. 5) und der Naturwissenschaften (Burkhard von Hohenfels Nr. 2). Der parodistische Ton wird willig aufgenommen in Tagelied-Verunglimpfungen (Steinmar Nr. 2). Derb-Erotisches verschafft sich Gehör, so im obszönen Büttnerlied Gottfrieds von Neifen (Nr. 4). Essen und Trinken wird gefeiert (Steinmar Nr. 1), vor Trunksucht wird gewarnt (Reinmar von Zweter Nr. 5). Kollegenschelte macht sich breit (Marner Nr. 6, Konrad von Würzburg Nr. 2). – Wie sehr sich die mittelalterliche Lyrik thematisch entfaltet hat, wie beinahe universell sie die reale Welt in sich aufgenommen hat, kann gut das Werk des Marner zeigen (s. S. 290–303).

(5) Das 14. und 15. Jahrhundert setzen diese Bewegung fort. Als neues poetisches Element kommt die Tendenz zum Erzählen dazu (Hadlaub Nr. 1). Und selbst der Alltag hält jetzt Einzug (Lied von der Haussorge: Hadlaub Nr. 4). Alte Minnelieder wie das Falkenlied werden neu variiert (Heinrich von Mügeln Nr. 2, Mönch von Salzburg Nr. 3). Großer sprachlicher und reimtechnischer Aufwand wird der ›Trunkenheit‹ gewidmet (Mönch von Salzburg Nr. 2). Höhe- und zugleich Endpunkt ist Oswald von Wolkenstein, in dessen Werk Tradition und eigene Moderne kulminieren. Mit ihm scheint eine neue Zeit aufgestoßen zu sein.

Überlieferung

Mittelalterliche Lyrik ist ganz überwiegend in Sammelhandschriften überliefert, die viele Jahre – oft sogar Jahrzehnte – nach der Entstehung der Lieder erstmals schriftlich fixiert wurden Es gibt also keine originäre, vom Autor abgesegnete Texte, keine ›Urfassungen‹. Da die Lieder in der Regel zum Vortrag dienten, werden sie wohl vom Autor selbst im Lauf der Zeit und je nach Anlaß verändert worden sein: zumindest in Strophenzahl und -reihenfolge. Wann und wie eine erste schriftliche Fixierung auch nur im Sinne einer Notiz erfolgte, ist ungewiß. Naheliegend ist die Vermutung, daß die fahrenden Sänger ›Repertoire-Büchlein‹ gehabt haben. Aus deren Kompilation gingen dann möglicherweise größere Sammlungen hervor, die ihrerseits als ›Vorlagen‹ für die Sammelhandschriften dienten. Dies muß angenommen werden, denn sonst ist die Parallelüberlieferung von Texten mit erstaunlicher Ähnlichkeit, ja sogar weitgehender Identität – so in den Hss. A, B und C – nicht zu erklären. Außerdem ist das Entstehen einer so riesigen Sammlung wie die Große Heidelberger Liederhandschrift C nicht ohne partielle Vor-Sammlungen zu verstehen.

Doch gibt es auch Beispiele für das Vorliegen eines lyrischen Einzelwerkes unter Beteiligung des Autors. Ulrich von Liechtenstein († 1275) zitiert alle seine Lieder in dem 1255 beendeten ›Frauendienst‹, einer fiktiven Autobiographie, und Oswald von Wolkenstein (1378–1445) veranlaßt eine Werkausgabe in 2 Hss. (A: Wien, Cod. 2777; Grundstock mit Nachträgen und 1 Bildnis. B: Innsbruck, Univ.-Bibl. ohne Signatur; Lieder mit Noten; Grundstock mit Nachträgen und Brustbild).

Die wichtigsten Sammelhandschriften

M Die Sammelhandschrift der ›Carmina Burana‹ – eine große Sammlung weltlicher lateinischer Lyrik (und geistlicher Spiele) – enthält auch einen kleinen Teil deutscher Lyrik und stellt somit die älteste Sammlung dar. Entstehung: 1225/30. Vom Kloster Benediktbeuern kam sie 1813 nach München (Bayer. Staatsbibl. München clm 4660). Sie enthält anonyme, aber auch autorzugewiesene Lieder (u. a. Walther, Reinmar d. A., Morungen).

A Die ›Heidelberger Liederhandschrift A‹. Auch ›Kleine Heidelberger Liederhandschrift‹ genannt (Univ.-Bibl. Heidelberg, cpg 357). Ende d. 13. Jh.s, wahrscheinlich im Elsaß entstanden. Sie enthält 34 Autoren mit 791 Strophen und zwei Minneleiche. Keine Bilder, keine Melodien. Auftraggeber unbekannt. In Heidelberg nachweisbar seit 1558, im Besitz des Pfalzgrafen Ottheinrich. – Als älteste Minnesanghandschrift bietet sie bei Mehrfachüberlieferung oft den zuverlässigsten Text.
Unter den Autoren befinden sich Reinmar der Alte, Walther v. d. V.,

Morungen, Neidhart. Gattungshierarchisch: Minnesang / Neidhartiana / Spruchdichtung. Es ›fehlt‹: ganz früher Minnesang und die von Frankreich beeinflußte ›Rheinische Gruppe‹ um Hausen.

B Die ›Weingartner Liederhandschrift‹ (Stuttgart, Württemburgische Landesbibliothek, HB XIII 1, Sigle B).
Im ersten Viertel d. 14. Jh.s. in Konstanz entstanden. Sie enthält 857 Strophen von 25 Autoren. Keine Melodien, aber Miniaturen (schwarzweiß). Wieder bleibt der Auftraggeber unbekannt. Ursprünglich im Privatbesitz, gelangte sie 1613 an das Kloster Weingarten, 1816/17 nach Stuttgart. Sammelschwerpunkt der Hs. sind Hohe Minnelieder und Kreuzzugslyrik. Vertreten ist auch die ›Rheinische Gruppe‹ um Hausen

C Die ›Heidelberger Liederhandschrift C‹. Auch ›Große Heidelberger‹ (›Pariser‹ oder ›Manessische‹) Liederhandschrift genannt (Univ.- Bibl. Heidelberg, cpg 848). Entstanden in der ersten Hälfte d. 14. Jh.s., vermutlich in Zürich. Sie könnte aus der umfangreichen Sammlung von Minneliedern des Rüdiger Manesse und seines Sohnes hervorgegangen sein, die der Zürcher Lyriker Hadlaub in einem Lied (s. Nr. 2) beschreibt.
Als großformatige Prachthandschrift mit 138 farbigen Miniaturen – aber ohne Melodien – enthält sie nahezu 6000 Strophen (darunter auch 36 Leiche) von 140 Autoren in hierarchischer Gliederung, beginnend mit Kaiser Heinrich (s. hier S 44–49). Damit ist sie die mit mit Abstand umfangreichste deutsche Lyriksammlung. Die Veranstalter der Hs. haben offenbar alles zusammengetragen, was sie vorfanden: von frühester Minnelyrik (Anonyme, Kürenberger) über Klassiker und nachhöfische Vertreter in allen Genres; vor allem bietet die Hs. die umfangreichste Sammlung von Spruchlyrik d. 13. Jh.s. Viele Textzeugen aus den Hss. A und B sind in der ›Manessischen‹ parallel überliefert, dazu Ergänzungen. Das genauere Zustandekom-

3 Eine vorzügliche Beschreibung bietet: Codex Manesse. Die Große Heidelberger Liederhandschrift. Texte – Bilder – Sprachen. Katalog zur Ausstellung v. 12. Juni bis 4. September 1988, Universitätsbibliothek Heidelberg. Hg. v. Elmar Mittler und Wilfried Werner. Mit zahlreichen Abbildungen. Heidelberg 1988. – Die beste Wiedergabe und Kommentierung der Miniaruren: Codex Manesse. Die Miniaturen der Großen Heidelberger Liederhandschrift. Hg. u. erläutert v. Ingo F. Walther. Frankfurt/M 1988.

men dieser riesigen Sammlung ist bisher nicht geklärt. Man geht von einem Grundstockstock aus – angefertigt von mindestens 2 Händen – und diversen Ergänzungen und rechnet mit einem längere Entstehungszeitraum.

Die Hs. erlebte ein wechselvolles Schicksal. 1541 tauchte sie in Heidelberg bei Kurfürst Friedrich III. von der Pfalz auf, um 1593/94 gelangte sie als Leihgabe auf das Schloß Forstegg bei Feldkirch, 1607 befand sie sich wieder in Heidelberg (Friedrich IV. von der Pfalz), ehe sie in den Wirren des Dreißigjährigen Krieges nach Schloß Rhenen bei Utrecht ausgelagert wurde. Doch schon ab 1657 ist sie in die ›Bibliothèque du Roi‹ in Paris gelangt (daher ›Pariser Hs.‹) – im Besitz des Sonnenkönigs Ludwig XIV. Es erfolgten mehrere Versuche (u. a. von Jacob Grimm 1813–15 und Gneisenau), das alte »teutsche Reimbuch« in seine Heimat zu verbringen. 1888 gelang dem Straßburger Buchhändler Trübner im Tausch gegen 166 alte französische Hss. und unter finanzieller Unterstützung der Kaiser Wilhelm I., Friedrich III. und des Fürsten Bismarck sowie des Bundesrats und Reichstags die im frenetischen nationalen Jubel begrüßte Rückführung der ›Manesse‹ nach Heidelberg.

E Die ›Würzburger Liederhandschrift‹ (Univ.-Bibl. München 2° Cod. Ms. 731), entstanden 1345–1354 in Würzburg. Sie enthält das ›Hausbuch‹ Michaels de Leone und 376 Strophen von Walther und Reinmar d. A.

J Die ›Jenaer Liederhandschrift‹ (Jenaer Univ.-Bibl., Ms. El. f. 101), eine Prachthandschrift, Mitte d. 14. Jh.s entstanden: Spruchdichtersammlung (28 Autoren) mit (91) Melodien. Die Hs. ist ungewöhnlich groß (Schriftspiegel 56 × 41 cm) und sehr sorgfältig geschrieben wie ausgestattet. Die Melodien sind in römischen Quadratnoten auf roten Notenlinien eingetragen. Anfang und Ende der Hs. gingen verloren. Auftraggeber war wohl Rudolf I., Herzog von Sachsen-Wittenberg (1298–1356).

Auswahl aus der großen Zahl von späten Liederbüchern:

– ›Lochamer Liederbuch‹, zwischen 1451 und 1453 in Nürnberg geschrieben. 45 meist anonyme Liebelieder mit Melodien (9 mehrstimmige). Der erste und Hauptschreiber war wohl Frater Judocus von Windsheim. Die Sammlung gehörte um 1500 dem Nürnberger Wolflein von Lochamer. Jetzt: Berlin, Preuß. Kulturbesitz, Mus. Ms. 40613.

- ›Augsburger Liederbuch‹, abgeschlossen am 15. Juli 1454. Enthält 97 Lieder, ganz überwiegend Liebeslieder (meist anonyme) ohne Melodieüberlieferung. Überl.: Hs. München, cgm 379.
- ›Kolmarer Liederbuch‹, entstanden ca. 1470. Umfangreiche Sammlung (4380 Strophen) von Meisterliedern des 14./15 Jahrhunderts, in der geistliche Lieder dominieren.
  Überl.: Hs. München cgm 4997. Im 16.–17. Jh. befand sie sich in Kolmar.
- ›Liederbuch der Klara Hätzlerin‹, 1471 entstanden. Eine Sammlung vor allem von Minneliedern (gut 200, in der Regel anonym), die der Augsburger Jörg Roggenburg an Klara Häetzlerin (1430–1476) in Auftrag gab. Geplant war wohl eine Art ›Minnebuch‹. Überl.: u.a. die Prager Hs. x A 12 von 1471.

Zu dieser Ausgabe

Auswahl. Absicht dieser weitgehend chronologischen Leseausgabe ist, bedeutende und für die Geschichte der mittelalterlichen Lyrik (1150–1450) inhaltlich und formal wichtige Lieder vorzustellen. Es sollte jedoch nicht jeder zweite Lyriker mit wenigen Pröbchen vertreten sein, sondern qualitativ anspruchsvolle Oeuvres etwas umfassender zu Wort kommen. Das geschah besonders bei Walther von der Vogelweide und Oswald von Wolkenstein, um auch eine lebendige Anschauung von der Themen-, Formen- und Sprachvielfalt eines einzelnen Autors zu erhalten.

Text. Dieser wurde weitgehend aus den bekannten alten klassischen Ausgaben übernommen, gelegentlich partiell neu eingerichtet, aber in der Strophenreihenfolge im wesentlichen belassen. Eine generelle Vereinheitlichung in der Schreibung unterblieb, um die Handschriftenbesonderheiten zu erhalten.

Übersetzung. Sie will möglichst nahe zum Sinn des mittelhochdeutschen Textes hinführen. Deshalb wurde öfter auch die Wortreihenfolge eingehalten. Sinnverdeutlichende Wörter wurden gelegentlich hinzugefügt, meistens in Klammern. Die zeilengleiche Gegenüberstellung von Text und Übersetzung soll natürlich auch zum näheren Einlassen mit dem mittelhochdeutschen Text veranlassen. Es empfiehlt sich, die Texte laut zu lesen – am besten Interessierten vorzutragen. Wer einmal die beeindruckende Wirkung aufgeführter mittelhochdeutscher Dichtung (z.B. in der Aufführung geistlicher Spiele) erfahren hat, wird sie nicht mehr missen wollen. Die Frage, ob eine Übersetzung ›schön‹, also eine ›Nachdichtung‹ sein soll, erübrigt sich, weil diese sich vom Text so weit entfernt, daß sie als eigenes Lied auftritt. Was eine sinnintendierte und paraphrasierende Übersetzung für das Verstehen von mittelhochdeutscher Lyrik bedeuten kann, hat Hans Böhm mit seiner 1944 zuerst erschienen ›Prosaübersetzung‹ des lyrischen Werkes Walters von der Vogelweide gezeigt. Er sagt von den seit 1773 bis in die Gegenwart hinein erschienen Übersetzungen (Hofmannswaldau, Gleim, Tieck, Simrock u.v.a.), daß sie den »Sinn [der Lieder] nicht sicherer fälschen oder trüben« können (Nachwort). Fast erübrigt sich der Hinweis, daß eine möglichst adäquate Übersetzung nicht möglich ist, schon wegen der großen semantischen Schwierigkeiten: geringer Wortschatz, aber eine enorme ›semantische Vielstrahligkeit‹ (H. Fromm) der einzelnen Wörter.

Anmerkungen. In ihnen soll kurz der Autor mit Lebensdaten, Beruf, Lebenswelt sowie mit Werkumfang, Überlieferung und innovativem Stellenwert vorgestellt werden. Die Bemerkungen zu den einzelnen Liedern und Sprüchen können nur Hinweischarakter haben. Gelegentlich sind die Worterklärungen recht ausführlich angegeben. Mit Absicht. Es kann nämlich kaum besser die große Bedeutungsvielfalt mittelhochdeutscher Wörter und sinntragender Begriffe daran demonstriert werden. Die Querverweise sollen hauptsächlich auf gattungsspezifische Entwicklungslinien aufmerksam machen.

Der Anhang schließlich will weitere Orientierungshilfen geben.

Mit Goethes Einladung zu genußvollem Lesen von Gedichten (*»Gedichte sind gemalte Fensterscheiben …«*, siehe Buchrücken) wäre auch zu schließen:

»… erbaut euch und ergetzt die Augen.«

Manfred Stange

****

Anhang

Zeichen und Abkürzungen

^	Zirkumflex = langer Vokal (â, ê, î, ô, û)
......	Text nicht erhalten oder unklar
æ, œ	Ligatur = Umgelautete lange Vokale (â, ô)
A	Kleine oder Alte Heidelberger Liederhandschrift. Heidelberg Universitätsbibliothek cpg 357. Um 1275.
B	Weingartner oder Stuttgarter Liederhandschrift. Stuttgart Württembergische Landesbibliothek HB XIII poetae germanici 1. Anfang 14. Jh.
BLD	Deutsche Liederdichter des 12. bis 14. Jahrhunderts. Eine Auswahl von Karl Bartsch. 1864. 4. Aufl. Berlin 1906.
BMS	Karl Bartsch, Meistersinger, Berlin 1864.
Bö	Die Gedichte Walthers von der Vogelweide. Urtext mit Prosaübersetzung von Hans Böhm. Berlin 1944.
BSM	Die Schweizer Minnesänger. Hrsg. von Karl Bartsch. Frauenfeld/Leipzig 1886. Nachdruck Darmstadt 1964.
C	Große Heidelberger oder Manessische Liederhandschrift oder Codex Manesse. Heidelberg Universitätsbibliothek cpg 848. 1. Hälfte 14. Jh.
CB	Carmina Burana. Hrsg. von Alfons Hilka und Otto Schumann. 1. Bd.: Text. Heidelberg 1930/1941.
dBoor	Die deutsche Literatur. Texte und Zeugnisse. 2 Bände. Hrsg. von Helmut de Boor. München 1965.
E	Würzburger Liederhandschrift. München Universitätsbibliothek 2 Cod. Ms. 731. Mitte 14. Jh.
EttMei	Ludwig Ettmüller, Heinrichs von Meißen des Frauenlobes Leiche, Sprüche, Streitgedichte und Lieder. Quedlinburg und Leipzig 1843.
Hs., Hss.	Handschrift/en
HWi	Neidharts Lieder. Hrsg. von Moriz Haupt. 2. Aufl. neu bearb. von Edmund Wießner. Leipzig 1923.
J	Jenaer Liederhandschrift. Jena Universitätsbibliothek clm 4660. 1345–54.
Jh.	Jahrhundert

KaFr	Frauenlieder des Mittelalters. Zweisprachig. Übersetzt und herausgegeben von Ingrid Kasten. Stuttgart1990.
KLD	Deutsche Liederdichter des 13. Jahrhunderts. Hrsg. von Carl von Kraus. Bd. 1: Text. Tübingen 1952
KaLy	Deutsche Lyrik des Mittelalters. Edition der Texte und Kommentare von Ingrid Kasten. Übersetzungen von Margherita Kuhn. Frankfurt/M: 1995 (Bibliothek des Mittelalters, Bd. 3)
L	Die Gedichte Walthers von der Vogelweide (1. Ausgabe 1827). 11., unveränd. Ausgabe mit Bezeichnung der Abweichungen von Lachmann und mit seinen Anmerkungen hrsg. von Carl von Kraus. Berlin 1950.
MayRie	F. Arnold Mayer und Heinrich Riesch: Die Mondsee-Wiener Handschrift und der Mönch von Salzburg. Berlin 1896.
MF	Des Minnesangs Frühling. Hrsg. von Karl Lachmann und Moriz Haupt. Leipzig 1857 (MFL). – Neu bearb. von Friedrich Vogt. Leipzig 1911 (MFV). – Neu bearb. von Carl von Kraus. Leipzig 1940 (MF Kraus). – Bearb. von Hugo Moser und Helmut Tervooren. Stuttgart 1977 (MFT).
mhd.	Mittelhochdeutsch
mlat.	Mittellatein/mittellateinisch.
MoFl	Gall Morel, Offenbarungen der Schwester Mechthild von Magdeburg oder Das fließende Licht der Gottheit. Regensburg 1889.
nhd.	Neuhochdeutsch
RoeZwe	Gustav Roethe, Die Gedichte Reinmars von Zweter. Leipzig 1887.
SchaW	Josef Schatz, Die Gedichte Oswalds von Wolkenstein. 2., verb. Aufl. Göttingen 1904. (zuerst 1902)
SchaGl	Josef Schatz, Sprache und Wortschatz der Gedichte Oswalds von Wolkenstein. Wien/Leipzig 1930 (Akad.d. Wiss. Wien, phil.-hist. Kl., Denkschriften, 69. Bd., 2. Abh., 116 S.)
SchrKo	Kleinere Dichtungen Konrads von Würzburg, hrsg. v. Edward Schröder. Berlin 1926.
SchwR	Reinmar. Lieder. Nach der Weingartner Liederhandschrift (B). Mittelhochdeutsch / Neuhochdeutsch. Herausgegeben, übersetzt und kommentiert von Günther Schweikle. Stuttgart 1986.
SchwWa	Walther von der Vogelweide. Band 1: Spruchlyrik. Band 2: Liedlyrik. Mittelhochdeutsch / Neuhochdeutsch. Herausgegeben, übersetzt und kommentiert von Günther Schweikle. Stuttgart 1994 u. 1998.
StrMa	Der Marner. Hrsg. v. Philipp Strauch. Straßburg 1876.

Überl.	Überlieferung
VL	Die deutsche Literatur des Mittelalters. Verfasserlexikon. 2., völlig neu bearb. Aufl. Hg. von Kurt Ruh (1–8) und Burkhard Wachinger (9–11). Berlin 1987–2004.
Wap	Walther von der Vogelweide. Mittelhochdeutscher Text und Übertragung. Ausgewählt und übersetztvon Peter Wapnewski. Frankfurt/M 1962.
We	Deutsche Lyrik des Mittelalters. Auswahl und Übersetzung von Max Wehrli. Mit 36 Abbildungen aus der Manessischen Liederhandschrift. 2., durchges. Aufl. 1962.
Waag	Kleinere deutsche Gedichte des 11. und 12. Jahrhunderts. Hrsg. von Albert Waag. 2. Aufl. Halle 1916.

Zur Metrik

Metrum. Während im Romanischen quantitativ nach Silbenzahl gemessen wurde, gilt im (Mittelhoch-) Deutschen als Maß die Anzahl der Hebungen (Betonung der Stammsilbe), genauer: das alternierende Prinzip Hebung / Senkung, also |x́ x | *húl-de.* Das ist der Regelfall. Seltener kann die Senkung auch zweisilbig sein: |x́ ∧∧| *hé- me-de* (›Daktylus‹). Es kann aber auch eine einzige Silbe (wenn sie lang ist oder mit einer Konsonantenverbindung geschlossen wird = natur- oder positionslang) einen ganzen Takt füllen: |—́—| *stât* oder *hart.* Das nennt man eine ›beschwerte Hebung‹.

Takt. Die häufigste Form ist die viertaktig gefüllte Zeile und zwar mit oder ohne Auftakt, der unbetont ist: x |x́ x|x́ x|x́ x |x́ ∧|. Seltener ist der Auftakt zweisilbig; er kann auch fehlen.

Reim. Der Endreim weist folgende Haupttypen auf: Parreim a a b b c c d d … ; Kreuzreim a b a b c d c d …; Schweifreim a a b c c b …; umarmender Reim a b b a c d d c … Im Zeileninnern können auch aufeinander reimende Wörter auftreten (›Binnenreim‹). Geschieht dies in geballter Weise, spricht man von ›Schlagreim‹. Meister artistischer Reimkunst sind u. a. Ulrich von Winterstetten (Nr. 1) und Konrad von Würzburg (Nr. 3, wo jede Silbe zugleich auch Reimwort ist).

Kadenz (Versschluß). Sie betrifft den letzten Takt und hat folgende Hauptformen:

Volle Kadenz

- einsilbig voll: Ausgang auf kurze oder lange Stammsilbe: |x́ ∧| *gap* *zît*
- zweisilbig voll: Ausgang auf kurze Stammsilbe mit einer darauffolgenden Silbe: |◡́ ◡ ∧| lo-be
- zweisilbig voll weiblich: Ausgang auf lange Stammsilbe mit einer darauffolgenden Silbe: |x́ x| *mei-en.*

Klingende Kadenz

- zweisilbig klingend: letzte Stammsilbe des Verses steht im vorletzten Takt, und die folgende Nebensilbe steht im letzten Takt: |—́| x̀ ∧| gâ - be
- dreisilbig klingend: wie oben, und es folgen zwei Nebensilben: |x́ x|x̀ ∧| tu-gen -de

Strophenbau

Es lassen sich drei Formen unterscheiden:

1. Die einteilig gebaute Strophe mit gereimtem Strophenschluß aa bb = Langzeilenstrophe, z. B. Kürenberger Nr. 6.
2. Die durchgereimte Strophe mit einem oder mehreren Reimbändern ab ab aba bb
   = Minnesang um Hausen (Nr. 3).
3. Die dreigliedrige Strophe, die ›Kanzone‹. Sie wurde aus nordfranzösischer und provencalischer Dichtung des 12. Jahrhunderts übernommen und ist in der Folgezeit die beherrschende Strophenform. Sie besteht aus einem ›Aufgesang‹ mit zwei ›Stollen‹ und dem ›Abgesang‹: ab|ab||cwc. = Hochhöfischer und nachfolgender Minnesang, z. B. Reinmar d. A. Nr. 5.
   Die Kanzone lebt auch in der italienischen Lyrik (Dante, Petrarca, Leopardi) fort und wurde von den Romantikern gepflegt.

Beispiel einer metrischen Gesamtanalyse/Darstellung eines ›Tones‹ (Reinmar der Alte Nr. 5 = MF 170,1):

Ích wil állez gâhèn
zúo der líebe, díe ich hân.
sô íst ez íender nâhèn,
dáz sich énde nóch mîn wân.
dóch versúoch ichz álle táge
und díene ir sô, dazs âne ir dánk
mit fröiden múoz erwénden kúmber dén ich tráge.

<table>
<tr><th></th><th>Takt</th><th>Kadenz</th><th>Reim</th><th>Strophen-
form</th><th></th></tr>
<tr><td>|x́ x|x́ x|—́|x́ ∧|</td><td>4</td><td>2sb kl</td><td>a</td><td></td><td rowspan="4">Aufge-
sang</td></tr>
<tr><td>|x́ x|x́ x|x́ x|x̀ ∧|</td><td>4</td><td>1sb v</td><td>b</td><td>Stollen</td></tr>
<tr><td>x |x́ x|x́ x|—́|x ∧|</td><td>1 A 4</td><td>2sb kl</td><td>a</td><td></td></tr>
<tr><td>|x́ x|x́ x|x́ x|x̀ ∧|</td><td>4</td><td>1sb v</td><td>b</td><td>Stollen 2</td></tr>
<tr><td>|x́ x|x́ x|x́ x|∨́ ∨∧|</td><td>4</td><td>2sb v</td><td>c</td><td></td><td rowspan="3">Abge-
sang</td></tr>
<tr><td>x |x́ x|x́ x|x́ x|x́ ∧|</td><td>1 A 4</td><td>1sb v</td><td>w</td><td></td></tr>
<tr><td>x |x́ x|x́ x|x́ x|x́ x|x́ x|∨́∨x|</td><td>1 A 6</td><td>2sb v</td><td>c</td><td></td></tr>
</table>

A: Auftakt (immer unbetont) – sb: silbig – kl: klingend –v: voll –w: Waise (einmal vorkommender Reim) : Hauptbetonung; `: Nebenbetonung.

Zur Aussprache

Gegenüber dem Neuhochdeutschen werden alle langen Vokale mit Längenzeichen versehen: *gâbe, êre, nît* (Neid) usw. Kurze Vokale bleiben dagegen unbezeichnet. So müssen entgegen den neuhochdeutschen Gewohnheiten kurz gelesen werden: *sagen, leben, nemen* usw.

Diphthonge sind noch echte Zwielaute, also: *ie* (*zi-ehen*), *üe* (*gü-ete*), *uo* (*vu-oge*) usw. Einzige Ausnahme: *iu* (*iuch*) entspricht einem langen ü.

Bei Konsonanten ist zu beachten, daß *h* im Unterschied zum Neuhochdeutschen niemals Dehnungszeichen ist. In Silbenanlaut ist es Hauchlaut (*se-hen*), im Silbenauslaut und als Konsonantenverbindung *ht* und *hs* Reibelaut (*naht, lieht, wuohs*). *v* steht öfter für *f* (*fröide/vröide*), *ph* für *pf* (*schephaere/schepfaere*) und *z* im Wortinneren und -ende entspricht dem scharfen s (*verdriezen, daz*).

Zur Lautlehre

Lautveränderungen gegenüber dem Neuhochdeutschen. Die wichtigsten betreffen den Vokalismus. Die Veränderungen sind zeitlich und regional verschieden aufgetreten und beginnen z. T. schon im 12. Jahrhundert. In den dichterischen Texten, in der hochhöfischen Dichtersprache, treten diese Veränderungen erst spät ein (ab ca. 1350):

	mhd./nhd.					
1. Neuhochdeutsche – Diphthongierung;	î	>	ei	mîn	>	mein
	iu	>	eu	niuwes	>	neues
	û	>	au/äu	hûs	>	Haus/Häuser
2. Neuhochdeutsche Monophthongierung:	ie	>	ī	liebe	>	liebe
	uo	>	ū	guote	>	gute
	üe	>	ǖ	brüeder	>	Brüder
3. Dehnung kurzer, betonter Vokale in offenen Silben	o	>	ō	o-ven	>	Ofen
	i	>	ī	si-ben	>	sieben
	a	>	ā	ta-ges	>	Tages
4. Kürzung langer Vokale und Diphthonge	â	>	a	brâhte	>	brachte
	ê	>	e	hêrlich	>	herrlich
	ie	>	i	dierne	>	Dirne

Daneben gibt es noch die Lautveränderung der ›Rundung‹ und ›Entrundung‹ (Aussprache mit stärker oder weniger stärker gerundeten Lippen). Rundung: *helle* > Hölle; *mâne* > Mond; *finf* > fünf; *liegen* > lügen. Entrundung: *slöufe* > Schleife; *kriuzel* > Kreisel.

Register

Liedanfänge

Verzeichnis der Autoren mit ihren Liedern